합리성의 철학적 이해

한국분석철학회 편

철학과 현실사

합리성의 철학적 이해

한국분석철학회 편
제 7 집

철학과 현실사

　합리성을 여전히 인간을 특징짓는 성질이라고 볼 때, 합리성을 문제 삼는다는 것은 곧 인간의 정체성을 문제 삼는다는 것이 될 것이다. 인간이란 무엇인가라는 물음이 칸트(I. Kant)의 말처럼 철학의 궁극적 물음이라면 합리성에 관한 문제는 철학의 가장 근원적인 물음으로 연결될 것이다. 20세기 후반에 이러한 물음이 국내외 철학계에서 전면적으로 제기된 것은 그 동안 별로 의심의 여지가 없이 투명한 것으로 생각되었던 합리성의 개념이 그렇게 자명하지 않거나 더 이상 효용을 지니지 못 하게 되었다는 인식에서 비롯된 것이다.

　아리스토텔레스(Aristotle)가 인간을 합리적이라고 했을 때, 그것은 무엇보다도 인간이 추리를 할 수 있는 능력을 갖추고 있음을, 그리고 인간의 추리를 규제하는 규범적인, 그리고 보편타당한 원리가 존재함을 의미했다. 그 원리에 따르는 추리를 통해 진리를 얻을 수 있는 이유는 바로 우리 외부의 세계에 자연의 변화를 지배하는 합리적인, 목적론적 원리가 있기 때문이다. 자연적 원리와 더불어 인간의 행위를 지배하는 도덕적 원리도 존재하는 바, 그 원리들은 모두 합리적 사유에 투명하게 열려져 있으며 따라서 합리적 추리에 의해 접근이 가능하다. 자연의 원리나 도덕의 원리는 모두 그에 지배되는 대상을 초월하여 존재하는 것으로서 인간은 선천적으로 자신에게 부과된 도덕 원리를 합리적 사유에 의해 파악하고 또한 그에 따라 행위하는 데서 궁극적 삶의 의미를 찾을 수 있다.

위와 같은 합리적인 세계관은 근대 과학의 성립과 더불어 인간의 사유와 세계 사이에 틈이 벌어짐에 따라 단계적으로 붕괴되어갔다. 인간의 행위를 지배하는 도덕적 원리의 존재는 궁극적으로 의심되었으며, 자연의 변화를 지배하는 목적론적 원리는 인과적 원리로 대체되었다. 합리적인 세계를 창조한 조물주로서의 신의 이미지는 이제 인과 법칙에 따라 움직이는 기계를 만든 '기계설계사'의 그것으로 바뀌어졌다. 자연이 인과 법칙에 따라 변화하고 운동한다면, 그리고 원인과 결과간의 관계가 합리적인 것이 아니라면 인간의 사유는 어떻게 이 자연 세계에 접근할 수 있는가? 더욱이 도덕적 원칙마저 존재하지 않는다면 인간의 사유와 행위를 평가할 수 있는 기준은 어디에 있으며 삶의 궁극적 의미는 어디에서 찾을 수 있는가? 동물로서의 인간이 인과적 원리에 지배되는 세계에 속한다고 할 때, 어떻게 인간은 여전히 '합리적' 동물로 남아 있을 수 있는가?

한국분석철학회는 "합리성"의 개념이 제기하는 근원적인 문제성에 주목하여 1996년 겨울과 1997년 여름 두 차례의 세미나를 열어 합리성과 관련된 문제를 집중 조명해보기로 했다. 이 논문집은 그 세미나에서 행해진 열띤 철학적 논의의 결정물로서 그 자리에서 발표된 8편의 논문과 1편의 기고 논문을 중심으로 엮은 것이다. 9편에 달하는 위 논문들이 대략 앎과 감성, 그리고 행위와 관련된 합리성의 개념을 다루고 있다고 생각되어 그것들을 3부로 나누어 편집해보았다.

합리적인 원리에 따라 사유하는 인간이 어떻게 인과적인 관계를 포착할 수 있는가라는 물음에 대한 칸트의 답변은 내재주의적인 것이었다. 인식의 대상인 세계는 부분적으로 인식 주관에 의해 구성되는 바, 그 세계를 구성하는 데 동원되는, 인간이 선천적으로 지니고 있는 범주 체계를 이루고 있는 개념 가운데 인과 개념이 있다는 것이다. 그렇다면 인간이 실제로 사용하는 범주의 체계는 구체적으로 어떠한 것이며 그 체계에 어떻게 도달했는가 하는 것은 인간이 지닌 지적 합리성의 본성을 해명하는 데 적지않은 보탬이 될 것이다. 이 문제를 인간이 제기하는 물음을 통해 규명하려는 시도는 주목할 만하다.

과학에 있어 합리성 여부에 대한 평가는 과학 이론의 정당화 과정에 대해서만 가능할 뿐 발견 과정은 그와 무관하다는 것이 전통적인 견해였다. 그러나 과학 이론이 과연 합리적인 견지에서 정당화될 수 있는가 하는 의문이 제기됨과 동시에, 반대로 발견 과정에 대해서도 얼마든지 합리성을 평가할 수 있다는 주장이 대두되었다. 여기서 문제되는 합리성은 과학적인 진리의 획득이라는 목적을 달성하기 위한 도구적 혹은 방법적 합리성이라고 할 수 있는데, 이러한 도구적인 합리성의 관점에서 과학적 탐구 목적을 효과적으로 달성할 수 있는 발견법적 규칙을 정식화하는 일은 과학에서의 방법적 합리성의 개념을 해명하는 일과 직결될 것이다.

사유의 내용은 언어에 의해 구체적 표현을 얻는다. 진리를 얼기 위해 사유가 따라야 할 규범적인 규칙이 있다면 마찬가지로 의미 있는 언어의 사용이라든가 언어의 사용으로부터 의미를 해석해내는 과정에 대해서도 적용되어야 할 어떤 합리적인 규제 원리가 존재할 것이다. 금세기 가장 중요한 언어철학자인 비트겐슈타인(L. Wittgenstein)과 데이빗슨(D. Davidson)은 서로 유사한 규제적 원리를 제시한 바 있는데, 그것들을 하이데거(J. Heidegger), 가다머(H-G. Gadamer), 아펠(K-O, Apel)과 같은 해석학자들이 내세우는 '이해의 선구조', '권위 있는 전통', '선험적 화용론' 등과 같은 합리적 원리들과 비교해보는 것은 현대 세계 철학계를 양분하고 있는 영미철학과 유럽 대륙의 철학간의 만남이라는 측면에서도 상당히 흥미로울 것이다.

지식에 관한 일치된 견해는 적어도 합리적 믿음에 한해서만 지식으로서의 자격을 부여할 수 있다는 것이다. 이 경우 합리성, 즉 인식적 합리성을 어떻게 규정해야 할 것인가 하는 문제가 제기된다. 믿음과 그 근거간의 관계에 관한 어떤 상위 의식이 존재할 경우에 한해 그 믿음에 합리성을 인정할 수 있다는 전통적인 견해는 무한 후퇴라는 치명적인 문제를 안고 있다. 그것을 극복하기 위해 믿음과 그 근거간의 인과 관계의 존재를 요구하는 외재론적 견해가 대안으로 떠오르고 있는데, 그 두 입장 사이의 장단점을 비교하는 일은 현대 인식론의 장차의 발전 과정을 전망하기 위해서도 중요할 것이다.

전통적으로 감정이나 수사적 표현은 이성과는 무관한 것으로

■ **머리말** ────────────────────

여겨졌으며 따라서 '감정적 합리성'이라든가 '수사적 합리성'과 같은 표현은 모순된 것으로 인정되었다. 그러나 데이빗슨은 합리성 여부에 대한 평가는 믿음만이 아니라 욕망 같은 심적 상태를 통틀어 전체적으로 이루어져야 한다는 것을 지적한 바 있는데, 그렇다면 감정이나 더 나아가 수사적 표현의 사용에 대해서도 합리성을 인정할 수 있을 듯하다. '감정적 합리성'이나 '수사적 합리성'과 같은 표현들이 어떻게 그 정당한 의미를 획득할 수 있는가 하는 고찰을 통해 우리는 합리성의 개념이 새로운 방향으로 변형되고 확장되어가는 방식을 이해하게 될 것이다.

도덕적 판단에서 합리적 요소를 전면적으로 부인했던 흄이나 논리실증주의자들과는 반대로 스티븐슨(C. L. Stevenson)이나 헤어(R. M. Hare)는 부분적으로 인정하는 경향을 보이고 있다. 도덕적 판단에 합리적인 요소가 있다면 도덕적 입장을 설득한다는 말도 의미를 지닐 것이다. 만일 도덕적 설득에 관해 어떤 합리적인 모델을 찾을 수 있다면 도덕적 판단에도 합리적인 요소가 있다는 입장이 더욱 설득력을 얻게 될 것이다.

합리성에 관한 논의에서 빼놓을 수 없는 것은 행위 선택과 관련된 합리성이다. 행위의 합리성에 관한 전통적인 견해는 기대치 혹은 효용 가치를 극대화하는 행동을 선택하는 것이 합리적이라는 것이다. 그러나 수인(囚人)의 딜레마와 뉴콤(Newcomb)의 문제는 효용 가치를 결정하는 것이 과연 무엇인가 하는 문제를 불러일으킨다. 그것은 데이빗슨이 지적한 것처럼 행위가 물리적인 사건이자 동시에 정신적인 사건이라는 것, 혹은 인간이 '사유 능력을 지닌 동물'이라는 측면과도 관련이 있는 것으로 보인다. 그런 만큼 효용 가치에 관한 위의 문제는 결국 인간의 정신적인 면과 물리적인 면을 어떻게 조화시킬 것인가 하는 문제와 연결되지 않을 수 없다.

전통적인 행위 결정 이론이 안고 있는 또 다른 문제는 우리가 입수할 수 있는 정보의 양이 시간적으로 가변적이기 때문에 한 행위가 야기할 결과에 대해 통시적으로 안정된 추리가 불가능하다는 것이다. 따라서 시간 의존적인 추리가 합리적인 추리로 등장하는데 그러한 추리를 형식화한 민스키(M. Minsky) 등의 '비단조 논리'와 라이터(R. Reiter)의 '디폴트(default) 논리'를 살펴보는 것은 행위에 관한 실천적인 합리성이 어떻게 논리적 표현을 얻을 수 있는가를 가늠하는 데 유용할 것으로 생각된다.

이상에서 살펴본 것처럼 이 논문집에 실린 논문들은 상당히 폭넓은 범위에 걸쳐 다양한 문제를 다루고 있다. 취급 범위가 그처럼 넓었다는 것은 합리성의 문제가 철학의 핵심적인 문제로서 다양한 영역에 속하는 각종의 철학적 문제와 서로 맞물려 있음을 반증하는 것이라고 생각된다. 다루어진 문제들의 다양성 때문에 논문을 짜임새 있게 배치하기가 쉽지 않았는데, 어쨌거나 여기에 실린 논문들은 한결같이 합리성에 관한 진지한 철학적 탐구에 기여할 만한 훌륭한 화두를 제공하고 있는 것으로 보인다. 그것을 발판으로 합리성에 관한 철학적 이론을 계속 발전시키는 일은 앞으로 우리 철학계가 담당해야 할 과제가 될 것이다.

보편성 있는 주제를 가지고 독창적인 글을 쓴다는 것이 상당히 어렵다는 것은 누구나 알고 있는 일이다. 그럼에도 불구하고 '합리성'이라는 아주 보편적인 주제에 관해 창의적인 논문을 발표해주신 여덟 분의 발표자와 진지한 토론이 이루어질 수 있도록 노력해주신 논평자 선생님들(주동률, 홍윤기, 우정규, 신중섭, 민찬홍, 노양진, 최순옥, 임일환), 그리고 좋은 논문을 기고해주신 정영기 선생님께 감사를 표한다. 또한 이 논문집의 발간을 위해 바쁘신 가운데도 합심 노력해주신 분석철학회 운영위원들, 열악한 출판 환경에도 불구하고 이 논문집 출판에 동의해주신 철학과 현실사에 대해 다시 한번 뜨거운 감사를 드린다.

1998년 1월

한국분석철학회 이종권

【차 례】

●●● 제1부 ●●●
앎과 합리성

●
●
●
●

물음과 이성 규범의 내재적 이해

정 대 현
(이화여자대학교)

1. 문제 제기

이성 탐구의 여러 가지 주제 중의 하나는 "어떻게 이성은 자기 규범적 초월성을 갖는가?"라는 문제일 것이다. "나는 그 도둑에 대한 나의 고발을 지금 후회한다."라는 문장은 그러한 자기 규범적 초월성을 보인다고 믿는다. 고발을 하였을 때는 고발의 합리성 체계에 따라 행동하였다. 이 행동은 기존의 합리성 체계에 맞추어 기계적 계산 또는 인습적으로 인출된 행동일 수 있다. 그러나 현재의 상황에서 내가 그 고발의 합리성 체계에 따라 행동한 것을 후회할 때 나는 이성의 자기 규범적 초월성을 행사하는 것이다. 고발의 합리성 체계의 밖으로 나아가 외부로부터 그 체계를 반성함으로써 새로운 규범의 모색이 이루어지기 때문이다.

이 글은 이성의 자기 규범적 초월성이 인간의 물음의 능력에 의하여 조명될 수 있다는 믿음에서 시작하고 있다. 물음은 인간을 다른 존재로부터 구별지우는, 배타적으로 현시적인 특징일 것이다. 행동적 특성으로서의 물음은 그 동안 심각한 철학적 주제로서 주목을 받지 못했다. 그러나 무어는 여기에 대하여 예외라고 생각한다. "윤리적 선은 A다."라고 정의하는 이론가에 대하여 무어는 "그 정의는 진정 그러한가?"라는 개방적 물음을 제기한다. 그 정의가 참이라면 이 물음은 의미가 없어야 하고, 그리고 이 물음이 의미가 있다면 그 정의는 충분하지 않다는 것이다. 그리고 이 개방적 물음을 토마스 쿤의 "어떠한 두 이론도 비통약적이다."라는 명제에 적용할 수 있을 것이다. 쿤은 이 물음의 의미를 설명하기 어렵다. 그리고 쿤을 향한 이러한 문제 제기는 물음 이외의 다른 방식으로 얼마나 강력할 것인가는 의문이다.

물음이란 무엇인가? 첫째, 물음의 의미를 위한 일반적 형식을 "(x?)(⋯x⋯)"[1] 에서 찾는 철학자들이 있다. 그러나 변항의 범위를 사물이나 행동 같은 대상을 영역으로 택하는 경우 이 형식은 의미가 있다고 생각한다. 그러나 많은 물음은 언어나 체계 자체에 대한 물음이기도 하다. 둘째, 맥키(J. L. Mackie)는 물음의 형식을 "명제 P는 참인가?[(?X)(XP)]"[2]에서 구한다. 그러나 이것은 진리치의 명제에만 적용되는 한계가 있다. 인간의 물음은 사실적인 것뿐만 아니라 의미나 가치의 물음이기도 하다. 또는 "나는 누구인가?"와 같은 형이상학적 물음이기도 하다. 따라서 그러한 일반적 형식은 우리가 추구하고 있는 자기 규범적 초월성을 이해하기 위해서는 적절하지 않다. 셋째, 스탈(Gerald Stahl)은 "물음의 의미는 바른 대답들의 집합이다."라고 말하기도 한다.[3] 그러나 이러한 입장은 특정한 체계 내부적 접근 방식을 나

---

1) Zellig Harris, "The Interogative in a Syntactic Framework", Questions, ed., Henry Hiz, Dordrecht, Holland, Reidel, 1978, pp.1-35.
2) Paul Edwards, ed., Encyclopedia of Philosophy, Volume 7, p. 49: "Questions".

타낸다. 그리하여 물음에 대해 외연적으로 대답될 수 있는 구조가 있다는 것을 전제한다. 그러나 쿤의 명제에 대하여 개방적 물음을 제기하는 경우 스탈의 처방은 쓸모가 없다고 생각한다.

물음은 원초적이라고 생각한다. 물음은 인간 언어에 있어서 기본적이고 언어 능력과 분리되어 고려될 수 없다는 의미에서 그러하다. 비트겐슈타인은 물음은 놀이처럼 자연사의 부분이라고 한다.4) 물음은 인간의 생활 양식과 언어가 진화되어온 과정에 따라 발전되었을 것으로 생각된다. 지금의 시점에서 우리는 물음의 능력을 주어진 것으로 보는 것이다. 이제 말을 배우기 시작한 어린이의 "이게 뭐야?"라는 물음의 능력은 신비스러운 것이지만, 신비스럽지 않은 것은 인간이 그러한 물음을 묻는다는 것이다.5)

강한 실재론, 표상주의, 논리주의 등은 이성의 규범성을 외재적으로 설명하여야 할 것이지만,6) 나는 물음의 능력을 통하여

---

3) Henry Hiz, "Introduction", Questions, ed., Henry Hiz, Dordrecht, Holland, Reidel, 1978, pp.ix-xvii.

4) Ludwig Wittgenstein, Philosophical Investigations, New York: Macmillan, 1953, #25.

5) 김영주 교수(홍익대. 언어습득론)는 주변 사람이 어린이에게 묻지 않는다면 어린이는 물음을 배울 수 없을 것이라고 한다. 그리고 동물들의 물음의 경우들이 '보고'되고 있지만 자료로서 구성되어 있지는 않다고 한다. 참고 : The Psychology of Questions, eds., A. C. Grasser and J. B. Black, Hillsdale, New Jersey: Lawrence Erlbaum, 1985; Roger Schank, The Creative Attitude: Learning to ask and answer the right questions, New York: Macmlillan, 1988.

6) 한국에서 대표적인 실재론자는 이좌용 교수와 임일환 교수일 것이다. 두 철학자 모두 실재의 언어성을 긍정하면서도 반실재론을 비판하고 배중율을 수용하는 강한 의미의 실재론을 택한다고 믿는다. 그렇다면 이성은 외재적으로 작동하여야 할 것이다. 예를 들어, 임교수는 이성을 "분석의 대상이라기보다는 그것을 통해 어떤 다른 개념을 해명하기 위하여 사용되는 기초 개념"이라고 한다. 이러한 이성 개념은 두 가지 해석의 가능성에 열려 있다. 하나는 "만일 우리의 인식 능력 전체를 동등하게 신뢰하지 않는다면 우리는 총체적 회의론에 빠지는 수밖에 없다."라는 토마

이성의 자기 규범적 초월성을 내재적으로 조명하고자 한다. 맞음의 능력과 반성의 능력으로서 그러한 이성의 설명을 시도한 적이 있다.[7] 이러한 능력들은 모두 한 가지 능력의 여러 다른 차원의 모습이라고 생각한다. 그러나 맞음이나 반성이 보다 정적이고 내면적이라면 물음의 능력은 보다 역동적이고 적극적으로 보인다. 물음은 이성 규범의 내재적 이해를 위하여 보다 적절한 통로일 수 있다고 믿는다. 이를 위해 이 글에서는 다음의 네 명제를 고려하고자 한다: 물음의 정도가 합리성의 정도를 나타낸다; 물음의 종류가 범주의 종류를 나타낸다; 물음의 물음의 가능성이 이성의 자기 규범성의 가능성이다; 물음의 물음은 이성의 내재성을 보이는 것이다.

2. 합리성의 정도

합리성 개념은 무엇인가? 우리가 일상 언어의 문맥에서 "김씨의 행위 a3은 합리적이다."와 같이 말하는 경우가 있다. 여기에서 우리는 김씨의 행위를 어떻게 이해하고 내리는 평가인가? 특정 체계에서의 다른 요소에 대해 갖는 정합성, 공정성, 지속성, 공동체성, 옳음 등의 내용과 관련될 것이다.[8] 이러한 항목 몇 개가 선언적으로나 연언적으로 이루어져 있을 것이다. 그러나 우리는 진공 상태에서 위와 같은 문장을 말하지 않는다. 김씨의

스 리이드의 내부적 해석이고 다른 하나는 특정한 실재론적 경향으로부터 도출되는 이성에 대한 왜재적 해석이다. 임교수는 양자를 종합하고자 하는 제3의 관점을 모색한다고 생각한다. 참고 : 임일환, 「이성과 인식」, 『철학 연구』, 1992 가을, 면 29-48; 이좌용, 「실재론에 대한 일반적 옹호」, 『철학과 현실』, 1996 가을, 면 162-178.
7) 졸고, 「이성과 맞음과 반성」, 『철학 연구』, 제33집, 1993 가을, 293-317.
8) 예를 들어, 김씨의 행위가 그의 소망과 믿음에 대해 갖는 관계가 이러한 요소들로 구성되어 있을 것이다.

행위 a3에 대하여 여러 가지 물음을 먼저 물을 것이다. 그렇다면 합리성은 행위나 생각의 여러 가지 물음에 대한 대답들의 집합이 갖는 위의 내용의 성질일 것이라고 상정한다.

그렇다면 하나의 물음은 이것이다: 합리적인 사람도 혁명을 할 수 있는가? 부처나 예수에게 '합리적이다'라는 술어의 적용은 자연스러운가? 막스나 프레게나 밀은 합리적인가? 합리성을 위의 내용으로 규정한다면 이 물음들에 대한 대답은 부정적이어야 한다. 그러나 나는 이 물음들에 긍정적으로 대답하고자 한다. 어떻게 그럴 수가 있는가? 물음의 한 측면을 통하여 하나의 조명을 얻을 수 있을 것이다.

우리는 김씨의 행위 a3에 대하여 '왜?'라는 물음들을 제기한다. 이유를 묻는 것이다. 그러나 여기에 그치지 않을 수도 있다. '어떻게?'라는 물음을 묻는다. 그리고 '언제?', '무엇을 위하여?', '어떤 목적으로?' 등을 묻는다. 이러한 모든 물음들은 김씨의 행위가 특정한 질서 안에서 어떤 자리를 차지하는가에 대한 물음이다. 이해라는 것은 합리성 부여의 가능성과 관련되기 때문이다. 이때 a3이 일상적 질서 안에서 평가된 것이 맞는 답이라면 물어진 물음은 '정상적(ordinary)' 물음이라 할 수 있을 것이다. 그러나 a3이 새로운 질서를 만드는 행위의 일부이고 그리고 물음의 관점이 비일상적 관점으로부터 물어졌다면 이것은 '비상한(extraordinary)' 물음이라 할 것이다.

합리성이란 종류의 개념인가 정도의 개념인가? 임의의 생물체가 식물이거나 동물인 것처럼, 인간 행위는 합리적이거나 비합리적인가? 김씨는 기분에 따라 더 친절하거나 덜 친절한 것처럼, 인간 행위는 상황에 따라 더 합리적이거나 덜 합리적인가? 외재주의일수록 합리성을 종류의 개념으로 해석하는 경향이 강하다고 믿는다. 그러나 합리성이 정도의 개념일 수 있는 근거를 찾아볼 수 있을 것이다.

어떠한 두 개의 사물도 기술 이전에는 독립되어 있다고 믿는다. 그러나 그러한 사물들에 언어 기술이 들어오면 어떤 관련성을 갖는다. 이들이 하나의 체계 안에 들어 있다는 이유만으로 그러할 것이다. 그리고 이러한 관련성은 인간이 묻는 물음에 따라 맞는 답이 주어질 때 합리성의 정도가 달리 나타날 것이다. 합리성의 저울은 -1에서 1 사이에 나타나는 수의 값을 표시할 것이고, 특정 언어내에서의 모든 합리성은 이 저울의 어떤 값을 갖는 것으로 해석될 수 있을 것이다.

3. 범주의 종류

세계 이해를 위한 범주는 무한히 많다. 무한한 범주의 가능성 중에서 우리 인간은 어떻게 지금과 같은 범주들의 종류에 도달하였을까? 나는 물음을 통해서라고 제안하고자 한다. 그러나 우리는 또한 무한히 가능한 물음을 모두 물을 수 없다. 인간은 자기 관심적이고 인간의 물음은 그러한 관심을 나타내는 한에서만 가능하다. 인간은 유한한 존재이자 관심의 존재이기 때문에 물음은 그러한 구조를 반영한다. 이러한 물음이 세계 설명을 위한 체계의 모색에서 특정한 범주만을 의미 있게 한다. 결국 우리의 물음이 합리성의 방향이나 대답의 구조를 제시한다고 생각한다.

"물음이 범주를 선택하게 한다."라는 나의 논제를 위해서 몇 가지 논의를 고려하고자 한다.9) 범주가 무한하게 많다면 지금과

---

9) 필자는 여기에서 철학적 논의를 시도하지만, 카안 교수는 아리스토텔레스가 물음을 통하여 그의 범주에 도달하고 있다는 철학사적 논증을 명쾌하게 제시하고 있

같은 범주의 종류에 도달할 수 있는 방식은 무엇일까?

첫째, 인간의 세계 이해의 범주는 세계 표상적이다라는 논의가 가능할 것이다. 이것은 베이콘의 인식론적 주장과 일관된다고 생각한다. 그러나 베이콘의 표상적 범주론에는 문제가 있다. 사태는 세계의 부분이지만 범주는 세계의 부분이 아니기 때문이다. 세계의 부분들은 서로들간에 필연적 관계를 갖지 않지만 범주들의 관계는 필연성을 갖기 때문이다. "지자는 어린 혜자를 손위 시누이로 맞았기 때문에 존댓말을 한다."라는 문장은 한국어의 문법에서 대언적(de dicto)으로 이해되었을 때 논리적 참이다. 그러나 그 문장이 대물적(de re)으로 해석되는 경우 그러한 필연성은 없어진다.

둘째, 칸트가 생각하고 있는 범주론은 이성 구성적이다. 범주는 논리 체계의 부분이고 그 정당성은 논리학의 필연성에 기초한다는 믿음이다. 칸트의 논리적 범주론은 언어 유일주의가 지배하던 역사적 시대의 산물이라고 하여 젖혀놓을 수도 있지만, 여기에 데이빗슨적 발상을 적용하여 볼 수 있을 것이다. "임의의 두 언어가 상호 번역 가능하다면 이들은 동일한 범주 체계에 속한다."라는 명제다. 그러하다면 칸트의 범주론은 생명력을 얻을 수 있을 것이다. 그러나 문제는 아직 남는다. 유일 언어 대신에 유일 범주 체계가 도입될 수 있지만 범주의 발생이 논리적이라는 점이다. 범주의 발생뿐만 아니라 종류가 필연적이라는 함축이 있다. 그러나 인간의 현재의 범주 체계는 두 가지 종류의 우연성을 갖는다고 생각한다. 인간 범주는 지금과 같은 우연적 인간 조건에 의존한다는 것이 하나이고, 지금과 같은 인간 조건하에서도 다른 것이 아니라 이러한 선택을 하고 있다는 점이 다른 우연성이다.10) 그러나 범주는 인간의 분류 방식이라는 것이고

다. 참조 : Charles H. Kahn, "Questions and Categories", Questions, ed., Henry Hiz, Dordrecht, Holland, Reidel, 1978, pp.227-278.

인간의 분류는 인간의 봄(seeing aspects)[11]이라는 인지의 구조에 닿아 있다는 점이 강조될 수 있을 것이다.

셋째, 비트겐슈타인의 입장으로부터 추론될 수 있는 것으로서 인간 범주는 언어 공동체의 자연사적 발전으로 해석될 수 있다는 것이다. 이 시각은 발전될 여지를 가지고 있다. 그러나 우리가 원하는 것은 그러한 범주가 어떻게 우리에게 주어지는가라는 점이다. 그렇다면 범주 구성에 있어서 생활 양식론을 부인하지 않으면서도 물음이라는 인간의 특이하게 능동적인 활동을 주목할 수 있을 것이다. 카안 교수가 제시하는 대로 아리스토텔레스의 범주들은 물음의 형식에 따른 인간의 분류라는 것이다.

4. 이성 규범과 언어의 결

언어의 확장은 자연적으로 이루어지는 것도 아니고 공동체적 결정에 의하여 구성되는 것도 아니다. 언어의 확장은 근본적으로 많은 물음들을 통하여 이루어진다. 최근의 언어의 정보적 확장은 그러한 예의 하나다. 이성은 이렇듯 확장되고 있는 언어의 결이라는 관점으로부터 이해될 수 있을 것이다. 먼저,

(1)언어의 결은 언어 공동체가 수렴할 수 있는 언어에 대한 해석의 방식이다.

라고 규정할 수 있을 것이다. 이성의 규범성은 바로 이러한 언어

---

10) 칸트의 논리적 범주론은 인간의 생활 양식과 독립하여 이루어져 있다는 의미에서 플라톤의 이데아론과 유사한 성격을 갖는다고 생각한다.
11) '국면적 봄'에 대하여 참조 : Budd, M, Wittgenstein's Philosophy of Psychology, Routledge, 1989.

에 대한 해석 방식이라고 생각한다. 이성의 규범성은 "(P & (P → Q) → Q)"와 같은 형식에 대한 해석에서도 나타나지만,12)

    (2)추석에는 부모님을 가뵙고 싶다.

와 같은 문장의 해석에서도 나타난다. 문장 (2)는 화자의 단순한 심리적 상태에 대한 기술이 아니다. 이 문장은 그 화자의 '합리적' 욕망을 나타내고 있다. 이 합리성은 이 문장이 한국 사회에서 갖는 언어의 결에 의하여 구성된다. 화자의 욕망 자체가 문장에 의하여 구성되고 문장은 한국어의 공동체에 의하여 지금 우리가 가지고 있는 그러한 해석에 의하여 의미 부여를 가지고 있기 때문이다.

  언어의 결이 문장 (1)에서 이렇게 양상적으로 규정된 데는 까닭이 있다. 언어 결은 두 가지로 구분될 수 있기 때문이다. 하나는 '수렴된 해석 방식'이고 다른 하나는 '수렴 가능한 해석 방식'이다. 전자는 현실적 해석에 대한 서술에 의하여 나타날 수 있지만 후자는 그렇지 않다. 문장 (2)가 나타내는 서술적 합리성을 다음과 같은 명제 (3)을 통하여 구성할 수 있을 것이다.

    (3)추석은 조상 제사를 지내는 가장 큰 명절 중의 하나다; 추석은 그 자체로 하나의 제도다; 그리고 제사는 가족적 행사이고 자녀들은 부모와의 관계에서 제사의 참여자가 된다; 부모는 이것을 요구하고 자녀들은 부모를 기쁘게 하고 싶고 따라서 부모의 소망을 따르고자 한다; 이러한 제사의 전통은 제사가 가지고 있는 그 가족적 가치의 내용으로써 제사를 드리지 않은 사람들에게도 남아 있다.

---

12) 이러한 MP가 필연적이 아닌 까닭은 다른 요소들이 전건의 두 명제와 후건간에 여러 가지 다른 방식으로 개입할 수 있기 때문이다. 인간의 실천적 상황이나 동물들의 삶에서도 이 명제는 필연적으로 유지되지 않는다.

화자의 욕망 (2)는 언어와 독립하여 그리고 나아가서 사회와 독립하여 개인주의적으로 구성되지 않는다.[13) 욕망 (2)의 합리성은 언어의 결 (3)에 대해서 어떤 관계를 갖는가에 의존한다. 이를 일반화할 수 있을 것이다. 인간의 어떤 욕망도 특정한 언어의 결에 의하여 구성된다. 따라서 이 욕망은 이 언어의 결에 대하여 어떤 관계를 가지고 있는가에 따라 그 합리성의 정도는 결정되어 얻어지는 것이다.

대부분의 인간 합리성은 문장 (2)에서처럼 언어의 결에 대한 '수렴된 해석 방식'에 따라 나타난다. 소위 서술적으로 분석할 수 있는 일상적 합리성인 것이다. 그러나 경우에 따라 인간은 비상한 상황에 처하게 된다. 예를 들어, 댕기머리의 김활란이

(4)나는 한국 여성 최초로 단발머리를 하겠다.

라는 생각을 했을 때의 상황을 고려할 수 있다. 한국 역사의 수많은 미혼 여성들의 두발 처리는 '댕기머리 합리성'이라고 불릴 수 있는 언어 논리에 의하여 평가되었을 것이다. "앞집 처녀의 댕기머리는 뒷집 처녀의 댕기머리보다 더 합리적이다."라고 말할 수 있었을 것이다. 댕기머리의 합리성은 다음과 같은 언어 구조와 관련되어 이해할 수 있을 것이다.

(5)댕기머리는 너무 짧거나 너무 길 수 있다; 댕기머리는 댕기를 너무 많이 달았거나 그 댕기의 색깔은 너무 요란할 수 있다; 미혼녀나 미혼남은 댕기머리를 하지 않는 것보다는 하는 것이 더 낫다; 댕기머리가 영아, 기혼녀, 기혼남, 노파 등에게서 나타나는 것은 자연스럽지 않다.

---

13) 이주향, 「심성 내용의 비개인주의적 개별화에 관한 연구」, 이화여대 박사 학위 논문, 1994.

그렇다면 이러한 댕기머리의 합리성에 의하면 김활란의 소망 (4)는 '비합리적이다'라고 하여야 한다.

그러나 문장 (4)는 그리 단순하지 않다. 이것은 댕기머리의 합리성 (5)에 대한 도전이기 때문이다. 비상한(extraordinary) 상황을 제기한 것이다. 김할란은 미혼녀의 두발 처리에 대하여 '수렴된 해석 방식'을 거부하고 새로운 '수렴 가능한 해석 방식'을 요구하는 것이다. 그렇다면 문장의 (4)의 합리성 여부나 그 정도는 '수렴 가능한 해석 방식'의 건강성에 의존한다라고 하여야 한다.

일상적 물음에 의하여 제기되는 물음은 그 대답이 서술적 합리성에 의하여 평가되지만, 비상한 물음에 의하여 제기되는 소망이나 답변은 언어의 확장을 전제하고 언어 공동체가 새로운 언어 결을 만들어가는 방식에 따라 그 합리성이 평가되는 것이다. 이러한 합리성은 서술적이라기보다 수정적이고 그러한 의미에서 '초월적'이라고 할 수 있을 것이다. 서술적 합리성이 규범 준수적이라면 초월적 합리성은 규범 창조적이다라고 할 수 있을 것이다.

'수렴 가능한 해석 방식'이라는 개념은 여러 가지 측면을 가지고 있다. 언어의 일상적 해석 체계는 수렴된 경우와 수렴 가능한 경우 그리고 수렴 가능하지 않은 경우가 있다. 그리고 그 언어의 수정 가능한 해석 체계는 이론적으로 무한하다. 체계에 따라 수렴 가능하거나 수렴 불가능한 해석들로 나뉠 것이다. 그러므로 특정한 해석 문장이 앞으로 수렴 가능한가의 물음에 대한 부정적인 답은 절대적으로 주어질 수 없다. 다만 공동체의 언어 구조 안에서 특정한 문장이 어느 정도 수렴 가능한가를 예측할 수 있을 뿐이다. 그 까닭은 해석 체계의 무한한 변형 가능성 때문이다. 그렇다면 대답 가능한 물음과 대답 불가능한 물음이 시점 상대적이듯 의미 있는 물음과 의미 없는 물음의 구분도 시점 상대적으로 이해된다.

5. 물음의 물음

물음이 이성의 자기 규범의 초월성을 표현하게 하는 계기일 수 있는가를 고려하였다. 그러한 계기는 "왜 묻는가?"라는 물음의 물음에 의하여 선명하게 표상된다. 물음의 물음은 "당신은 나의 이름을 왜 묻는가?"; "철학자들은 '나는 누구인가?'를 왜 묻는가?"; "사람들은 '이것이 인생의 모두인가?'라는 물음을 왜 묻는가?"; "물음이 없는 삶보다 물음이 있는 삶이 왜 가치가 있는가?" 등에서 예시된다. 이러한 물음들 중의 어떤 것에 대한 대답의 시도들은 의미가 없을 수 있다. 그러나 그 물음은 의미가 있다.

어떠한 물음도 물음의 물음이라고 생각한다. 김씨가,

(6)이것은 무엇인가?

라는 물음을 제기할 때 그는 단편적 물음에서 끝나는 것이 아니라 복합적인 일단의 물음들과 관련을 갖는다. 예를 들어, 김씨는 이 물음 (6)을 제기할 때,

(7)나의 이 물음은 적절한가?; 이 물음은 내가 묻고자 하는 것을 표현하고 있는가?; 이 물음에 대답할 만한 사람은 누구인가?; 박씨는 이 물음에 답할 수 있을까?; 이 물음은 대답이 없을 수도 있는가?; 어떠한 종류의 반응들이 나의 물음에 대한 대답인가?

라는 물음들에 함축적 관련을 갖는다. 그렇지 않다면 물음 (6)은 이해되기 어렵다고 생각하기 때문이다. 그렇다면 인간은 모든 물음에서 이성의 자기 규범적 초월성을 행사하고 있는 것이다. 그러나 말을 하고 글을 쓰고 체계를 구성할 때 사람들은 물음을 생략한다고 생각한다. 그리하여 표면적으로는 일단의 서술문들이 조직적으로 표상되어 나타나는 것이다. 데카르트의 '코기토 에르고 줌'을 예로 들어 볼 수 있을 것이다.

D1 지식은 확실한 것이다; D2 확실한 것은 의심할 수 없는 것이다; D3 일상적 명제(나는 지금 의자에 앉아 있다.), 수학 명제 $(2=3+5)$, 논리 명제$(-(P \ \& \ -P))$는 의심될 수 있다; D4 나는 꿈과 지각을 구분할 수 없을 정도의 꿈을 꾼적이 있고, 전지전능한 마귀의 존재를 상상할 수 있고, 이 마귀가 실제로는 그렇지 않은데 모든 사람들을 수학 명제나 논리 명제라는 것을 믿도록 속였을 수 있다는 것을 상상할 수 있기 때문이다; D5 그러나 나의 존재는 의심될 수 없다; D6 나의 존재에 대한 의심, 꿈, 속임은 일종의 경험이고 이 경험은 바로 그 경험의 주체를 전제하기 때문이다; D7 의심, 꿈, 속임은 모두 생각의 경우들이다; D8 나는 생각한다. 고로 나는 존재한다; D9 모든 것보다 먼저 내가 아는 것은 나의 존재다.

데카르트는 각기의 Di 에 도달하기 위하여 많은 물음들을 물었을 것이다. 예를 들어, D1은 "지식이란 무엇인가?"라는 물음에 대한 답이다. 그러나 그 답은 여러 가지 후보 대답들 중의 하나다. 그는 '경험적이다'; '상식적이다'; '규약적이다' 등의 후보들을 선택할 수도 있었다. 그러나 그는 당대의 회의주의의 내용에 대응하기 위하여 적절하다고 생각한 D1을 선택한 것이다. 그는 당대의 회의주의를 무시할 수도 있었지만 그 회의주의에 답하고자 하는 관심을 가지고 있었다. 그러므로 데카르트의 합리주의는 단순한 논리적 구성물이라기보다는 당대의 회의주의에 대하여 그의 관심을 추적하는 물음들의 궤적에서 나타난 결과다.

이성의 자기 규범적 초월성을 물음 개념을 통하여 내재적으로 조명하고자 하였다. 이러한 접근 방식은 "이성은 언어 능력이다."라는 것을 전제할 때 만나게 되는 이성의 초월성을 설명할 수 있는 가능성을 보인다고 생각한다. 최근의 한국철학에서 맞물림, 맞아떨어짐, 맞음 등의 개념을 통하여 언어나 인식을 설명하고자 하는 시도들은[14] 결국 이성에 대한 내재적 해석의 노력이라고 믿는다. 언어나 이성을 내재적으로 이해할 수 있을 때 도달할 수 있는 이점은 세계에 대한 보다 선명한 시각이라고 생각한다. 사람들은 주어진 체계에 대하여 묻지 않을수록 노예처럼 복종적이지만, 주어진 체계에 대하여 물을수록 시인처럼 자유로워지고 철학자처럼 표현적이게 된다. 물음은 이성의 자기 규범적 초월성의 열쇠이기 때문이다. ■

---

14) 이명현, 「언어, 사유와 존재」, 『실재론과 관념론』, 한국분석철학회편, 서울 : 철학과 현실사, 1993, 면394-416; 「언어와 사고 그리고 존재 세계」, 『언어 철학 연구 I : 비트겐슈타인과 언어』, 박영식 외, 현암사, 1995, 면77-100; 김도식, 「증거론이란 무엇인가?」, 『철학 연구』, 제36집, 1995 봄, 면177-204.

과학의 합리성 : 논의를 위한 기초와 하나의 도식*

정 상 모
(부산여자대학교)

1. 들어가는 말

합리성은 인간의 유적(類的) 특징을 구성하는 가장 핵심적인 요소이고 과학은 합리성이 전형적으로 발휘된 인지 체계다. 과학의 합리성에 관한 논의는 따라서 과학의 특성을 규명하는 일일 뿐만 아니라 인간의 자화상을 분석하는 일이기도 하다. 과학철학자들이 과학의 합리성을 철학적으로 규정짓기 위한 일에 진력해온 것도 바로 그 때문이다. 논리실증주의(및 논리경험주의)와 반증주의는 논리적 엄격성을 핵심으로 하는 방법론적 특징을 통해서 과학의 독보적인 합리성을 규정하려고 했던 데 비해, 쿤(Kuhn)류의 역사주의는 과학적 행위, 즉 과학적 탐구에 특징적인 사회학적 패턴을 통해서 과학의 합리성을 규정하려고 했다. 전자의 기도가 성공적이었더라면 과학의 합리성에 관한 논의는

---

* 이 논문은 1997년 6월 28일, 중앙대에서 열린 한국철학회 분석철학회 분과 하계 세미나에서 발표된 것을 논평자와 참여자들의 비판을 토대로 상당 부분 수정 보완한 글이다. 그분들께 특별히 감사드린다.

완결적이었을 것이지만, 주지하다시피 성공적이지 못했다. 한편, 후자는, 설사 그것이 성공적이라고 하더라도, 과학의 특권적인 인식론적 위상을 크게 약화시키든지 아니면 아예 포기케 하는 내키지 않는 결과를 함축하는 것이었다. 그 이후 합리성 논의는 쿤이 그 문제점을 드러낸 이론 수용 및 선택의 합리성 문제에 집중되었다. 그러나 그런 노력에도 불구하고 결과는 기대에 훨씬 미치지 못했다. 그런 노력이 초래한 하나의 나쁜 결과는 합리성 논의가 혼란에 빠져버렸다는 점이다. 그리고 그 혼란의 핵심에는 합리성 개념에 대한 공통적 인식의 상실이 있다. 합리성 논의들은 대부분 과학적 탐구 과정의 일부에만 한정되어서 진행되었고, 그것도 각기 상이한 합리성 개념을 염두에 두고 진행되는 경우가 대부분이었다.

합리성은 대단히 다양한 의미를 가진 개념이다. 그것의 본성에 관한 엄밀한 규정이 없다면, 과학의 합리성을 규명하기 위해서 이런저런 식으로 제시된 기준들에 대한 타당한 평가는 불가능하다. 이 논문에서 나는 과학의 합리성에 관한 논의가 생산적인 방향으로 나아가기 위해서 합리성 개념과 관련하여 먼저 해소되어야 하는 몇몇 핵심 사항들에 관한 견해를 제시하겠다. 구체적으로 나는 다음 세 가지 견해를 개진할 것이다. 첫째, 과학의 합리성은 믿음의 합리성이 아니라 탐구의 합리성의 입장에서 적절히 포착될 수 있다. 둘째, 과학의 합리성은 목적 설정 합리성과 목적 달성 합리성의 두 측면에서 규정되어야 한다. 셋째, 전자는 인식 의무적(규범적) 차원에서, 후자는 도구적 차원에서 논해져야 하며, 도구적 합리성은 발견법적 의미의 방법론적 논의를 통해서 체계적으로 포착될 수 있다.

마지막으로 이러한 이해를 바탕으로 과학의 합리성을 개념화한 방법론적 도식을 제시하겠다.

2. 합리성의 일반적 의미

이성이라는 용어가 무엇을 의미하는지에 대해 다양한 불일치가 있긴 해도, 가장 일반적인 의미로 합리성은 "이성에 호소함으로써, 즉 감정이나 격정에 호소하는 것이 아니라 명석한 사유와 경험에 호소함으로써 가능한 한 많은 문제들을 해결하려는 자세"(Popper, 1974, p.224)를 나타내기 위한 말이다. 그런 자세도 두 가지 차원에서 규정될 수 있다. 한편으로 그것은 아리스토텔레스가 인간은 합리적 동물이라고 말했을 때나, 베넷(J. Bennett)이 합리성을 "지적 능력에 있어서 모든 다른 알려진 종들과 인간 사이를 확연하고도 중요하게 구분하는 것으로 무엇이건 인간에게 있는 것"을 의미한다고 말할 때처럼(Bennett, 1989, p.5), 인류라는 종의 본질적 속성을 의미한다. 따라서 인간이 합리적인 존재라고 말할 때, 그것은 인류가 다른 존재들에 비해 이성적 사유 능력, 즉 추론하거나 근거를 제시하는 능력, 경험을 조직하고 해석하며, 직접 경험을 넘어서는 사물들에 관한 결론을 이끌어내는 능력을 탁월하게 갖고 있다는 사실을 의미한다. 스텐마르크(M. Stenmark)가 "유적(類的) 합리성(generic rationality)"이라고 칭하는(1993, p.20) 이러한 합리성은 다음과 같이 정의될 수 있다. '한 행위자 혹은 존재는 만약 그가 이성 능력을 갖고 있다면 합리적이다.'

유적 합리성의 입장에서 볼 때, 대부분의 인간의 의식적 행위는 합리적이다. 그러나 인간이 항상 합리적인 것은 아니며, 또 항상 그리고 어떤 대가를 치르더라도 합리적이어야 하는 것도 아니다. 인간의 능력에는 이성만 있는 것도 아니고 또 이성이 자동적으로 적절하게 발휘되는 것도 아니기 때문에, 이성적 사유의 능력을 가지고 있다는 사실 그 자체로 인해서 합리적으로 되는 것은 아니다. 그러므로 다른 한편으로 합리성은 인간 이성이나 지성의 적절한 구사에 관계된다. 역시 스텐마르크를 따라서 그것을 "규범적 합리성(normative rationality)"이라고 부르겠다.(p.23) 규범적 합리성은 다음과 같이 규정될 수 있다. '한 행위자 혹은 존재는 만약 그가 그의 이성을 적절히 사용한다면 합리적이다.' 당연히 과학의 합리성은 우선 규범적 합리성의 단계에서 논해져야 할 것이다. 활동으로서의 과학이든 그것의 결과, 즉 믿음의 체계로서의 과학이든 과학은 전형적으로 이성을 적절히 사용하는 활동 내지 그 결과이기 때문이다. 과학이 합리성의 제왕이라는 전통적 생각에 대해 이의가 제기되고, 또 실제로 과학이 100퍼센트 합리적일 수는 없다는 주장이 옳을지도 모르겠지만, 그래도 과학이 인간의 지적 능력(이성)을 가장 적절히 사용해서 성립된 인지 문화라는 사실을 부정할 수는 없을 것이다.

과학의 합리성은 과학에서 이성의 적절한 사용이 의미하는 바를 규명함으로써 드러날 수 있다. 그 작업의 제일보는 과연 과학을 특정의 믿음 체계로 규정해야 하는가 아니면 특정의 인지 활동으로 규정해야 하는가 하는 물음에 대답하는 일이다. 전자인 경우 과학의 합리성은 과학적 믿음의 합리성일 것이고, 후자인 경우 그것은 과학적 활동, 즉 탐구의 합리성이 될 것이다.

3. 믿음의 합리성과 탐구의 합리성

르셰르(N. Rescher)가 말하듯이 이성은 우리가 무엇을 할까를 결정해야 하는 입장에 있을 때마다—우리가 선택이나 의사 결정에 직면할 때마다—작용할 수 있고 또 해야 한다.(1988, p.2) 철학자들의 일반적인 분류에 따르면, 우리가 의사 결정을 할 수 있는 영역은 크게 믿음, 행위, 가치 평가의 세 영역이다. 그것에 맞추어서 합리성을 이론적, 실천적 및 가치론적 합리성의 세 가지로 구분할 수도 있다.(Sternmark, p.5) 이론적 합리성은 우리의 인식 상태에 변화를 초래하는, 즉 새로운 믿음을 추가하거나 잘못된 믿음의 수정에 관련되는 합리성이며, 실천적 합리성은 다른 사람이나 세상에 변화를 초래하는 일에 관련되는 합리성이다. 가치론적 합리성은 우리의 도덕 의식 및 미감적 상태의 변화를 초래하는 일에 관련된다. 많은 경우 가치 평가나 선호는 정서적 능력에 의해 판단되기 때문에 합리성 논의의 대상이 아니라고 주장할지도 모르지만, 그런 영역에도 선택과 의사 결정의 문제가 있는 경우가 엄연히 있는 만큼 합리성 논의에 포함되어야 한다. 그러나 과학의 합리성 문제는 주로 첫째와 둘째의 합리성 개념에 관련될 것이다. 이론적 합리성과 실천적 합리성은 펫즈 (J. Fetzer)가 구분한 "믿음의 합리성"과 "행위의 합리성"에 각각 대응하는데, 좀더 일반인 펫즈의 용어를 사용하겠다.(1990, p. 424)

과학의 합리성이 믿음의 합리성인지 행위의 합리성인지를 알려면 당연히 '과학'이 뜻하는 바가 특정한 인지 방식인가 아니면 특정한 믿음 체계인가를 알아야 한다. 만약 과학이 전자를 의미한다면, 과학의 합리성은 탐구 과정이나 방식의 합리성이 될 것이고, 후자를 의미한다면, 그것은 그러한 탐구의 결과 획득되는 믿음 체계의 합리성일 것이다. 그런데 실상 '과학'은 그 두 의미 모두로 쓰인다.[1] 그 둘 중 과학의 합리성을 더 잘 드러낼 수 있는 쪽을 택하는 수밖에 없다. 양자의 차이를 정리하면, 전자는 인간의 특정 인지 행위 내지 작용의 합리성, 즉 특정 목적을 달성하는 일종의 행위 합리성을 의미하고, 후자는 그 행위가 목적하는 대상(결과) 자체의 합리성이다. 나는 아래에서 제시될 두 가지 이유로 과학의 합리성이라는 주제로 우리가 연구해야 할 것으로 더 합당한 것은 과학적 탐구(행위)의 합리성이라고 주장한다.

---

1) 과학은 "받아들여진 지식(accepted knowledge)"을 의미하기도 하고, "제도화된 연구 활동(institutionalized activity of research)"을 뜻하기도 한다.(Markovic, 1980, p.79)

첫째, 만약 과학적 믿음이 어떻게든 다른 어떤 믿음보다 우수한 것이고, 그것은 또 과학의 탐구 방법상의 우수성 때문이라면, 과학의 합리성을 과학적 탐구의 합리성으로 보아도 좋다. 과학적 믿음의 우수성은 결국 그것이 갖는 특별한 신뢰성, 즉 논리적 정합성이나 경험적 정당성 등과 같은 인식적 신뢰성에 있으며, 그러한 것들이 탐구의 목적으로 설정되어 추구되는 사항이라는 점에서 탐구의 결과인 믿음의 특성이 전체로서의 탐구 행위 속에서 포착된다고 볼 수 있다. 따라서 과학의 합리성은 결국 탐구(행위)의 합리성으로 고려될 때 그 전모가 더욱 잘 드러난다고 볼 수 있다.

둘째, 과학적 합리성을 믿음의 합리성에 한정하면 믿음의 윤리학에서 지적되는 하나의 철학적 문제와 봉착한다. 합리성은 규범적 개념이다. 그런데 규범적인 개념들은 주로 행위들, 특히 자유로운 행위들에 적용 가능한 까닭에 "개인의 [인지] 상태"인 믿는 작용(believing)에는 적용될 수 없다.(Hilpinen, 1908, p.13) 즉 진리를 믿고 오류를 피하는 일은 의지의 통제가 불가능하고 따라서 합리성과는 무관하다. 만약 이 주장이 옳다면, 과학의 합리성을 믿음의 합리성으로 볼 수 없다. 그것이 전적으로 그렇다고 단언할 수는 없지만, 또 전적으로 틀렸다고 보기도 힘들다. 내가 보기에 적절한 해법은 과학을 단순한 믿음 체계가 아니라 탐구 행위로 보는 것이다. 단순한 감각 지각 혹은 그밖의 경우에 있어서 해당 믿음을 수용하는 최종 순간에는 의지가 개입될 여지가 없을지 모르지만, 대부분의 과학적 탐구에서 볼 수 있는 복잡한 인지 과정, 즉 새로운 믿음이나 지식을 획득해가는 과정에는 의지의 개입이 분명히 가능하다. 그 때문에 "믿음의 윤리(ethics of belief)"를 제창했던 하일피넨은 "믿음의 획득"을 "믿음의 변화"라는 복합적인 과정으로 간주해야 한다고 했다. 즉 "a ought believe h"는 a가 자신의 믿음 체계에 h를 포함하도록 그것을 변화시켜야 함을 의미한다는 것이다.(Hilpinen, p.14) 비록 우리의 믿음 상태(doxastic state)를 일반적인 실천적 행위처럼 자유로이 변화시킬 수는 없지만, 여러 가지 수단, 예컨대 탐구와 심사숙고로써 그것을 변화시키는 일을 의도할 수 있다. 그렇다면 과학을 단순히 믿음의 체계가 아니라, 믿음의 획득을 최종 목표로 하는 특정 (인지) 행위로 볼 때, 비로소 '믿음의 합리성'을 가능케 하는 인식 의무가 성립될 여지가 생긴다. 한편, 만약 탐구 방법에 관한 논의가 정당화에 관한 것만이 아니라 발견에 관한 것까지 포함한다면, 탐구의 합리성은 믿음의 합리성을 온전히 보존할 수 없지 않은가 하는 의문이 제기될지도 모르겠다. 이 물음은 그러나 소위 "정당화의 맥락"과 "발견의 맥락"이라는 전통적 구분이 타당할 때 성립될 수 있다. 그러나 오늘날 많은 철학자들이 인정하듯이(Jung, 1996, pp.13~14 참조), 과학의 탐구 과정을 논리적으로나 시간적으로 그런 식으로 구분하기는 힘들다. 따라서 이 의문은 성립될 수 없다.

믿음 획득에 관련되는 행위를 스텐마르크가 구분한 실천적 합리성에 관련되는 행위와 동일시할 수는 없다. 후자는 세계에 어떤 변화를 초래하는 행위인데 비해서 전자는 다만 자신의 인지 상태에 변화를 가져오는 행위이기 때문이다. 그렇지만 양자는 행위자가 자유로운 선택을 할 수 있고 또 해야 하는 과정들을 포함하고 있다는 점에서 공통적이다. 또 과학적 탐구의 과정에서 과학자들은 관찰과 실험을 통해서 실제로 세계에 어떤 종류의 변화를 초래하기도 한다는 점에서 과학적 탐구는 직접 실천적 합리성의 대상이 되기도 한다. 그러므로 행위의 개념을 적극적인 인지 작용까지도 포함하는 광의의 것으로 규정하고, 믿음의 합리성이라는 좁은 영역이 아니라 탐구(행위)의 합리성의 입장에서 접근할 때, 과학의 합리성은 그 전모가 더 잘 드러날 수 있다.

4. 도구적 합리성과 비도구적(범주적) 합리성

1980년대 중반 이래 10여 년을 끌어오고 있는 시글(H. Siegel)
과 기리(R. Giere) 및 라오댄간의 논쟁이 잘 보여주듯이, 과학의
합리성 논의에서 논란이 많은 또 하나의 기본적인 주제가 과학
의 합리성이 도구적인지 범주적인지의 문제다. "도구적 합리성
(instrumental rationality)" 개념에 따르면, (과학의) 합리성은 단
지 우리가 여러 가지 목적이나 선호 대상들을 실현하기 위한 유
용한 수단을 선택할 수 있게 하는 것에 관련된다. 이 견해를 옹
호하는 철학자들은 합리성 그 자체라는 것도 그 자체로 합리적
인 것도 없고, 오직 목적-관련적 합리성뿐이라고 주장한다. 즉
자율적인 인식론적 원리로서의 합리성의 존재를 부정하고, 목적
이 제시된 상태에서 과학은 그것의 방법론이 그 목적을 확보하
는 데 기여하는 정도로 합리적이라는 것이다. 과학철학에서 이
런 견해의 대표자격인 기리와 라오댄은 각각 다음과 같이 말하
고 있다:

> 자연주의자는 자율적인 인식론적 원리들의 영역은 결코 없다고
> 믿는다. 그것은 과학을 하는 데 더 좋은 방법과 더 나쁜 방법들이 있
> 다는 사실이나, 어떻게 하면 최선의 탐구가 되는지에 관해 충고를 할
> 수 있는 가능성을 부정하는 것은 아니다. 그러나 상응하는 합리성의
> 원리들은 오직 도구적 혹은 조건적일 뿐이다. 그것들은 연구 전략들
> 을 연구 목적에 연결짓는다. 그리고 이들 연결을 확립하는 것 그 자
> 체는 과학적 탐구를 요구한다. ……도구적으로 합리적이라는 것은
> 단지 설정된 목적들을 성취하는 데로 나아간다고 믿어지는 수단을
> 채용한다는 것을 의미한다.(Giere, 1989, p.377)
> 주어진 탐구의 수행은 단지 우리가 그 탐구 과정이 우리의 목적으
> 로 실현시킬 것이라고 믿을 근거를 우리가 갖고 있는 한 합리적일
> 것이다. ……(Laudan, 1988, p.349)

한편 전통적인 과학철학의 입장을 고수하는 시글은 "무조건적" 내지 "범주적" 합리성을 옹호함으로써 기리와 라오댄의 입장에 반기를 든다. 그는 과학에서 자율적인 인식론적 원리들을 발견할 수 있으며, 그러한 원리들이 과학자들이 어떻게 행해야 하는지에 관한 규범적 주장들에 "자율적 보증"을 줄 것이며, 또 그것이 탐구의 과정에서 과학자들에게 범주적 합리성을 제공할 것이라고 주장한다.(Siegel, 1985, pp.517-537)

인간의 합리성이 근본적으로 도구적 성격을 갖는다는 사실을 부정할 수는 없을 것이다. 생물학적으로 볼 때, 도구적 합리성은 "더 이상의 정당화가 필요없는 기초 상태로서, 합리성 이론들이 당연한 것으로 받아들이는 개념"일 것이다.(Nozick, 1993, p.133) 문제는 과연 기리나 라오댄이 단호하게 주장하는 것처럼 과학의 합리성이 도구적 합리성 개념만으로 온전히 포착될 수 있는가 하는 것이다. 아래에서 나는 이 물음에 대해 부정적인 대답을 할 수밖에 없는 세 가지 이유를 들겠다.

첫째, 목적 설정의 합리성이 배제된 과학은 온전히 합리적일 수 없다. 앞 절에서 우리는 과학을 단순한 믿음 체계가 아니라 특정 믿음의 획득을 목적으로 설정하는 데서 시작되는 탐구 행위로 규정했다. 그렇다면 과학은 목적 설정 그 자체를 포함하고 있는 인식 행위이고 또 목적의 설정은 자기-정당화적 행위가 아니다. 따라서 탐구 행위로서의 과학의 합리성은 수단적 합리성과 목적 설정의 합리성을 함께 포함해야 한다. "절차들과 방법론적 규범들이 주어진 목적을 성취하는 데 도구적으로 효율적이라면 과학은 합리적이다."라는 식으로 말하는 도구적 합리주의의 주장을 따른다 하더라도, 과학의 합리성은 탐구의 목적이 무엇인가에 심각하게 의존할 수밖에 없다. 상이한 목적들은 과학적 절차와 규범들의 합리성에 관해 상이한 판단들을 산출할 것이기 때문이다. "어떤 목적에든—심지어 나치가 추구했던 목적과 같이 나쁜 목적에도—목적을 추구하는 데 효과적인 행위가 있을 수 있다."(Giere, 1988, p.10) 그러나 그것은 목적 추구 과정의 합리성이지, 목적의 평가를 포함하는 전제 행위의 합리성은 아니다. 따라서 과학적 탐구 목적의 합리성을 부정하는 것은 과학의 합리성을 부분적으로 부정하는 결과를 초래하는 것이다.

둘째, 도구적 합리성은 궁극적으로 비도구적 합리성에 의존하지 않고서는 정합적으로 이해될 수 없다. 시글의 논증은 그 점을 잘 보여준다. 도구적 효율성을 판단하려면 주어진 목표를 달성하기 위해 제시된 수단의 효율성에 호소해야 한다. 그러나 과연 어떻게 도구적 효율성에의 증거와 수단-목적의 쌍(그 증거가 그 쌍의 효율성의 증거인) 사이의 관계를 이해할 수 있는가? 어떤 증거 E가 수단 M이 목적 G와 관련해서 도구적으로 효율적이라고 제안한다고 치자. 그렇다면 M이 G와 관련해 사실상 도구적으로 효율적이라는 판단 내지 주장 C가 정당화되기 위해서는, 증거 E가 주장 C를 보증하는 증거가 되어야 한다. 그러나 이 추가적 주장(즉, C와 관련해 E가 갖는 증거적 힘에 관한 주장) 자체는 도구적 효율성을 전혀 갖지 않는 주장이다. 즉, M은 G와 관련해 도구적으로 효율적이지만, E와 도구적 효율성에 관한 주장간의 관계 그 자체는 도구적 효율성의 관계일 수가 없다. 따라서 도구적 효율성에 관한 우리의 판단이 정당화되기 위해서 후자는 비도구적인 의미, 즉 인식적 혹은 "증거 제공적(probative)" 의미로, 그 자체를 위한 증거에 관련되어야 한다. 이런 방식으로 도구적 효율성에 관한 주장들은 그 주장과 그것들을 위한 증거 간에 비도구적 (그런 의미로 범주적) 관계를 전제하거나 정당화를 위해서 그것에 의존해야 한다.(Siegel, 1996, S118-119)

간단히 말해서, 수단 M이 목적 G와 관련해 진실로 도구적으로 효율적이라는 점이 정당화되거나 보증되었음을 비도구적 증거 E가 확립해야 한다는 것이다. 어떤 실험이 가설을 검증하기 위한 목적의 달성에 효과적이라고 주장될 때, 그 주장 자체와 그것을 정당화하는 증거간의 관계는 다름아닌 한 주장이나 믿음과 그것을 뒷받침하는 근거나 증거간의 인식적 관계다. 실험이 왜 효과적이냐는 물음에 대한 해답은 그것이 가설의 정당화에 인식적 증거가 되기 때문이라는 사실이다. 따라서 도구적 합리성의 옹호자들은 "증거적 지지"나 "인식적 보증(epistemic warrant)"에 대한 비도구적 설명을 필요로 한다. 즉 도구적 합리성이 통하려면 비도구적 증거 이론이 필요하다는 것이다.

과학의 합리성이 도구적 합리성으로는 온전히 포착될 수 없음을 보여주는 셋째 논증은 노직이 제시하는 것인데, 그 핵심은 다음과 같다. 도구적 합리성은 도구적 효용성에 의존하는데, 주어진 도구들의 효용성은 오직 경쟁 상대가 있을 경우에만 그것의 도구적 우수성이 결정된다. 따라서 경쟁 상대가 없는 최고의 도구의 경우 그것의 수용 여부는 비도구적 평가 기준에 의존할 수밖에 없다. 더 이상 경쟁 상대가 없기 때문이다. 그리고 그러한 비도구적 기준에는 증거적, 상징적, 인과적 효용이 있다.(Nozick, p.137) 노직의 논증도 결국은 시글의 논증과 맥을 같이 한다. 이들이 한결같이 보여주는 결론은 도구적 합리성이 궁극적으로 비도구적 합리성에 의존하지 않을 수 없다는 점이다.

과학의 합리성은 목적 설정의 합리성과 설정된 목적 달성의 합리성이라는 두 차원에서 총체적으로 논해져야 한다는 앞 절의 결론은 이 절의 결론과 중요한 상관 관계를 갖는다. 수단의 합리성이 목적의 합리성에 의존하듯이, 도구적 합리성은 비도구적 합리성에 의존한다. 목적 설정의 합리성은 궁극적으로 비도구적 합리성에 관련되며(즉 과학의 궁극적인 목적의 합리성과 관련되며), 수단의 합리성도 궁극적으로는 그런 비도구적(범주적 혹은 무조건적) 합리성에 의존해서만 그것의 진면목이 드러난다. 개개의 탐구 목적들도 상대적으로는 더 큰 목적의 수단일지 모르지만, 후자의 합리성은 전자와는 다른 기준에 의해 평가되어야 한다. 따라서 과학의 합리성의 규명은 도구적 및 비도구적 합리성을 포괄하는 '총체적 합리성(holistic rationality)'의 지평에서 추구되어야 한다.

5. 목적 설정의 합리성

의무란 그 대상의 실현을 명령형으로 나타낼 수 있는 것으로 서, 이를테면 어떤 사람 S가 어떤 사태 F의 실현에 대한 의무가 있다 함은 S는 P를 실현해야 할 명령을 받고 있다고 하는 것과 같다. 우리는 "자네는 그 사실을 알았어야 해.", "몰라도 돼.", "암의 원인을 규명해야 해.", "지구 온난화의 원인을 밝혀야 해."…… 등과 같이 인식 작용에 관해서도 의무 관련적 표현을 쓴다. 그런 의무를 나타내기 위해 철학자들은 "인식 의무"란 표현을 사용한다. 과학의 궁극적 목적은 인간이 세계에 대해 갖고 있는 인식 의무를 수행하는 일이다. 따라서 목적 설정 합리성은 탐구 시점에 탐구자에게 있는 인식 의무에 얼마나 충실하게 탐구 목적을 설정하는가에 달려 있다.

인식 의무에 대한 설명으로 가장 일반적으로 받아들여져 온 것은 제임스의 것에서 유래한다. 그는 다음과 같이 말했다:

> 견해의 문제에 있어서의 우리의 의무를 바라보는 방식은 두 가지 가 있다. ……우리는 진리를 알아야 하고: 또 오류를 피해야 한다— 이 둘은 지자(知者)이기를 원하는 우리들의 제일 그리고 위대한 계명이다; 그러나 동일한 계명을 진술하는 두 가지 방식이 아니다. 그 것들은 두 개의 분리 가능한 법칙들이다.(James, 1911, pp.17-19)

인식 의무를 달성하려면 두 원리 중 어느 하나만으로는 되지 않는다는 점은 당연하다. 그렇지 않으면 모든 것을 믿어버림으로써 최대한의 진리를 믿는 데 성공할 수 있고 아무것도 믿지 않음으로써 최대한 오류를 피할 수 있기 때문이다. 이러한 제임스류의 인식 의무는 다음과 같이 간단하게 나타낼 수 있다.

(1)임의의 참인 명제에 대해 우리는 그것을 믿어야 하는 인식 의무를 갖고, 임의의 거짓 명제에 대해 그것을 믿지 않을 의무가 있다.

(1)은 모든 사람이 모든 진리를 믿어야 하고 모든 비진리를 믿지 않아야 함을 함언한다. 이상적인 세계에 있는 이상적인 인식자라면 그럴지 모르겠으나, 현실 속의 과학자들에게 그러한 의무는 너무 과중하다. 참인 명제와 그것들의 논리적 함의들의 수는 거의 무한으로 열려 있다. 따라서 어떤 명제가 참이라고 해서 모든 사람이 그 명제를 알아야(믿어야) 할 의무가 있다는 것은 스텐마르크가 "합당한 요구의 공리"라고 부르는 바를 위반하는 것이다.[2] 또 시대와 지역, 개개인의 차이에 따라서 알아야 할 바들이 상이할 수 있다. 또 펠드만(R. Feldman)이 대안으로 제시한 다음의 도식에도 문제가 있다:

(2)임의의 사람 S, 명제 p, 시간 t에 대해서, 만약 p가 S가 t에 갖고 있는 증거에 의해 지지된다면, 그리고 그때만 S는 t에 p를 믿어야 할 인식 의무가 있다.(1993, p.554, 나의 강조)

제3절에서 언급했듯이, 이런 식의 견해는 지성이 정상적으로 작용할 경우 증거에 의해서 뒷받침되는 믿음은 의지와 무관하게 자동적으로 받아들여지기 때문에 의무 관련 용어를 쓸 수가 없다는 비판에 직면한다. 이 문제는 제임스류의 인식 의무를 포기하고 일상적인 의미의 그것으로 돌아갈 때 적절히 해결될 수 있다.

인식 의무란 전형적으로 어떤 사람 S가 특정 명제 p를 (증거

---

2) "우리는 어떤 사람이 할 수 있는 가능성이 없는 일을 그에게 합당하게 요구할 수 없다."(Stenmark, p.5)

에 의해 뒷받침되는 p를 믿어야 한다는 의미로) 알아야 한다는 것, 즉 모르고 있던 p를 알아야 한다는 것이다. 그렇다고 인식자 P가 모르고 있는 모든 명제들을 알아내야 하는 것은 물론 아니다. 그렇다면 과연 모르고 있던 명제 중 어떤 것들을 알아내야 하는가? 나는 그것이 S가 현재 (혹은 t에) 가지고 있는 '의문의 해소' 내지 '문제의 해결'에 필요한 명제라고 주장한다. 증거에 의해 뒷받침되는 참인 모든 명제를 찾아서 믿어야 하는 의무가 S에게 있는 것이 아니라, 그 중에서 그의 믿음 상태(doxastic state)에서 발생한 문제를 해결하는 데 필요한 명제를 획득해야 하는 의무가 있다. 실제로 적어도 대부분의 의미심장하고 새로운 지식이나 믿음은 '의문', 즉 '믿음 상태상의 결함의 치유'라는 방식을 통해서 획득된다. 우리는 이제 인식 의무를 다음과 같이 나타낼 수 있다.

(EP) 임의의 사람(과학자) S, 명제 p, 시간 t에 대해서, 만약 p가 S가 t에 세계에 대해 갖고 있는 의문에 대한 최종적인 해답으로 그것의 참이 그가 갖고 있는 증거에 의해 충분히 지지된다면 그리고 그때에만, S는 t에 p를 믿어야 할 인식적 의무가 있다.

목적 선택의 합리성을 중시한 철학자들은 많이 있지만, 그것의 합리성을 평가할 수 있는 기준에 관해 의미 있는 방식으로 포괄적인 논의를 하는 사람은 내가 아는 한 거의 없다. (EP)는 목적 선정 합리성을 위한 일차적 기준을 제공한다. (EP)는 인식 의무와 관련해 우선 명제를 세 가지로 나눌 수 있음을 함언한다. 어떤 명제는 알아야(의무적, obligatory) 하고, 다른 명제는 알아도 되고(permissible), 또 다른 명제는 알 수 없다(forbidden). 합리적인 탐구자는 용인되는 명제보다는 의무적인 명제를 추구해야 하며, 금지된 명제는 추구하지 말아야 한다. '물음'을 의문의 언어적 표현이라고 본다면, 합리적인 탐구자는 우선 물음을 탐구의 목적으로 설정해야 한다는 말이다.

물음들 중에서도 탐구의 우선 순위가 정해져야 한다. 그것은 한 연구 전통내에서 각 물음이 갖는 상대적 중요성에 따른 순서가 될 것이다. 과학자들은 각자의 연구 프로그램내에서 적잖은 물음을 가질 것이며, 합리적 탐구자라면 아무런 기준도 없이 임의적으로 탐구 과제를 선택하지는 않을 것이기 때문이다. 중요한 물음은 그것을 해결할 명제에 대해 탐구자가 더욱 큰 인식 의무를 갖는다는 뜻이다. 물론 물음 선택에 관련되는 요인에는 경제적, 정치적, 사회적 요인과 같은 비인식적 요인도 있지만, 그것은 논외로 한다. 라카토스의 이론에 따르자면, 연구 전통의 핵심(core)에 관련되는 문제는 그것의 보호대(protected belt)에 관련되는 물음보다 먼저 추구되어야 한다. 또 이론에 관련되는 물음이 법칙에 관련되는 물음보다 더 중요하다. 좀더 상세히 말하자면, 물음을 구성하는 제약들(constraints) 혹은 전제들은 과학적 믿음 체계를 구성하는 복합적인 요소들로 이루어져 있다. 클라이너(S. A. Kleiner)의 상세한 분석에 의하면 이들 요소들은 (i)배경을 이루는 존재론 혹은 세계관 (ii)인식적 기준들(epistemic criteria) (iii)개념적 체계들(conceptual systems) (iv)개념들과 관련된 법칙들 (v)이론이나 이론적 모델들 (vii)증거적 관계들(evidential relations) (viii)관찰 가능한 성질들의 구현 (actualizaton of observable attributes) (ix)경험적 증거들 등의 순서로 위계적 질서를 이룬다.(1994, pp.85-117) 물음은 이들 요소들 중 하나 혹은 그 이상에서 발생한(지각된) 결핍들과 그것들이 치유되어야 한다는 요구로써 정의되기 때문에 해당 연구 전통에서 그것이 갖는 상대적 중요성에 따라서 탐구 순위를 합리적으로 정할 수 있다.

마지막으로 고려되어야 할 사항은 탐구자의 인식적 결함이 치유되었음을, 즉 의문이 해소되었음을 판정하는 기준에 관한 것이다. 제시된 해답의 정답 여부는 정당화의 문제로 요약된다. 정당화 문제는 그 자체로도 하나의 독립된 연구 주제를 형성하는 큰 주제이기 때문에 그것에 관한 본격적인 논의는 본 논문의 관심 영역을 벗어나지만, 의문을 해소하는 데 필수적인 요소들과 관련지어 다음과 같은 몇몇 사항을 지적할 수 있다. 해답은 우선 관련되는 여러 법칙들 및 조건들과 함께 문제를 구성하는 일련의 경험적 사실을 함언해야 하며(즉 문제가 되는 현상을 잘 설명해야 하며), 또 여러 방식으로 이론적 맥락에 관련되어야 한다. 그리고 무엇보다도 당대의 과학자 사회가 요구하는 인식적 신뢰성을 확보하는 데 충분한 만큼 확증되어야 한다. 또 내적으로 그리고 배경 지식들과 논리적으로 무모순적이어야 한다. 즉 경험적 및 논리적 증거가 충분히 확보되어야 한다. 그러나 그런 (인식적) 증거만으로 정답으로 제시된 가설이나 이론이 완전히 확정될 수 없다는 것은 주지의 사실이다. 따라서 각 이론들이 갖는 증거력을 합리적으로 측정할 수 있는 방법, 예컨대 배이지적 방법(Bayesan method)이 필요할 것이다.(Salmon, 1989 및 Nunan, 1984 참조)

그러나 이론간의 합리적 비교의 가능성을 위협하는 잘 알려진 문제가 있다. 이론 미결정성 문제와 공약 불가성 문제가 그것이다. 이론 미결정성 문제는 동일한 증거군이 하나 이상의 가설이나 이론을 동일하게 정당화할 수 있다는 데서 생기는 문제다. 그러나 그 문제가 보기만큼 실제 과학의 합리성에 위협이 되지는 않는다. 두 이론 T1과 T2가 e1, e2, e3, ……em의 입장에서 동일하다고 할 경우 합리적 탐구자는 어떻게 할 것인가? 우선 그는 양자를 구분해줄 추가적(인식적) 증거 en을 찾으려 계속 노력할 것이다. 조인래(1995)가 잘 보여주듯이, 과학적 탐구 과정에서 동일한 증거력을 갖는 두 이론이 나타나는 경우는 흔치 않다. 과학적 탐구 과정을 논리적으로 고정시켜 보는 것은 잘못이다. 과학자들은 탐구 과정에서 합리적 비교를 가능케 하는 자료를 부단히 확보해간다. 경우에 따라서 체계적 정합성, 단순성, 조화,

범용성(consilience) 등과 같은 여러 가지 비인식적 증거에 호소해야 할 필요도 있을 것이다.[3] 비인식적 증거에의 호소는 그러나 비이성적 능력에 호소하는 것이라고 볼 수는 없다. 동일한 인식 가치를 갖는 두 이론 중에서 더 단순한 것을 택한다든지, 체계적으로 더 정합적인 것을 택한다든지, 더 진보적인 것을 택한다든지 하는 것 등은 당연히 합리적인 행위이고 그 역은 비합리적 행위다. 칸트식으로 말하자면, 조화(harmony)나 체계적 통일성 등이 미감적 판단력(감정)에 작용하면 미감적 쾌를 산출하지만, 이성의 규정적 판단력에 작용하면 세계에 대한 메타과학적(형이상학적) 직관을 산출한다. 따라서 전자를 주관적 취미의 문제라고 간주할 수는 있어도 후자는 그렇게 할 수는 없다. 만약 세계가 단순하고 체계적으로 통일적이라면, 그런 속성을 가진 이론이 인식적으로도 정당화될 가능성은 더 높은 것이며, 따라서 비인식적 증거가 인식적 증거와 연결될 가능성이 높은 것이다. 비인식적 증거에의 호소 때문에 과학이 비합리적인 것이라는 주장은 설득력이 없다. 합리적 탐구자는 또 인식적 증거가 나타나면 언제든지 비인식적 증거를 양보할 준비가 되어 있는 것은 물론이다.

공약 불가성 문제 또한 흔히 주장된 만큼 과학의 합리성에 심각한 위협이 되지 않는다. 대표적인 과학 혁명에서 볼 수 있듯이, 공약 불가성은 총제적(holistic)이지 않고 국지적(local)이다. 경쟁하는 각 이론의 핵심 개념들상의 공약 불가성만이 진정한 의미로 공약 불가적이다. 따라서 다양한 방식으로 양 이론은 비교될 수 있다. 또 해당 개념의 발생적 의미 연관을 분석함으로써

---

3) 쿤은 그런 것들로 예측적 정확성, 개념적 정합성, 적용 영역의 넓음, 단순성 그리고 풍부함 내지 진보성 등을 들고 있고(1977, pp.321-322), 타가드(P. Thard)는 범용성(consilience), 단순성 그리고 유사 등을 들고 있다(1988, ch. 8; McMullin, 1982, 참조). 사먼은 일관성, 유사, 단순성을(1966, p.118), 그리고 커드(M. V. Curd)는 체계적 통일성, 조화, 정합성을 들고 있다(1982, p.4). 마르틴(J. Martin)은 이런 것들을 "심미적 제약(aesthetic Constraints)"이라고 부른다(1989, pp.357-364).

경쟁하는 개념들을 합리적으로 비교할 가능성도 있다.(정상모, 1994b 참조) 그런 가능성을 기초로 경쟁하는 이론 체계간의 문제 해결 능력을 비교함으로써 이론의 합리적 선택은 얼마든지 가능하다.(Dopelt, 1987 참조) 공약 불가성의 한 요소를 이루는 관찰의 이론 의존성도 과학의 합리성에 결정적인 위협이 되지는 않는다. 이론에 독립적인 관찰은 없을지 모르나, 적어도 문제가 되고 있는 두 이론에 대해서 중립적인 관찰은 가능하기 때문이다. 수성의 근일점 문제는 수성이 근일점을 통과할 때, 뉴턴 이론에 따라 계산된 궤도를 약간 벗어나 있는 것으로 관찰된다는 것이었다. 그 문제를 해소한 아인슈타인의 상대성 이론에 입각하면, (태양의 중력장에 공간이 휘어졌기에) 그것은 당연히 있을 곳에 있는 것으로 관찰된다. 양 이론에 있어서 수성이 근일점을 통과할 때 관찰된 바는 각자의 이론 틀에 의해 전혀 다른 현상으로 관찰된다. 그러나 '수성이 근일점일 때 이러저러한 지점에 있다.'는 관찰 자체는 두 경쟁하는 이론에 중립적이다. 형식적 합리성을 주장한 철학자들에게 있어서는 불충분하겠지만, 우리의 합리적인 탐구자에 있어서 그 정도의 중립성이면 양자간의 합리적 선택을 위해서 충분하다. 이상을 통해서 볼 때, 흔히 쿤이 제기한 문제들이 과학을 비합리적인 것으로 만들어버린다는 주장은 용인될 수 없다. 쿤이 자신의 철학이 비합리주의라는 비판에 정면으로 반대하고 나선 것도 그 점을 뒷받침한다.(Kuhn, 1977, pp.321-22)

6. 목적 달성의 합리성

과학이 수단적으로 합리적이라는 말은 무엇을 뜻할까? 다양한 합리성 개념을 제시한 베르그스트룀(L. Bergström)에 따르면, 그것은 좋은 이유를 가지고 행위함, 심사숙의 과정을 통함,

객관적 및 주관적으로 효용을 극대화함, 그리고 방법론적 규칙을 따름 등의 의미를 갖는다(1980). 그의 구분을 이용해서 과학의 도구적 합리성의 적합한 의미를 찾아보겠다.

우선 과학자는 때로 그가 하고 있는 바에 대해 좋은 이유를 가질 수 있을 것이라는 점을 근거로 자신의 행위를 합리적이라고 한다. 깁슨(Q. Gibson)에 따르면 그 좋은 이유는 다음 세 가지를 포함해야 한다. 첫째, 그 행위가 목적의 달성을 촉진한다는 믿음이 있어야 한다. 둘째 그 믿음을 이치에 닿는(reasonable) 것으로 만들 수 있는 충분한 증거가 있어야 한다. 셋째, 이 증거를 설명해야 하고 그것이 그 믿음을 정당화하는 데 충분함을 인정해야 한다.(1960, pp.43-45) 일반적으로 과학자들이 좋은 근거에서 자신들의 행위들이 자신들의 목적 달성을 가능케 할 것이라고 믿는다. 그러나 이런 식의 합리성은 과학의 합리성에 필요 조건은 될 수 있으나 충분 조건은 될 수 없다. 행위자는 대안적 행위에 관해 어떤 것도 알지 못하거나 믿을 필요없이 단지 그 행위를 해도 된다는 근거만 있으면, 합리적으로 될 수 있기 때문이다.

다음으로 합리성은 심사숙고 과정과 관련된다. 즉 하나의 행위는 오직 그것이 충분히 의식적이고 상대적으로 정교한 심사숙고 과정을 포함하거나 의존할 때만 합리적이다. 구체적으로 그 과정은 행위 목적의 구체적 공식화, 수단의 선택에 관련될 수 있는 가용한 정보의 개관, 가능한 결과들의 평가 내지는 선호도 판정, 비판적 물음의 제기와 수정, 여러 가지 선택 기준들에 대한 평가, 선호된 선택 기준의 적용과 이 기준에 의한 의사 결정 등을 포함한다. 이러한 심사숙고를 통해 이루어진 탐구 과정은 이성의 체계적 사용을 통해서 목적 달성 가능성을 향상시킨다는 점에서 합리적이다. 과학적 탐구는 대체로 이런 의미로도 합리적이고 또 그래야 한다. 그러나 한 가지 결점은 그것만으로 행위자가 선택된 대안이 목적 달성의 효용을 극대화할 것이라는 혹은 심지어 목적을 달성하리라는 믿음을 갖게 된다고 볼 수는 없다는 것이다. 이 경우 심사숙고의 강도가 가용한 증거, 행위자의 지적 능력, 그의 회의 정도 등에 따라 임의적이고 또 그 결과 목적 달성과 관련해서도 임의적이기 때문이다. 비록 그런 믿음을 갖게 할지의 여부와는 무관하게 만약 행위자의 행위가 이런 종류의 심사숙고 과정에 의존하거나 포함한다면 일반적으로 그것은 기본적인 의미로 합리적이라 볼 수 있지만, 놀라운 성공을 보여온 과학적 탐구의 합리성은 그 이상의 적극적인 이성 사용까지를 요구한다. 그게 바로 "효용-극대화(utility-maximization)"다.

경제학이나 의사 결정 및 게임-이론에서는 합리성이 일종의 효용-극대화와 동일시된다. 합리적 주체는 자신의 필요나 선호가 최대한 만족되는 방식으로 행위한다. 게임 이론가 루스와 라이퍼는, '합리적'이란 말이 여러 가지 상이한 의미를 갖고, 또 결코 상세한 용어는 아니지만, 대략적으로 그것은 "행위자가 무엇인가를 극대화하는 것에 관련된다."고 했으며(Luce and Raiffa, 1967, p.5), 존 롤스는 사회 이론에서 표준적인 합리성 개념을 다음과 같이 정의한다.

합리적인 사람은 자신에게 가능한 선택지들 중에서 정합적으로 최선의 것을 선택한다고 생각되는 사람이다. 그는 이들 선택지들을 그것들이 자신의 목적을 충족시키는 정도에 따라 순위를 매긴다. 그는 자신의 욕구를 더 잘 충족시킬 수 있고, 또 성공적으로 수행될 가능성이 더 큰 계획을 따른다.(1973, p.143)

이런 의미의 합리성은 언뜻 듣기에는 매우 직관적으로 보인다. 그러나 그것은 지식의 요구를 포함하기 때문에 지극히 좁은 영역의 대상에만 적용될 수 있다. 만약 행위자가 우연히 자기도 모르게 자신의 효용을 극대화했다면, 우리는 그를 합리적이라고 말하지 않는다. 이런 의미로 합리적 행위자는, 우선 자신이 할 수 있는 선택지들 전체가 어떤 것들인지를 알아야 할 것이고, 그것들이 초래할 가능한 결과들이 무엇인지를, 그리고 그 가능한 결과들 중에서 어떤 것이 자신의 효용을 극대화할지를 알고, 그것이 자신의 효용을 극대화한다는 이유로 그 대안을 선택한다. 그러나 찬스 게임과 같이 고도로 인공적인 경우를 제외하고는 상이한 자료군들 사이에 어느 쪽이 정확히 더 유리한 것이라고 신뢰성 있게 말할 수 있게 해주는 알려진 측정법은 없다. 과학적 탐구는 상황에 대한 불확실한 인식 상태를 그 특징으로 한다. 과학자들이 탐구의 과정에서 자신에게 가능한 모든 선택지들을 인지한다는 일은 좀처럼 없다. 그런 것들에 관한 과학자들의 능력은 항상 제한적일 뿐만 아니라 여러 가지 연구의 결과들을 예측하는 능력 또한 특히 제한적이다. 따라서 이런 엄격한 의미로 과학이 일반적으로 합리적이거나 혹은 다른 인지 작용보다 더 합리적이라고 믿을 이유는 없어보인다.

베르그스트룀이 "주관적 효용-극대화"라고 부르는 입장은 지식에의 요구를 좀더 완화한 입장이다. 그의 표현을 빌자면, "주어진 상황에서 한 사람은—혹은 그의 활동 내지 행위는—행위의 시점에서 그가 실제로 갖고 있는 믿음들의 관점에서 볼 때 그의 효용을 극대화시킬 것으로 기대되는 방식으로 행위할 경우에 그리고 오직 그 경우에만 합리적이다."(1980, p.4) 헴펠은 이런 견해를 지지한 대표적인 철학자다. 그에 따르면 한 행위가 합리적이려면 다음 두 조건을 만족시켜야 한다. 첫째, 그 행위는 어떤 이유(근거)로 행해졌으며, 그것이 동기가 되어서 그런 행위가 행해졌다는 것이 설명될 수 있어야 한다. 또 그 이유에는 행위자가 달성하려는 목적, 그런 목적을 달성하는 데 필요한 여러 수단들의 가능성, 특징 및 개연적인 효능과 관련해서 그가 생각하고 있는 믿음들을 포함할 것이다. 이 조건은 앞서 말한 심사숙고와 동일한 것이다. 둘째, 행위자의 믿음에 비추어보건대 그가 하기로 결정한 행위는 그의 목적을 달성하기 위한 수단으로 최선의 선

택이라고 판정될 수 있어야 한다.4)

과학자들이 자신의 탐구 과정이 자신의 인지 상태에서 최선이라는 생각을 전혀 하지 않는다는 베르그스트룀의 주장은 옳지 않다. 경쟁하는 탐구 노선 중에서 희망된 목적을 달성할 개연성이 가장 높은 것을 선택하는 일은 가능하기도 할 뿐만 아니라 과학자들이 흔히 하는 일이고 또 해야 하는 일인 것이다. 물론 과학자가 자신이 하고 있는 탐구의 노선보다 더 나은 것이 없다고 단정적으로 생각하는 일은 드물 것이다. 그런 경우 그는 덜 합리적으로 되기 때문이다. 그는 더 나은 탐구 방법이 발견되기만 하면 그것을 대신 택할 자세가 되어 있을 것이며, 또 부단히 그런 것을 찾으려 할 것이다. 그러나 그것이 나타나기 전에는 기존에 채택된 탐구 방법이 잠정적으로나마 주어진 상황에서 나름대로 최선의 방법이라는 믿음이 있어야만 본격적인 탐구가 가능할 것이고, 또 그래야 합리적이다. 그러한 믿음이 계량적으로 정당화되기는 물론 어려울 것이다. 헴펠 자신도 인정하듯이, 의사 결정-이론적 모델이 일상사와 같이 중대하고 복잡한 결정 문제에는 적용될 수 없기 때문이다. 그리고 탐구자가 보기에 잠정적이나마 최선의 수단이라는 믿음이라고 해도 그것이 단순히 주관적이라고 간주할 수는 없다. 과학자는 자신이 속한 연구 전통내에서 많은 것을 타과학자들과 공유하고 있다. 그런 만큼 자신의 선택이 최선이라는 믿음 역시 그러한 객관적 성격을 갖는다. 이런 이유로 나는 심사숙고의 과정을 통한 주관적 효용-극대화가 과학의 수단적 합리성을 나타내기에 가장 적합한 개념이라고 생각한다.

과학적 탐구에 있어서 효용-극대화는 최선의 방법을 따를 때

---

4) Hempel (1965), p.63. 그밖에 많은 철학자들이 이 견해를 옹호한다. 예컨대 뉴톤-스미스도 다음과 같이 말하고 있다: "A가 한 행위 X에 대해 합리적 설명을 제공하는 것은 A가 갖고 있는 믿음에 근거해서 볼 때, A는 자신이 생각하기로 자신의 목적 달성을 가장 용이하게 해주는 바(what is most likely to realize his goal)를 행했음을 보여줄 때다."(Newton-Smith, 1988, pp.270-271)

가능하다. 탐구 목적을 달성하기 위한 최선의 길, 즉 방법이 무엇인지를 논하는 것이 바로 방법론이다. 과학적 탐구는 고도로 복잡한 인지 과정에 의해서 가능하기 때문에 효과적인 방법의 지도를 따르지 않으면 성공적인(합리적인) 탐구가 거의 불가능하다. 과학적 탐구의 방법론적 원리는 탐구자가 가진 믿음에 비추어볼 때, 합리적으로 설정된 인식 목적을 가장 효과적으로 달성한다고 생각되는 방법을 찾아서 그것을 따르는 것이다. 따라서 수단적 합리성에 관한 논의는 방법론에 관한 논의로 넘어간다.

7. 방법론적 합리성의 가능성

과학은 오직 "감각 경험과 필연적 논증"에 의존한다는 신조를 갈릴레오가 수립한 이래 철학자들은 과학자들이 논증하는 어떤 전형적 방식들을 보편적인 방법적 규칙들로 변형시켜 왔을 뿐만 아니라, 과학적 합리성을 그러한 규칙들에 기생적인 것으로 만들어버렸다. 데카르트, 라이프니츠, 칸트 같은 철학자들 모두는 각기 다른 방식이긴 하지만 그러한 작업을 했다. 과학의 특수한 지위를 가능케 한 것으로서의 '방법'에 대한 탐구는 데카르트의 "정신 지도의 원리들(regulae ad directionem ingenii)", 뉴턴의 "철학화의 원리들(regulae philosophaandi)", 칸트의 "카테고리," 라이프니츠의 "본래적 척도(original scale)" 등을 거쳐 그것들의 최신판인 카르납의 과학철학 모델에 연결된다. 페라(Pera)에 따르면, 그런 변천 과정에서도 데카르트적 방법론의 본질적 구성 요소인 다음 두 핵심적 아이디어가 유지되었다: (i)과학적 연구는 보편적인 방법론적 규칙들에 복종함으로써 그 목적을 추구한다는 생각; (ii)과학의 합리성은 그러한 규칙들에 의존하며, 그것을 위반하면 비합리적으로 된다는 생각.(1986, p.360) 그들은 과

학이 그러한 방법을 통해서 세계에 관한 지식을 산출하는 기관
(organ)이라고 굳게 믿었다.

이러한 방법론적 전통은 20세기 정밀 과학 시대의 과학철학인
논리실증주의와 비판적 합리주의에 와서 '정당화적 방법'의 추구
라는 모습으로 변화한다. 그것은 파이어벤트 기술에 간명하게
나타나 있다:

> …비판적 합리주의의 원리들: 반증을 진지하게 고려하라; 내용을
> 증대시켜라; 임기응변적(ad hoc) 가설을 피하라; 정직하라—그것이
> 무엇을 의미하든; 등등. 또 더욱이, 논리실증주의의 원리들: 상세하
> 라; 당신의 이론들을 측정[확증]에 정초하라; 모호하고 불안정한 관
> 념들을 피하라; 등등……(1975, p.179)

이러한 방법론적 규칙들에 따라서 행할 때, 탐구자는 합리적
으로 된다는 것이다. 이런 견해의 논리적인 문제점들은 잘 알려
져 있어서 여기서 새삼 언급하지는 않고, 다만 그것의 방법론적
문제점만을 지적하겠다. 정당화적 방법론의 단적인 문제점은 그
것들이 수단과 목적 혹은 과정과 산물을 혼동에 기초하고 있다
는 점이다. 그런 방법론적 규칙들은 단지 과학적 탐구의 궁극적
산물의 어떤 바람직한 특징들을 지시할 뿐, 그것의 효과적 추구
에 관해 충고하지 않는다. 다른 조건들이 동일할 때, 과학적 연
구의 이상적 결과를 나타내는 이론들이 반증되지 않고, 상대적
으로 큰 내용을 갖고, 임기응변적이지 않고, 상세하게 공식화되
는 것 등등은 바람직하다. 그것들은 탐구 과정에서 과학자의 탐
구를 지도하는 절차가 아니라 과학적 탐구의 목적으로 이해하는
것이 적당하다.(Bergström, pp.2-3)

논리실증주의적 과학철학의 입장을 고수하려는 시글도 과학
의 객관적 합리성을 구현할 수 있는 진정한 방법은 절차적 의미
의 방법이 아니라 그것들의 근저에 놓여 있는 보편적인 가치를

추구하는 인식론적 방법이라고 주장한다. 그는 또 과학적 가설이나 이론들을 평가하는 데 놓여 있는 원리들, 즉 정당화의 원리들이 바로 인식론적 방법이며, 여러 절차적 방법들을 집합적으로 통합해서 과학적 방법을 구성하게끔 해주는 과학의 방법론적 원리는 "증거에의 전념(commitment to evidence)", 즉 과학적 주장들의 증거적 지지를 확립함으로써 그것들의 인식적 가치를 확립하는 일에의 전념이라고 주장한다.(Siegel, 1985, p.593)

증거에 충실한 믿음을 산출하기 때문에 과학이 합리적이라는 시글의 생각은 지극히 옳다. 그러나 과학적 방법이 탐구의 절차로 이해되어서는 안 되고 탐구의 결과에 대한 평가의 기준으로 이해되어야 한다는 그의 주장은 받아들이기 힘들다. 그것은 단적으로 과학의 합리성은 탐구의 합리성이 아니라 믿음의 합리성이라는 말이 되기 때문이다. 과학의 합리성은 과학적 탐구의 합리성으로 해석해야 온전히 포착될 수 있다. 과학은 증거에 의해 충분히 지지되는 믿음의 산출을 목적으로 한다. 따라서 증거에의 충실은 과학적 탐구의 목적에 속하는 요소이지 방법에 속하는 것이 아니다. 과학에 있어서 목적과 수단이 타당하게 구분되는 한, 증거에의 충실이 탐구를 지도하는 만족스런 방법론적 원리가 될 수는 없다. 그가 목적 합리성을 주장하면서도 어떤 목적의 수행이 합리적 목적인지에 관해서 전혀 말하고 있지 않는 것은 그가 목적을 방법으로 간주했기 때문에 언급할 여지가 없기 때문인 것이다. 또 과학적 방법을 전적으로 정당화와만 관련시켜서는 안 된다. 과학적 탐구 과정은 문제 분석, 가설 창안 및 선택, 수정, 확증 등으로 이루어지기 때문에 정당화나 평가 외에 많은 다른 요소들을 포함한다. 과학적 탐구의 과정이 발견의 맥락과 정당화의 맥락으로 간단히 구분될 수 없다는 점도 정당화만으로 과학의 합리성을 논할 수 없음을 뒷받침한다.

데카르트나 베이컨의 방법론은 그것이 제시하는 방법론적 규칙이나 규범을 따라갔을 때 가장 효과적으로 (또 분명히) 진리의 발견에 도달할 수 있다는 의미에서 앞에서 말한 목적 수단의 혼동은 없다. 그러나 발견을 보장하는 보편적인 방법(즉 알고리즘)이 존재할 수 없다는 사실은 잘 알려져 있다. 그렇다면 과학이 합리적이지 않은지, 방법의 도움 없이도 과학이 합리적일 수 있든지, 아니면 다른 의미의 방법이 있어야 하든지일 것이다. 과학은 합리적이다. 또 신뢰할 만한 방법의 도움 없이 탐구가 합리적일 수도 없다. 그런 방법 없이 효과적으로 목적을 달성했다면, 그것은 기계적 의식이나 우연의 산물, 즉 신뢰할 수 없는 과정의 산물로밖에 돌릴 수 없기 때문이다. 그렇다면 과학적 탐구의 합리적 방법은 있어야 한다. "유일한 과학의 방법은 존재하지 않으며, 합리적 이론 선택을 가능케 하는 기계적인 규칙도 존재하지 않으며, 따라서 과학의 합리성은 방법의 함수가 아니다."는 식의 주장은 방법을 엄격한 의미의 그것(알고리즘)으로 볼 때만 옳다. 그러나 방법의 의미가 논리적 방법에 한정될 필요는 없을 것이다. 방법을 뜻하는 영어 'method'는 그리스 말 μέθοδος에서 유래하는데, 그것은 μετά(따르다)와 όδός(길)의 합성어다. 그것은 주로 지식이나 연구를 추구하거나 수행하는 양식, 특히 "안정된 계획"에 의해서 추구하는 것을 의미했다. 그것은 또 목적의 효과적인 달성을 가능케 하는 기술(τέκνη)과 관련지어 규정되었다. 플라톤의 『파에드로스』(265d에서 277c)에서 히포크라테스의 방법은 삶의 실천적 문제를 푸는데 유용한 기술로 설명되었는데, 그것이 이해를 결한 기계적 순서나 우연한 절차에 의해서가 아니라 이해(understanding)로써 그 실천을 안내하기 때문이었다. (Gilbert, 1960, pp.39-41; Nickles, 1987, p.103 참조) 16-17세기를 통해서 방법론자들은 그것과 근본적으로 동일한 의미의 방법 개념을 갖고 있었다. 즉 그들도 방법을 탐구 절차에 관련된 것으로 간주했으며, 덧붙인 것이 있었다면 체계적인 순서지음을 강조했다는 점일 것이다. 과학의 방법도 그런 전통의 연장선에서, 즉 "주어진 목적을 성취하는 데 가장 효과적인 전략을 형성하는 행위들의 순서"로 간주될 수 있다.(Hooker, 1977, p.3) 방법론은 그런 순서에 관한 이론을 기술하는 것으로 되돌려져야 한다. 발견의 논리를 거부하고 정당화의 논리만 고수했던 논리 실증주의적 방법론의 실패는 그러한 회귀가 정당함을 뒷받침해준다.

새로운 방법론적 논의를 위해 나는 '발견법(heuristic)'적 방법을 제안한다. 발견법은 추구하려는 대상을 "발견하는 데 봉사하는(serving to find) 규칙들"을 뜻한다. 그것은 그 발견을 보장하는 강력한 의미의 방법이 아니기에 불가능하지도 않으며, 또 다만 탐구 과정을 지도하는 원리이기에 수단 목적의 혼동도 없다. 그러면서도 그것은 목적 달성 과정을 어떤 (주관적 효용 극대화적) 의미로 합리적인 것으로 만들어주는 방법들인 것이다. 과학은 발견법적 효율의 측면에서도 여전히 특별한 것이며, 그런 의미에서 방법론적 우수성이라는 전통적 관념은 유지될 수 있다. 물론 발견법은 논리적 추론의 법칙들을 어기는 데까지 확장될 수는 없기 때문에 정의적(definitory) 규칙의 한계내에 머물러야 한다. 이런 의미의 방법에서는 규칙들이 믿음 획득 행위를 두 방식으로 통제한다. 한편으로 논리적 규칙들이 가능한 행위들(permissible moves)을 규정하고, 다른 편으로 발견법적 규칙들이 효과적인 목적 달성을 위해 요청되는 행위들(recommendable moves)을 규정한다. 또 일반적인 전략으로서의 발견법 아래로 여러 층의 방법들이 탐구 활동을 지도한다.5)

한 가지 지적할 것은 발견법적 규칙이 완결된 규칙 체계가 아

---

5) 페라는 과학의 방법을 "진행 절차(procedures)", "절차를 이루는 각 행위들을 위한 일련의 권고나 안내 규칙들", "개념적 및 작용적 기술(technique)"의 세 종류로 나눈다. 첫째는 과학자들이 자신의 연구 목표를 달성하기 위해서 해야 하는 행위(혹은 단계)들을 순서대로 나타내주는(ordered sequence) 일반적 전략이고, 셋째는 절차나 규칙들에 의해서 고려된 행위들을 실제로 수행하는 규칙들이다. 이들 구분은 서로 중복되기도 하고 또 완전하지도 않다는 점에서 다분히 편의상의 구분이다. 또 여러 단계로 구분된 규칙들을 어디까지 상술할 것인가 하는 문제는 각 논의의 목적에 달려 있을 것이다.(Pera, 1980, pp.141-142)

니라는 점이다. 과학적 탐구는 미지의 세계로 나아가는 인지적 노력이다. 따라서 그것은 기존의 믿음 체계와 방법들로써 완전히 결정될 수가 없고 때로는 새로운 방법까지도 발견해나가면서 수행해야 하는 과정이다. 칸트의 용어를 원용하자면, 기존의 방법론적 규칙들만을 이용한 "규정적 판단력" 외에 "반성적 판단력"도 있어야 한다.6) 브라운(H. Brown)이 과학의 합리성을 "규칙 따름(rule-following)"의 합리성이 아니라 "판단(judgement)"의 합리성이라고 했을 때, 그의 판단은 실상 반성적 판단을 의미한다. 그러나 판단이 규칙 따르기가 아니라는 그의 주장은 옳지 않다.(1988, ch. 4) 과학적 탐구에서 반성적 판단은 '방법 발견하여 따르기'라는 형식을 취할 것이기 때문이다. 이때 과학적 탐구의 목적과 관련된 합목적성이 그 발견을 지도할 것이며, 발견된 새 방법은 이해를 가진 탐구 기술이기 때문에 동일한 다른 상황에도 효과적으로 적용될 수 있다. 그래서 그것은 발견법적 규칙의 모습을 갖는다. 탐구 목적의 달성과 관련해서 효과적이려면, 판단은 규칙의 역할을 할 수 있어야 하는 것이다.

8. 과학의 합리성 : 방법론적 도식

앞의 여러 절에서의 예비적 고찰을 바탕으로 이제 과학적 탐구의 합리성을 개념화한 하나의 방법론적 도식을 구성해보겠다. 과학적 탐구 과정은 다양한 방식으로 필요한 새로운 정보들이 들어오고, 오류로 판명된 정보들은 제거되고, 여러 가지 종류의 추론이 행해지는 등의 복합적인 과정이다. 그러한 과정을 체계적으로 다룰 수 있는 방법론적 패러다임으로 질문법적 도식을

---

6) 규정적 판단력은 미리 확립된 원칙이나 규칙에 따라 대상을 판정하는 능력이고, 반성적 판단력은 그런 원칙이나 규칙이 없이 다만 합목적성을 원리로 하여 대상을 판정하는 능력이다.(I. Kant, Kritik der Urteilskraft, Einleitung IV 참조)

제시한다. 그것은 고대 아테네에서 유행했던 대화법(논쟁법)에 그 기원을 두는 것으로 일종의 게임으로 구성되어 있다. 고대 대화 게임의 기본적 구성은 다음과 같다. 두 사람이 논쟁하기로 약속한다. 한 사람은 질문자이고 다른 사람은 "예, 아니오."식의 대답만 할 수 있는 답변자다. 답변자는 미리 어떤 주장을 택한다. 질문자가 연속적인 질문을 통하여 그 주장에 반대되는 결론을 상대로부터 받아낼 때, 그의 승리로 게임은 끝난다.(Ryle, 1964 참조) 게임의 과정에서 질문자는 질문을 통해서 새로운 정보를 논의 과정에 추가하거나 못쓰게 된 정보를 버리는 한편, 모인 정보들을 이용해서 수시로 다양한 방식의 추리를 한다.

여기서 '질문자'를 '과학적 탐구자'로, '답변자'를 '자연'으로, '미리 정해진 주장'을 '물음'으로 바꾸고, 물음에 대한 정답이 확립되었을 때 게임이 끝나는 것으로 그 형식을 바꾸면, 아테네의 대화 게임은 탐구 과정의 합리성을 개념화하는 새로운 방법론적 패러다임이 된다. 이하에서 그것을 상세히 구성해보겠다.

편의상 탐구의 과정을 질의-응답의 탐구-게임(Z)이라고 칭하자. Z는 탐구자 E, 일련의 정보 원천 O, 주-물음 Q, 해답 A, 그리고 목적 선택을 위한 규칙들 및 발견법적 규칙들 G 등으로 구성된 체계라고 하자. 즉,

$$Z = \text{def.} \langle E, O, Q, A, G \rangle$$

이 체계에서 E는 G의 지도하에 효과적인 질문을 제기함으로써 O로부터 다양한 정보를 얻는 한편, 그것들을 이용한 추론을 전개함으로써 최종적인 해답 A를 구하려 한다. G는 다음과 같은 구조를 갖는 것으로 정의된다.

$$G = \text{def.} \langle F, P, D, S \rangle$$

F는 탐구 게임을 특징짓는 구성적(constitutive) 규칙들이고, P는 탐구자가 Q를 택하는 데 기준이 되는 규칙들이다. D는 탐구자가 게임중에 행할 수 있는 행위들(permissible moves)을 규정하는 정의적(definitory) 규칙들이고, S는 탐구자가 Q를 해결해 나가는 데 도움이 되는 발견법적 혹은 전략적 규칙들이다. P와 S는 어겨도 되지만, 그 경우 합리적 탐구자가 될 수 없을 가능성이 높아진다. 즉 꼭 해야 되는 인식적 행위는 아니지만 하도록 권유되는 행위들이다. 그러나 F나 D는 어길 경우 게임 자체가 성립될 수 없다.

게임의 구성적 규칙들은 다음과 같다.

(F1)Z는 자연을 상대로 하는 일인용 질문-게임(interrogative-game)으로 정의된다.

여기서 '일인'이라는 말은 '생물학적-사회학적인' 의미가 아니라 '기능적인' 의미다. 따라서 동일한 연구 전통에서 동일한 탐구 과제를 추구하는 일군의 탐구자들은 일인으로 간주된다. 또 질문-대답의 과정은 실질적인 것이 아니라, 정보 처리 과정의 전형적 형식(format)을 말한다. 따라서 그것은 내면적 대화의 형식으로 간주될 수 있는 것으로 퍼스가 "스스로 에게 말함" 혹은 "여러 상이한 자아들간의 담론"이라고 말한 바와 같다.(Peirce, 1960, 6338) 과학적 탐구가 자연을 대상으로 하여 그것의 비밀을 캐는 것이 목적인 점을 감안할 때, 탐구-놀이는 칼슨이 말하는 "자연에 대한 다인 협력-게임(many person cooperative-game against Nature)"이라고 할 수 있다.(Carlson, 1983, xiii-xiv) 탐구자는 자연을 대상으로 직접 질문하는 것이라고 볼 수 있는 관찰과 실험은 물론 다른 여러 가지 정보 원천들, 이를테면 실험가, 관찰자, 전문가, 반대 견해를 가진 자, 자료 은행 등과 같은 여러 정보 원천과의 간접적 대화도 할 수 있다.

(F2)탐구-게임은 E가 Q를 선정하는 것으로 시작된다.

(F3)Q의 해답을 찾는 과정에서 E는 질문법적(interrogative), 연역적, 제거적(eliminative) 행위(moves) 중에서 하나를 할 수 있다. 전자의 두 행위의 결과는 탐구자의 인식-상태(commitment-store)에 추가된다.[7]

(F3)은 과학자들이 탐구중에 하는 인지적 행위에는 적절한 정보 원천에 직접적이든 간접적이든 새로운 물음을 제기함으로써 새로운 정보를 얻든지, 갖고 있는 정보들로부터 추론하든지, 기준의 정보 중에서 이런저런 결과로 거짓임이 판명된 믿음들을 제거하는 세 종류가 있음을 말한다. 그런 일련의 행위만을 통해서 E는 A를 발견하려 하는 것이다.

(F4)게임은 탐구자가 당시까지 탐구자의 인식 상태를 나타나는 모든 정보들에 의해서 그 신뢰성이 충분히 뒷받침되는 최종적 해답을 제시했을 때 종결된다.

힌티카의 표현을 빌면 최종 해답이 제시되었을 때는 다음과 같은 상태다. "만약 탐구자 E가 다음의 사실, 즉 p가 Q의 요구 사항들(desiratum)을 만족시킴을 알고 또 p가 무엇인지를 알 때, 그리고 그때에만, E는 Q를 p에 의해서 최종적으로 해결한다." (Hintikka, 1989, p.216)

---

7) 정답의 인식적 신뢰성에 대한 규정은 탐구의 목적을 구성하는 요소로 간주했다. 따라서 개연적 귀납(probabilistic statement)은 추론 규칙으로 사용되지 않고 수용 규칙, 즉 언제 어떤 개연적 언명을 신뢰할 만한 대답으로 받아들이라고 충고하는 규칙들로 간주되며, 그밖에 여러 가지 비연역적 추리들은 발견법적 방법으로 간주된다. 힌티카도 그의 발견의 논리에서 동일한 입장을 취한다.(Hintikka, 1987 참조)

8-1. 논리적 합리성

이상의 구조적 규칙들은 형식적으로 완결적인 것이 아닐지 모르나, 합리적 탐구 과정의 기초를 이루는 인지 구조를 나타내는 데는 충분하다고 생각된다. 다음으로 생각해야 할 것이 정의적 규칙들이다. 원칙적으로 말해서 탐구나 배움에 있어서 어떤 일도 가능할지도("anything goes") 모른다. 그러나 만약 위반되면 탐구나 배움이 거의 완전히 불가능해지는 규칙들이 있다. 예컨대 만약 통상적인 연역 규칙을 어긴다면, 탐구자는 거의 예외 없이 틀리거나 실패하기 마련이다. '정의적 규칙들'로서 나는 다만 그러한 규칙들을 의미한다.

우선 탐구 과제인 물음 Q는 합법적인 것이어야 한다. 따라서 가장 기본적 것은 다음의 정의적 규칙이다.

(D1)Q의 모든 전제들은 참이거나, 그 신뢰성이 요구되는 만큼 충분히 확보되어야 한다.

한편 비록 논리적 규칙은 아니지만, Q의 선택이 합리적이기 위해서는 (D1)에 덧붙여 다음 규칙이 필요하다:

(P)용인되는 물음 중에서 연구 전통내에서 그것이 갖는 중요성의 순서에 따라서 Q를 선택하라.

그 순서를 정하는 구체적인 기준들은 제5절에 간략하게 기술되어 있다. 더 상세한 논의는 별도의 공간을 필요로 한다.

탐구자가 탐구 과정에서 할 수 있는 세 종류의 인지 행위에 대응해서 세 종류의 정의적 규칙이 있다. (D2)~(D4)는 질문법적 행위를 위한 정의적 규칙들인데, 그것들의 기본 정신도 올바른 물음의 전제는 거짓일 수 없다는 사실이다.

(D2)탐구자는 오직 (S1 or S2 or……or Sn)과 같은 형식의 언명이 그의 인식 상태에 있을 때만 명제적 물음 "(S1 or S2 or……or Sn)?"를 제기할 수 있다.(이때, S는 임의의 명제)

(D3)탐구자는 '何-물음(wh-questions)', 즉 "왜, 무엇, 어떻게, 언제, 어디서 S?"라는 물음을 오직 S가 참일 경우에만 물을 수 있다.

이때 만약 Sn이 ~S인 경우 그 물음은 "S인가 아닌가?" 하는 '예-아니오' 물음이 될 것이다. 그런데 S v ~S는 항진 명제이기 때문에 탐구자는 언제나 (S v ~S)? 형식의 물음을 제기할 수 있다. 따라서 다음과 같은 규칙을 추가할 수 있다:

(D4)탐구자는 게임 중 어느 때나 (비복합적) '예-아니오' 물음을 물을 수 있다.

이상은 질문법적 인식 행위를 위한 규칙이다. 연역적 인지 행위를 위한 규칙들은 통상적인 연역 논리학의 규칙들이기 때문에 개개의 규칙들을 기술하는 대신 다음과 같이 하나의 규칙으로 하겠다.

(D5)확립된 연역 논리학의 규칙들이 허용하는 한 탐구자는 자신의 인식-상태에 있는 명제들을 전제로 추리 행위를 할 수 있다.

제거적 인식 활동을 위한 규칙은 다음의 두 가지다:

(D6)게임 중 어느 국면에서도 탐구자는 자신이 유지하고 있던 언명들을 제거할 수 있다.

(D5)만약 한 언명이 제거된다면, 논리적으로 그것에 의존하는 모든 언명들도 제거될 수 있다.

여기서 제거되는 것은 당연히 그 신뢰성이 부족한 언명들일 것이다.

규칙 (F)와 (D)로써 우리가 나타내려는 것은 탐구의 과정이 합리적이기 위한 최소한의 형식적 요구로서 다음을 개념화한 것이다: 탐구 과정은 통상 하나의 물음을 제기하는 데서 시작하는데, 이때 물음을 가능케 하는 전제들(직접적인 것이든 여러 형식으로 잠재적인 것이든)과 배경 정보들은 필요한 신뢰성이 확보되어야 한다; 필요한 추가적 정보들이 합법적인 질문과 추론을 통해서 들어온다; 기존의 어떤 정보가 거짓 혹은 신뢰할 수 없다고 판명되었을 경우 그것은 포기되어야 한다; 마지막으로 최종적인 해답이 발견되고 성공적으로 증명됐다면, 그것은 새로운 지식으로 간주되어야 한다. 이들 규칙은 과학을 합리적 기획으로 만드는 데 필요 조건을 형성한다. 이들 규칙을 어긴다면 그 탐구자는 애당초 합리적이기를 기대할 수 없다. 그러나 (F)와 (D)가 과학의 정의적(definitory) 규칙들을 형성하는 것은 아니다. 즉 그것은 과학과 과학 아닌 것을 구분하는 기준이 아니다. 다만 인간의 심적 작용 중에서 이성적인 것과 비이성적인 것을 구분한다. 즉 합리적이기 위한 최소한의 조건들이다. 따라서 탐구가 충분히 합리적이기 위해서는 탐구 과정의 발견법적 우수성(효용-극대화)이 추가적으로 확립되어야 한다.

8-2. 발견법적 합리성

과학적 탐구는 물음(문제)의 제기에서 시작한다. 한 무리의 믿음과 다른 무리의 믿음간에, 혹은 한 주제에 관한 물려받은 믿음과 관련된 주제 혹은 관찰에 근거한 판단에 근거한 믿음간에 존재하는 일종의 '결핍'을 탐구자가 알아차리고 그것의 충족을 욕구할 때 물음이 제기된다. 앞에서 지적했듯이, 과학적 물음은 과학적 믿음 체계를 구성하는 복합적인 요소들의 일부를 그 전제로 해서 성립한다. 심지어 혁명적인 결과를 초래하는 물음의 경우에도 그러한 모든 요소들에서 동시에 결핍이 발생하지는 않는다. 따라서 발견법의 유일한 실마리는 결핍이 발생되지 않는 요소들에 의해 가능한 해결책들에 부과되는 제약들(constraints)이다. 가설 산출 과정을 효과적으로 만들 수 있는 유일한 방법이 바로 그 제약을 이용해서 문제가 되는 현상을 설명할 수 있는 그럴 듯한 가설을 역으로 추리해가는 과정이다. 추리된 가설은 신뢰성 검증의 단계를 통해서 문제에 대한 최종적 해답 여부가 확인되어야 한다. 이런 일련의 절차는 고대 그리스 시대 이래 "분석과 종합의 방법"으로 알려진 것에 그 기본 정신이 잘 나타나 있다. 아리스토텔레스에서 그 기본 형식이 제시된 이래 중세를 거쳐 갈릴레오와 뉴턴에 이르기까지 그것은 가설의 발견과 그것의 확증 과정을 가장 효과적으로 만드는 방법으로 인정되어 왔다. 논리 실증주의의 주장과 달리 현대 과학에도 이 방법은 여전히 가장 효과적인 방법이 될 수 있다. 여기에 제시되는 발견법적 규칙들은 그런 가능성을 타진하기 위한 시안이다. 그것들은 탐구-게임을 가장 효과적으로 하기 위해서, 즉 주-물음을 가장 효과적으로 풀기 위해서 탐구자에게 권유되는 순차적 인식적 행위들을 규정하는 규칙들이다. 우선 근본적인 발견법적 원리를 다음과 같이 나타낼 수 있다.(정상모, 1994a 혹은 Jung, 1996, ch. 5 참조)

(FP1)게임의 모든 국면에서 주어진 Q에 명시된 인식적 결함을 감소시키는 데 가장 유리한 행위(moves)를 하라.

탐구의 과정을 물음-논리(erotetic logic)적으로 나타내면, '왜-물음(why-question)'을 먼저 '어느 것-물음(whether-question)'으로 바꾸고, 마지막으로 '예·아니오-물음(yes-no question)'으로 바꾸는 과정이다. 즉 먼저 제시된 물음에 대한 가설들을 제시하고, 그 각각에 대해 신뢰성을 검증해가는 과정이다. 주-물음을 그처럼 전환해가는 과정에 발견법의 도움이 필요하다. 분석과 종합이라는 방법론적 틀에 기초해서 구성된 발견법적 규칙들은 다음과 같다.

(H1)Q를 그것이 애초 갖고 있는 가능한 해답에 대한 조건들(constraints on possible solutions) I를 명백히 드러냄으로써 공식화하라.

I는 문제가 되는 현상에 대한 기술, 그 현상에 관한 탐구자의 지식이나 믿음상의 결핍적 요소, 인식적 기준, 세계관 그리고 그 밖에 필요한 근본적인 가정들(세계의 제일성, 인과율 등)과 같은 메타과학적(metascientific) 조건 등을 포함해야 한다. 이것들은 Q의 가능한 해답에 부여되는 조건들을 구성한다.

(H2)문제가 되고 있는 자연 현상을 그 성질, 상호 관계 혹은 양상들이 이미 알려졌거나 적어도 알려질 만한 구성 성분이나 요인들 C의 관점에서 분석하라.

이 단계에서 탐구자는 문제가 되는 현상(복합물)을 그 구성 요소들로 나누고 나아가 그것들로부터 역으로 추리하여 알려진 사실이나 원리에 대한 탐구를 진행하게 된다. 탐구자가 가능한 해답(plausible hypotheses)을 찾아내는 데 핵심적인 역할을 할 제약(들)을 발견할 가능성이 이 단계에서 가장 큰 까닭에 전략적으로 가장 중요한 단계라 볼 수 있다. 이 과정은 '물리적 혹은 실험적 분리', '단순화 모델', '제거적 귀납', '매거적 귀납' 등과 같은 보조적인 방법을 필요로 한다.

(H3)가능한 해답(가설) A1, A2, ……An을 다음과 같은 식으로 형

성하라: 그것들이 (i)메타과학적 조건 M, (ii)최초 조건 I, 그리고 가장 중요한 것으로, (iii)(H2) 단계에서 발견되는 조건, 즉 C 등으로 구성되는 전체 조건 K를 만족시키는 방식으로.

M은 물음에 대한 가능한 해답들이 (i)현상을 설명해야 하고; (ii)내적인 일관성을 지녀야 하고; (iii)경험적 내용을 가져야 하고; (iv)알려진 반증이 없어야 한다, ……등등이다. 가설-연역주의를 비롯한 기존의 발견의 논리는 대부분 가능한 해답을 추측할 때 고려되어야 할 조건으로 M만을 제시하고 있기 때문에, "가설의 홍수(plethora of hypotheses)" 문제가 발생했던 것이다. 가능한 해답(가설)을 산출하는 과정은 복합체의 특정 구성 요소에 관한 지식으로부터 그 복합체 자체에 관한 지식으로의 확장 추리이므로 탐구자는 이 단계에서도 여러 가지 종류의 귀납적 방법을 하위-방법으로 이용할 수 있을 것이다. 예컨대 매거적 귀납, 뉴턴의 "철학화의 원리 Ⅲ"에 잘 나타나 있는 "초납(超納. transduction)" 유비 추리 등이 있다.

(H4)가능한 가설들 A1, A2, ……An을 이용하여 그 각각에 의해 예측되는 관찰 가능한 증거들 e1, e2, ……em을 찾아내라. 이 작업을 다음의 조건을 만족시키는 가설 Ai를 확정할 때까지 계속한다:
Ai(& 초기 조건들 & 보조 가설들) → (e1 & ……& em)

가설로부터 검증 가능한 예측을 추리하는 과정 역시 순전히 논리적 연역의 문제가 아니기 때문에, 이 과정에도 방법의 도움이 필요하다. 각각의 가능한 가설들을 그 구성 성분으로 분해하여 핵심적인 요소를 찾아내고 또 그로부터 인과적으로 유래할 만한 검증 가능한 예측, 즉 알려진 혹은 알려질 수 있는 결과들을 이끌어내는 방법이 적합할 것이다. 또 만약 동일한 증거적 능력을 가진 가설이 하나 이상인 경우 잠정적으로 비인지적 증거를 선택의 기준으로 사용할 수도 있다. 그런 경우를 위해 M에다

"(v)체계적 정합성, 조화성, 단순성, 범용성 등을 가져야 한다." 를 추가할 수 있다.[8]

탐구자가 (H4)에서 표시된 의미로 가장 믿을 만한 가설 Ai를 찾아내었다 하더라도, 만약 또 다른 가능한 가설의 존재 가능성을 배제할 수 없다면 그것은 아직 주어진 문제에 대한 최종적인 해답이라 주장될 수 없다. 따라서 최종적으로 우리는 다음의 단계가 필요하다.

(H5)Ai에 대한 합리적인 의심의 여지를 제거하기 위해 다음의 조건을 만족시키는 증거들의 집합 en을 찾아라:

[K &(e1, e2, ······em) & en] → Ai(& 초기 조건들 & 보조 가설들)

K는 M, I 그리고 E로 이루어져 있다. en을 찾는 방법 역시 분석의 방법에 의해 지도될 수 있다. (H5)의 단계를 거쳤다는 것은 탐구자는 Ai 이외의 다른 가능한 모든 가설들이 주어진 문제에 대한 해답일 가능성을 배제했음을, 따라서 탐구가 일단락되었음을 의미한다.[9]

---

8) 그러나 제시된 가설들 중 어떤 것도 (H4)에 나타난 조건을 만족시키지 못할 수도 있을 것이다. 그래서 다음의 단계를 추가할 수도 있다.

(H4′)만약 이들 가설들 중 어느 것도 e1, e2, ······em 모두를 만족시키지 못한다면 가장 오류가 발생하기 쉬운 조건들(constraints)부터 차례로 검증하라. 만약 오류인 부분이 확인되면 그 부분을 정정하거나 제거한 후 다시 동일한 방식으로 진행한다.

9) 그것은 (H4)의 단계에서 Ai -> (K & e1, e2, ······em)이고, en은 Ai로부터 추리된 것이기 때문에, 즉 'Ai -> [K & (e1, e2, ······em) & en]'이기 때문에, 이를 (H5)의 결과인 '[K & (e1, e2, ······em) & en] -> Ai'와 합쳐 양조건문(bi-onditionals)을 형성하기 때문이다. 갈릴레오의 역학 및 관련되는 법칙들과 뉴턴의 만유인력의 법칙 사이에, 케플러의 제3법칙과 그밖에 다른 배경적 법칙들과 중력 법칙(inverse square law) 이에, 그리고 다산의 법칙(universal superfeundity), 변이의 원리(principles of variation), 불가피한 멸종과 생존의 원리(the principle of inevitable extinction and survival)와 다윈의 종의 진화의 법칙 사이에서 우리는

발견법적 규칙들은 가류적(fallible)이며 또 완결적이지도 않다. 과학적 탐구라는 행위는 확장적 인식 과정이다. 따라서 절대적으로 확립된 절차가 있을 수 없다. 예컨대 정밀 과학의 실험적 분석에 있어서 특정 실험 장치가 간섭이나 부차적이 요인들을 모두 배제했는지의 여부나, 그것이 실험 목적에 대해 완결된 체계(closed system)인지의 여부는 결코 완전히 대답될 수 없다. 따라서 탐구의 과정에는 어떤 종류의 창의적 능력이 필수불가결하다. 그러나 물론 창의성이 너무 강조되어서는 안 된다. 케큘이 벤젠의 고리 모양을 떠올린 것도 흔히 말하듯이 창의성의 우연한 작용의 결과로만 해석될 수는 결코 없다. 바르토프스키(M. Wartofsky)가 적절히 간파했듯이, 과학의 합리성은 "판단과 숙고상의 장인적 기술(craftsmanlike skill in judgement and tinkering)"의 사용에 있다. 그런 기술에는 "독창적이고, 예기치 않고 또 창의적인 통찰"에 대해 항상 열린 마음을 갖는 것도 중요한 요소다.(1980, p.2) 이 점을 포착하기 위해 우리는 끝으로 다음과 같은 근본적인 발견법적 원리를 (FS2)에 추가할 수 있을 것이다:

(FS3)탐구의 모든 과정에서 더 효과적인 수단의 존재 가능성에 항상 열린 자세를 취하(고 또 모색하)라.

9. 결 론

이 논문에서 내가 한 주장은 다음과 같이 요약될 수 있다.
1)과학의 합리성을 올바르게 포착하려면, 과학을 일종의 행위, 즉 세계에 관한 진리를 캐는 탐구 행위로 간주해야 한다. 그리고 그것은 목적 설정과 목적 추구라는 두 요소로 구성된다. 전자는

그러한 양조건적 관계를 찾아볼 수 있다.

궁극적으로 비도구적(범주적) 합리성 개념에 의해서, 후자는 도구적 합리성 개념에 의해서 규정되어야 한다.

2)목적 설정의 합리성은 탐구자가 갖는 인식 의무의 강도에 따라서 목적을 선택하는 데 있다. 탐구자의 인식적 결함을 치유해주는 믿음들 중에서 연구 전통내에서 그것들이 가질 수 있는 위상에 따라 그것들에 대한 인식 의무의 강도가 결정될 수 있다. 합리적 탐구자는 탐구의 시점에서 가장 큰 인식 의무를 갖는 믿음의 획득을 탐구 목적으로 설정해야 한다.

3)목적 달성의 합리성은 (주관적) 효용-극대화 개념을 통해서 가장 적절히 규정될 수 있다. 탐구의 목적 달성을 가장 용이하게 해주는 절차를 따름으로써 탐구자는 도구적으로 합리적일 수 있다. 그 절차는 방법론적 차원에서 논할 때 체계적으로 포착될 수 있다. 방법적 합리성의 핵심은 논리적 규칙과 발견법적 규칙들의 지도를 통해서 탐구 목적을 효과적으로 달성하는 데 있다. 그러나 발견법적 규칙은 성공을 항상 보장하는 규칙도, 기계적으로 따르기만 하면 되는 규칙도, 완전한 규칙도 아니다. 그렇기 때문에 오히려 과학적 탐구는 더 합리적이다. 탐구자는 항상 심사숙고하게 되며 또 더 나은 방법의 가능성에 대해 열린 자세를 갖게 됨으로써 효용을 극대할 수 있기 때문이다.

끝으로 나는 내가 구성한 '질문법적-게임'이 이러한 주장들을 만족시키면서 과학의 합리성을 적절히 개념화할 수 있는 도식임을 보여주려 했다. 제시된 도식에서 합리성은 탐구의 전체적 지평에 또 그것의 역동적인 측면에 입각해서 파악되고 있다. 지금까지 과학의 합리성에 관한 논의들은 대체로 과학 활동의 일부분에 한정된 경우가 대부분이었고, 또 탐구 과정의 역동적인 측면이 아니라 인위적(논리적)으로 고정된 측면에 초점이 맞추어졌다. 그리고 합리성 개념에 대한 정확한 개념 규정 또한 충분하지 못했다. 그 때문에 몇몇 논리적인 문제에 지나치게 얽매어 과학의 합리성을 포괄적으로 체계적으로 포착하는 데 실패했다.

본 연구가 과학의 합리성 논의에 생산적 기여가 될 수 있기를 기
대한다. ■

참고 문헌

정상모(1994a), 「발견의 논리」, 『철학』 제45집(한국철학회), 122-
    155.

정상모(1994b), 「화학 혁명과 불가 통약성」, 『철학논총』 제10집
    (영남철학회), 249-286.

정상모(1995), 「인식 의무」, 『철학』 제45집(한국철학회), 217-
    246.

조인래(1994), 「이론 미결정성의 도그마?」, 『철학』 제42집(한국
    철학회), 132-158.

Bennett, J.(1989), Rationality, Cambridge: Hackett Publishing
    Company.

Bergstorm, Lars(1980), "Some Remarks Concerning Rationa-
    lity in Science", in R. Hilpinen (ed.), Rationality in
    Science, Dordrecht: D. Reidel, 1-12.

Brown, H. I.(1988), Rationality, London: Routledge.

Carlson, Lauri(1983), Dialogue Games, Dordrecht: D. Reidel.

Doppelt, G.(1983), "Relativism and Recent Pragmatic Concepti
    -ons of Scientific Rationality", in N. Rescher (ed.),
    Scientific Explanation and Understanding, New York:
    University Press of America, 107-142.

Feldman, R.(1993), "Epistemic Obligation", in L. P. Pojman
    (ed.), The Theory of Knowledge. Belmont: Wadswo-
    rth Inc., 544-555.

Fetzer, James H.(1990), "Evolution, Rationality, and Testability", Synthese 82: 423-439.

Feyerabend, P.(1975), Against Method, London: NBL.

Gibson, Q.(1960), The Logic of Social Enquiry, London: Routle
-dge.

Giere, R.(1988), Explaining Science: A Cognitive Approach.
Chicago: University of Chicago Press.

_____ (1989), "Scientific Rationality as Instrumental Rationa-
lity", Studies in the History and Philosophy of Scie-
nce 20: 377-384.

Gilbert, Neal(1960), Renaissance Concepts of Method, New
York: Columbia University Press.

Hempel, Carl G.(1965), Aspects of Scientific Explanation, New
York: Free Press.

Hintikka, Jaakko(1989), "Questionings as a Philosophucal
Method", in J. Hintikka (ed.), The Logic of Epistemo-
logy and The Epistemology of Logic, Dordrecht: D.
Reidel, 215-233.

Hooker, C.(1977), "Methodology and Systematic Philosophy",
in R. Butts and J. Hintikka (eds.), Basic Problems in
Methodology and Linguistics, Dordrecht: D. Reidel,
2-23.

James, W.(1911), The Will to Believe and Other Essays in
Popular Philosophy, New York: David Mckay.

Jung, Sangmo(1996), Logic of Discovery: An Interrogative
Approach to Scientific Inquiry, New York: Peter
Lang.

Kekes, J.(1989), "Rationality and Logic", in S. Biderman &
Ben-Ami Scharfstein(eds.), Rationality in Question,
Leiden: E. J. Bril, 3-18.

Kleiner, Scott A.(1994), The Logic of Discovery: Toward a
     Theory of the Rationality of Scientific Research,
     Dordrecht: D. Reidel.
Kuhn, T.(1977), The Essential Tension. Chicago: University of
     Chicago Press.
Laudan, L.(1988), "Methodology's Prospects", PSA 86, Volume
     2: 347-354.
Luce, R. Duncan and Raiffa, Howard, Games and Decisions,
     New York: John Wiley and Sons.
Markovic, M.(1980), "Scientific and Ethical Rationality", in R.
     Hilpinen (ed.), Rationality in Science, Dordrecht: D.
     Reidel, 79-90.
Martin, James E.(1089), "Aesthetic Constraints on Theory
     Selection: A Critique", International Journal of Philo-
     sophy of Science 40: 357-364.
Newton-Smith, W. H.(1988), The Rationality of Science, Lon-
     don: Routledge & Kegan Paul.
Nickles, T.(1987), "Methodology, Heuristics, and Rationality",
     in J. C. Pitt and M. Pera (eds.), Rational Changes in
     Science, Dordrecht: D. Reidel.
Nozick, R.(1993), The Nature of Rationality, Princeton: Prince-
     ton University Press.
Nunan R.(1984), "Novel Facts, Bayesian Rationality, and the
     History of Continental Drift", Studies in History and
     Philosophy of Science 15, 267-307.
Peirce, C. S.(1960), Collected Papers of Charles Sanders Peirce,
     ed. by C. Hortshorne and P. Weiss, Cambridge:
     Harvard University Press.
Pera, M.(1980), "Inductive Method and Scientific Discovery",

in M. Grmek, et. al. eds., On Scientific Discovery. Dordrecht: D. Reidel, 141-165.

Pera, M.(1986), "From Methodology to Dialectics: A Post-Cartesian Approach to Scientific Rationality." In PSA 1986, vol.2.

Popper, K. R.(1974), "Replies to My Critics", in P. A. Schilpp (ed.), The Philosophy of Karl Popper Book II. La Salle: Open Court, 961-1200.

Rawls, John(1973), A Theory of Justice, Oxford: Oxford University Press.

Rescher, N.(1988), Rationality, Oxford: Clarendon Press.

Ryle, G.(1965), "Dialectic in Academy", in R. Bambrough (ed.), New Essays on Plate and Aristotle, New York: The Humanities Press, 39-68.

Salmon, Wesley(1989), "Rationality and Objectivity in Science or Tom Kuhn Meets Tom Bayes", in J. R. Brown & J. Mittelstrass (eds.), An Intimate Relation, 175-204.

Siegel, H.(1985), "What is the Question Concerning the Ration -ality of Science", Philosophy of Science 52: 517-537.

_____ (1996), "Instrumental Rationality and Naturalized Philo -sophy of Science", Philosophy of Science, 63 Procee -dings: S116-S124.

Stenmark, M.(1993), Rationality in Science, Religion, and Eve-ryday Life, Notre Dame: University of Notre Dame Press.

Wartdfsky, M. W.(1980), "Scientific Judgement: Creativity and Discovery in Scientific Thought", in T. Nickles (ed.), Scientific Discovery, Logic, and Rationality: Case Studies, Dordrecht: D. Reidel, 1-19.

이해와 합리성*

이 영 철
(부산대학교)

1

아리스토텔레스는 인간을 로고스(logos)를 가진 생물이라고 정의하였다. 로고스는 이성, 사유 등의 의미 외에도 언어라는 의미를 일차적으로 가진다. 저 정의는 그러므로 인간의 이성적 사유와 언어 사이의 각별한 연관을 암시하고 있다. 그러나 주지하다시피, 서양 철학의 전통에서 저 정의는 인간은 이성적 또는 합리적 동물(animal rationale)이라는 형식으로 전형화된다. 그리고 이와 더불어 언어적 동물로서의 인간 존재에 대한 관심은 서양의 철학적 탐구의 중심에서 비껴나게 된다. 그뿐만 아니라 이러한 상황은 이성을 내적으로 자족적일 수 있는 의식 또는 정신으로 고양시켜나간 근대의 소위 '의식 철학'의 전통에 의해서 개선되지 않고 오히려 심화된다. 데카르트의 '사유하는 실체'나 칸

* 이 글은 1997년 6월 28일,분석철학회에서 발표되었던 것을 다듬은 것이다. 논평자 홍윤기 박사에게 감사한다. 그리고 이 글은 1995년도 부산대학교 기성회비 지원 연구비에 의한 연구임을 밝혀둔다.

트의 '선험적 자아', 헤겔의 '절대 정신'에서 언어는 부차적인 것이거나 단독자의 상징 작용으로 머물러 있었다. 헤르더, 훔볼트 같은 이들이 언어를 인간의 자연적 본성의 관점에서 접근하여 사유하기도 하였으나, 그들 역시 근대의 의식 철학을 배경으로 하였기 때문에, 그들의 접근 방식에서 언어의 진정한 본성이 드러나기는 어려웠다.[1]

인간 이성은 다시 언어적 존재로서의 인간 본성을 올바로 드러내는 가운데 고찰되어야 한다. 그러나 인간이 이성적이건 언어적이건 어쨌든 동물이라는 말이 옳다면, 이성이나 언어의 본성 해명은 또한 무엇보다도 동물로서의 인간 존재에 주목하는 접근 방식을 취해야 할 것이다. 다시 말해서 그것들은 기본적으로 어디까지나 인간의 동물적인, 그러니까 경험적으로 접근 가능한 자연적 특성들로서 탐구되어야 마땅할 것이다. 이것은 물론 자연 과학적인 동물-생물학적 접근 방식의 채택을 주장하는 것이 아니다. 왜냐 하면 인간의 자연적 특징들에는 가령 인간이 사회-역사적 존재라는 점도 포함되어야 하기 때문이다.(아리스토텔레스: "사회 속에서 살 수 없거나 자족적이어서 그럴 필요가 없는 자는 짐승이거나 아니면 신이다.") 동물-생물학적 접근 방식은 기본적으로 인과 메커니즘의 해명을 목표로 할 뿐, 의미 내용의 해명에 관심을 두지는 않는다. 그러나 우리의 탐구를 위해서는, 인간-동물의 이성적·언어적 활동이 그가 다른 인간-동물 및 주위 환경과 시공간적으로 맺는 실천적 관계들 속에서 가지게 되는 의미에 대한 고찰이 필수적이다. 그리고 여기에서 이성과 언어의 본성에 관한 물음은 다음과 같은 형식으로 제기되게 된다. 즉, 우리의 실천적 경험과 제도 속에(사회-역사적으로) 육

1) 가다머(1966) 참조. 그에 의하면 언어에 대한 모든 의식 내지 사유의 뒤에는 오히려 언어의 무의식적 작용이 이미 존재한다. 우리는 언어내에서만 사유할 수 있다. 언어는 의식이 어떤 방식으론가 이미 주어진 세계와 매개되는 수단들 중 하나에 불과한 것이 아니라, 오히려 언어를 통해서만 우리는 말하자면 '세계-내-존재'가 된다.

화되어 있는 것으로서의 언어와 이성은 어떤 모습으로 나타나는가?

그러나 이성의 본성과 관련된 탐구가 이처럼 탈-형이상학적이고 실천적 맥락에서 수행되면서부터 논의 양상은 서양 철학에서 근본적 변화를 겪는다. 즉 이제 논의의 중심 개념은 '이성'에서 '합리성'으로 바뀐다. 이 두 낱말은 그 역사가 같음에도 불구하고, '이성'은 이제 구식으로 들리는 반면에 '합리성'은 그렇지 않다. '이성'은 모든 것을 내적으로 기초하거나 포괄하려 한다는, 어쩔 수 없이 의식 철학적이고 형이상학적이라는 인상을 불러일으키는데 반해, '합리성'은 개인들과 체계들의 경험적으로 확인 가능한 성향적 속성으로 간주되어, 구체적 탐구 대상으로서 선호된다. 슈네델바흐(1984, 서론)의 지적과도 같이, 그렇게 해서 합리성은 이성을 몰아내었다. 하버마스는 "철학은 헤겔 이후의 탈형이상학적 흐름에서 합리성 이론이라는 수렴점을 향해 노력해왔다."고 진단한다.(같은 글에서 재인용)

이러한 틀의 변화는 헤겔이 (역설적이게도 여전히 형이상학적 관점에서) 사회와 역사 속에서 현현하는 실천적 이성에 탐구의 초점을 맞춘 이래 마르크스, 베버 등을 거치면서 되돌릴 수 없는 추세가 되었다.[2] 오늘날 합리성은 다양한 개별 영역에서 구체적인 논의 주제가 되어 있다.[3] 그러나 우리의 문제를 고찰하는 데 있어서 우리가 이러한 문제 맥락들을 모두 다루어야 할 필요는 없을 것이다. 우리는 여기서 인간 합리성의 전모를 해명하려는

---

2) 이러한 흐름에 대한 설명으로, 아펠(1979); 슈네델바흐(1982); 하버마스(1988) 등 참조.

3) 슈네델바흐(1984; 9-11쪽 참조)의 정리를 따르면—사회 과학적 연관성(베버의 목적 합리성 개념, 합리적 결단 이론), 문화 인류학적 연관성(낯선 문화의 합리성 또는 그 문화의 합리적 이해 가능성), 행위 이론적 연관성(행위자의 이유에 의한 행위 설명), 일반 과학론과의 연관성(과학적 합리성의 전통적 모델에 대해 과학사 연구가 불러일으킨 위기) 등을 가진다. 그리고 이 마지막 연관은 넓은 의미에서의 이성 이데올로기 비판(합리성의 이상을 고집해온 과학론에 대해 이성의 자연적, 역사적, 사회적 제약성 입증)과도 연결된다.

것이 아니다. 우리의 관심은 인간-동물의 언어적 실천의 장에서 언어와 합리성의 연관 관계가 어떻게 나타나는가를 그 근본적인 모습에서 고찰하는 것이다. 그러므로 가령 언어와 합리성의 관계에 대한 고찰을 위해서 사회-역사성의 측면이 고려되어야 한다고 하더라도, 거기서 언어 사용과 이해를 단순히 전제하고서야 이루어질 수 있는 부분들은 고찰에서 접어두는 것이 현명하다. 우리에게 필요한 것은 언어 사용과 이해의 문제에 대해 원초적인 관점에서 접근하는 것이다.

<h2 style="text-align:center">2</h2>

이런 점에서 우리는 후기 비트겐슈타인의 언어관으로부터 고찰을 시작해보는 것이 좋을 것이다. 우리의 언어의 본성을 해명함에 있어서 비트겐슈타인은 인간을 무엇보다도 언어놀이를 하는 사회적 동물—'짐승'(『확실성』 475절)—로 보고 그 행동을 '자연사적' 관점에서 고찰하고자 한다. 그리고 그 고찰의 핵심에는 이 동물의 규칙 따르기 행동이 놓여 있다. 규칙 따르기 문제는 분명 언어와 사유 그리고 합리성의 본성과 관련되어 있는 문제로 보인다. 왜냐 하면 규칙은 사고와 뜻과 합리적 행동의 한계를 반영한다고 보이기 때문이다.('logos'나 'ratio'에는 '규칙'의 뜻이 포함되어 있다.) 그러므로, 비록 비트겐슈타인이 그의 탐구에서 '이성'이나 '합리성'에 대하여 직접 운위한 적이 거의 없음에도 불구하고, 그의 탐구는 우리에게 합리성의 본성과 관련된 어떤 중요한 통찰을 제공할 수도 있을 것이다.

비트겐슈타인에 의하면, 우리가 언어 현상들을 그것들의 원초적인 사용 방식에서 연구한다면 그것들의 목적과 기능이 명료하게 조망될 수 있다. 이러한 조망을 가능케 하는 것이 '언어놀이들'인데, '그것들은 어린아이들이 모국어를 배우는 놀이들의 하나'를, 또는 때때로 '어떤 하나의 원초적 언어'를 가리키며, 또한 '언어와 그 언어가 뒤얽혀 있는 활동들의 전체'를 가리키기도 한다. 여기서 '언어놀이'란 낱말은 무엇보다도, '언어를 말한다는 것이 어떤 활동의 일부, 또는 삶의 형태의 일부임을 부각시키고자 의도된 것'이다.(『탐구』 5, 7, 23절 참조)

언어놀이는 통상 그 참여자들이 규칙들을 따름으로써 이루어진다. 규칙들은 언어놀이가 올바로 또는 유의미하게 행해지고 있는지를 결정하는 표준이다. 그러나 언어놀이의 규칙들은 어떤 것들이며, 그 규칙들을 따른다는 것은 무엇인가? 『논고』에서 비트겐슈타인은 모든 가능성을 선천적으로 완전하게 확정하는 논리적 구문론의 정확하고 엄격한 규칙들이 언어의 규칙들을 이루며, 모든 언어는 바로 이러한 규칙들의 지배를 받는 그림들로 이루어져 있다고 보았다. 그 규칙들은 일상 언어에서는 통상 숨겨져 있으나, 화자들은 그들에게 알려져 있지 않은(논리적 분석에 의해서 비로소 드러나는) 그 숨은 규칙들의 체계에 따라 말하는 것으로 간주된다. 그러나 이제 언어놀이를 통한 고찰은 문제에 대해 새로운 시각을 제공한다.

첫째로, 언어놀이는 단순히 그림 그리기가 아니라 그 외에도 다양하며, 언어놀이에서의 규칙의 종류와 역할도 언어놀이들에 따라 다양하다.(『탐구』 23, 53절 참조)

둘째로, 언어놀이의 규칙들은 모든 가능성을 확정짓지 않고 열려 있으면서도, 있는 그대로 규칙으로서 완전하다. 낱말들의 적용이 언제 어디서나 규칙에 의해 한계지어져 있지는 않다. "규칙은 이정표(里程標)처럼 있다."; 이정표는 내가 가야 할 길에 대해 어떤 때는 의심을 열어놓을 수 있다. 그러면서도 "이정표는 이상 없다──그것이 정상적인 상황 속에서 그것의 목적을 달성한다면." 모든 가능한 경우를 확정짓는 규칙 체계란 단지 이상일 뿐이며, 우리는 그 이상이 행하는 역할에 대해 오해해서는 안 된다.(『탐구』 68, 81-87, 100절 참조)

셋째, 언어놀이가 규칙을 따름으로써 이루어지는 한, 규칙은 규칙 따르기와 내적인 연관을 가지며, 따라서 언어 규칙의 본성은 규칙 따르기 맥락에서 고찰되어야 한다. 이 경우, 언어 규칙이 언어놀이의 참여자들에게 전혀 알려져 있지 않을 수도 있다는 관념은 거부되어야 한다.(『탐구』143-242절 및 아래 1항 참조)

비트겐슈타인이 규칙 따르기에 대해 행한 고찰의 내용은 무엇인가? 여러 가지가 있지만, 우리의 관심에서 볼 때 중요한 것은 대략 다음과 같은 점들이다.[4]

(1)규칙 따르기는 규칙과 단순히 일치하는 자연적(인과적) 규칙성으로 성립하지 않는다. 그것은 또 단순히 일종의 영감을 따르는 행위도 아니다. 어떤 하나의 규칙을 따르려면 기본적으로 무엇이 그 규칙의 올바른 적용인가, 즉 무엇이 그 규칙에 맞는 행동이고 무엇이 그 규칙을 위반하는 행동인가 알아야 한다. 다시 말해서, 규칙 따르기는 놀이 규칙에 대한 참여자들의 어떤—'심리적 과정'이 아닐 수도 있는—이해를 포함하고, 그리하여 그 규칙이 규칙 따르기 행동의 이유의 일부로서 작용해야 한다.("규칙은, 그것이 우리에게 흥미를 일으키는 한, 멀리서 작용하지 않는다.") 한마디로, 규칙 따르기는 규칙에 의해 그 옳고 그름이 말해질 수 있는 규범적이며 합리적인 행위로서, 규칙 따르기 행동을 설명하거나 정당화하기 위해 규칙이 인용될 수 있어야 한다.(『청색 책』12-14쪽; 『탐구』198, 201, 217, 232절 참조)

(2)규칙 따르기는 단지 규칙의 해석이 아니라 공적인 실천 행동이며, 게다가 그 실천은 언제나 이미 사회적인 실천이다. 단지 해석으로 말하자면, 어떠한 행동 방식도 주어진 규칙에 맞는 것으로서 해석될 수 있고, 따라서 '규칙 따르기'는 의미를 상실한다. 또한 어떤 사람이 규칙을 따른다는 것은 그가 자신이 규칙을 따른다고 단지 믿는 것이 아니다. 실천과 유리된 이러한 '사적인'

---

4) 비트겐슈타인의 규칙 따르기 논의에 대해서는 이영철(1995)을 더 참조할 것.

규칙 따르기는 성립하지 못한다. 왜냐 하면 그 경우 규칙을 따르는 것과 규칙을 따른다고 믿는 것의 구별이 없어지기 때문이다. 그 구별은 오직 규칙 따르기가 공적이며 사회적인 관습(관례, 제도)이기에 가능하다. 규칙 따르기는 놀이 참여자들의 '반응의 일치', '판단들에서의 일치', '삶의 형태의 일치'의 토대, 즉 어떤 공동적 실천의 토대 위에서만 성립될 수 있다.(『탐구』 198-202, 206-207, 240-242절 참조)

(3)한 언어놀이내에서 규칙 따르기는 정상적인, 또는 올바른 경우들이 지배적일 것을 요구한다. 왜냐 하면 규칙 따르기는 오직 정상적인 경우들 속에서만 명료하게 규정되기 때문이다. 규칙 따르기에서의 비정상(실수, 잘못)의 증가는 그 언어놀이 또는 의사 소통의 존립 자체를 위협한다. 만일 정상인 것이 예외가 되고 비정상인 것이 규칙이 된다거나, 그 둘이 대략 같은 빈도로 일어난다거나 하면, 우리의 정상적인 언어놀이는 그 요점을 상실하게 될 것이다. 따라서 하나의 언어놀이 내에서 '잘못된' 규칙 따르기는 오직 예외로서만 존재할 수 있다. 왜냐 하면 한 언어놀이내에서 '잘못된 동작들'이라고 불리는 것들이 규칙이 된다면, 그것들을 잘못된 것이라고 하는 언어놀이는 그와 동시에 폐기될 것이기 때문이다. 오직 압도적인 정상성, 광범위한 진리의 토대 위에서만 언어놀이는 가능하다.(『탐구』 142-143절, 337쪽; 『확실성』 80-81절 참조)

(4)주어진 규칙을 하나의 언어놀이에서와 다른 방식으로 따르는 언어놀이들이 가능하지만, 여기에도 일정한 제약이 존재한다. 하나의 언어놀이에서 '잘못된' 규칙 따르기가 오히려 정상이 되는 언어놀이는 차라리 다른 규칙을 따르는 새로운 하나의 언어놀이로서 간주될 수도 있다.(주어진 규칙을 우리의 언어놀이에서와 매우 다른 방식으로 따르는 대안적 언어놀이들이 가능하다는 점에서 규칙들 또는 문법들은 자율적이다.) 그러나 그것들이 어쨌든 언어놀이들인 한, 그것들과 우리의 언어놀이 사이에는,

그리고 그 언어놀이의 규칙 따르기들과 우리 언어놀이의 규칙 따르기 사이에는 가족 유사성이라고 할 수 있는 연대—일종의 보편성—가 존재해야 한다. 다시 말해서, 그 대안적 언어놀이들과 규칙 따르기들은 우리가 '언어놀이'와 '규칙 따르기'라고 부르는 것들과 우리가 추적할 수 있는 어떤 방식으로 연결될 수 있어야 한다. 가령 그 대안적 규칙 따르기는 우리 언어놀이의 어떤 규칙을 우리가 이러저러하게 이해하고 따르는 것처럼(다만 그들 나름의 방식으로) 따르는 것이라고 말할 수 있어야 할 것이다. 대안적 언어놀이들의 규칙 따르기와 우리의 언어놀이의 규칙 따르기 사이에 이러한 일종의 번역 또는 해석 가능성조차 없는 한, 그 대안적 규칙 따르기를 '대안적' 규칙 따르기라고 하기는커녕 '규칙 따르기'라고조차 할 수 없을 것이다. 그리고 따라서 대안적 언어놀이로서 추정되었던 것도 언어놀이로서 자격을 상실한다. (『탐구』185, 207절 참조)

요약하자면, 규칙 따르기는 규범적이며 합리적인 공적·사회적 실천 행동으로서, 광범위한 정상성 또는 올바름(진리)를 포함해야 하고, 대안적 규칙 따르기들과의 사이에 가족 유사성적 연대(일종의 보편성)를 지녀야 한다. 그리고 따라서 이러한 규칙 따르기에 기초하여 이루어지는 것으로서의 언어놀이, 언어적 이해에도 규칙 따르기 속에 본질적으로 내재하는 합리성이 포함되어 있어야 한다.

3

규칙 따르기 논의를 통해 비트겐슈타인이 보여주고자 했던 중요한 점들이 데이빗슨의 원초적 해석론에서도 비슷하게 확인된다.[5]

---

5) 원초적 해석론과 그 철학적 함축에 대한 더 자세한 이야기는 데이빗슨(1984)와

데이빗슨의 원초적 해석론은 어떤 화자 또는 공동체의 발언들을 그것들의 의미에 대한 사전 지식이나 가정들 없이 해석해내는 방법에 관한 것이다.(만일 우리가 그 방법의 윤곽을 그릴 수 있다면, 그것은 의미의 본성을 해명하는 데 기여할 것으로 간주된다.) 언어를 그 원초적(근본적) 사용 맥락에서 고찰하려 하는 점에서, 그것은 비트겐슈타인의 언어놀이를 통한 고찰 방법과 일맥 상통한다. 원초적 해석론을 위한 증거들은 문장을 참이라 간주하는 화자의 관찰 가능한 태도 및 그것과 주변 상황과의 관계 정도에 한정된다. 이런 증거들은 화자가 발언한 문장의 의미를 알지 못하고도 독립적으로 확인할 수 있는 것들이다. 그러나 여기서 화자의 태도는 화자가 자신의 발언에 부여한 의미뿐만 아니라 세계에 대한 그의 믿음(그리고 욕구, 의도 등) 때문에 그렇게 취해진 것이다. 그 태도는 말하자면 의미와 믿음의 벡터다. 그리고 데이빗슨에 의하면, 화자의 의미와 믿음은 상호 의존적이면서도, 어느 한쪽으로 환원 가능하지 않다. 그러므로 우리는 원초적 해석론의 증거들로부터 화자가 하는 말의 의미와 그때 그가 취한 믿음 양자를 동시에 추출하지 않으면 안 된다. 이 점에서 원초적 해석론의 문제는 결단 이론의 경우와 유사성을 지닌다.(데이빗슨에 의하면, 그 양자는 결국 통합되어야 한다.) 문제의 해결을 위해서는 의미와 믿음의 부여에 어떤 일정한 규제가 가해져야 한다. 데이빗슨이 의미의 측면에 부과하는 규제는, 해석론이 유한히 공리화된 타르스키식 진리론 형식이 되어야 한다는 것이다. 그리고 믿음(욕구, 의도 등)의 측면에 부과하는 규제는, 믿음의 부여가 이른바 자비의 원리를 따라야 한다는 것이다.

의미와 진리 사이의 연관의 일면은 쉽게 인식될 수 있다. 어떤 발언의 의미를 알면, 우리는 그 진리 조건을 알 수 있다. 그러므

_____

이영철(1991) 및 ★??(1997)을, 그리고 비트겐슈타인과 데이빗슨 사이의 상통점에 대해서는 이영철(1993) 5절 및 이영철(1995) 참조.

로 의미 개념은 분명 진리 개념을 포함한다. 그런데 해석론은 화자의 언어에 속하는 임의의 발언에 대해 그것이 의미하는 바를 주어야 하므로, 화자의 발언 전체에 대해 그 진리 조건들을 주어야 한다. 따라서 해석론은 진리론을 포함하며, 진리론과 독립해서 주어질 수 없다. 실제로 타르스키는 한 언어에 속하는 문장들의 의미를 주어진 것으로 가정하고서, 어떻게 그 언어에 대해 형식적 진리론이 구성 가능한지를 보여주었다. 그러나 원초적 해석론에서는 그런 가정을 할 수 없다. 데이빗슨은 역으로, 진리 개념을 전제하고 진리론을 경험 이론화시킴로써 의미(해석)를 얻으려 한다. 데이빗슨의 생각은, 어쨌든 의미 개념보다는 진리 개념이 더 투명하다는 것이다. 그리고 만일 우리가 경험적 증거들로부터 화자의 발언들에 대해 '올바른'(즉 경험 법칙적 관계에 있는) 진리 조건들을 제공하는 진리론을 얻을 수 있다면, 우리는 요구된 해석론을 제공할 수 있다는 것이다. 문제는 우리에게 주어지는 증거들로부터 어떻게 그런 진리론을 얻을 수 있느냐 하는 것이다. 데이빗슨에 의하면, 그것은 우리가 문제의 이론을 화자의 언어 사용 행위를 포함한 명제적 태도 일반과 연관되게 함으로써, 그리하여 진리론이 행위 일반 이론 속에서 검사될 수 있도록 함으로써 가능하다. 자비 원리는 여기서 등장한다.

자비의 원리란 우리가 피해석자의 명제적 태도들이 그 정합성과 올바름에 있어서 우리(해석자)와 가능한 한 최적하게 일치되도록 그렇게 해석을 조절해나가야 한다는 것이다.6) 자비의 원리는 간단히 말하자면 피해석자가 (우리의 해석자적 관점에서 볼 때) 대체로 합리적 존재자가 되도록 해석해야 한다는 '합리적 조

---

6) 그러므로 그것은 '인(仁)의 방법'이라고 할 수도 있을 것이다.『논어』,「옹야(雍也)」편 참조; "가까이(곧 자기의 경우)에서 (남의 경우를 미루어 헤아릴) 비유를 취할 수 있음이 인의 방법이라 할 수 있겠다(能近取譬, 可謂仁之方也已)." 이 인의 방법은 한마디로 '용서(恕)'라고 이야기되는데, 그러나 '恕'는 '如心', 즉 마음을 같게 하는 것으로도 해석될 수 있다. 이렇게 보자면 인의 방법이란 결국 마음을 같게 하여 서로 통하도록 해나가는 것이라고 할 수 있는 것이다.

절의 정책'이다. 우리가 이러한 원리를 따라야 하는 이유는, 데이 빗슨에 의하면, 명제적 태도가 광범위한 정합성과 올바름을 요구하는 논리적·의미론적 속성을 지닌다는 데 놓여 있다. 명제적 태도는 우선 다른 사고들의 논리적 연결망내에서의 그것의 위치로부터 분리될 수 없다. 그것은 다른 명제적 태도들과 함께 정합함으로써만 존립하고 이해될 수 있으며, 따라서 명제적 태도들에 있어서의 근본적 부정합성은 불가능하다. 그리고 명제적 태도들은 객관적 세계와도 (인과적으로) 연관되어 있어야 하는데, 그럴려면 그것들은 대체로 참인 믿음들을 배경으로 가져야 한다. 왜냐 하면 그렇지 않다면 (거짓인 믿음들은 그 주제의 정체성을 붕괴시키는 경향, 따라서 그 믿음이 바로 그 주제에 관한 것이라는 기술의 유효성을 붕괴시키는 경향이 있으므로,) 명제적 태도는 그것이 무엇에 관한 것인지 자체가 모호해지고, 따라서 객관적 세계와의 연관성을 상실하게 되기 때문이다. 결국 우리는 화자에게 부여될 명제적 태도들이 그 정합성과 올바름의 관점에서 우리와 일반적으로 일치되도록 만들어나갈 수밖에 없다. 이처럼 자비의 원리에 의해서 화자의 명제적 태도들이 우리의 명제적 태도들과 일반적으로 일치하는 것으로 상수화(常數化)될 수 있으므로, 우리는 우리에게 주어진 증거들로부터 화자 발언의 의미(진리 조건)와 화자의 믿음을 (결단 이론적으로) 분리하여 추출할 수 있게 된다.

자비 원리를 적용해 증거들로부터 '의미를 주는' 진리 조건들을 얻는내는 과정의 윤곽은 대체로 이렇다. 먼저, 우리에게 주어져 있는 증거가 화자가 어떤 문장들을 참이라 여긴다는 태도들 및 그 태도들과 관련된 (관찰 가능한) 외적 상황들뿐인 데에서는, 자비 원리의 일치 최적화 요구는 화자의 그 태도들을 주어진 상황들 속에서 우리(해석자)가 볼 때 일반적으로 정합적이고 옳은 것들이 되도록 만들어야 한다는 것이 된다. 그러나 만일 주어진 어떤 문장들이 참이라는 화자의 믿음들이 옳다면 그 문장들도 또한 참이다. 그러므로 자비의 원리에 따르면, 화자는 가능한 한 그의 문장들이 참일 때, 그리고 오직 그럴 때, 그의 문장들을 참이라 여기는 것으로 되어야 한다. 데이빗슨에 의하면, 여기서 화자의 태도는 우연적인 것이 아니라 일반적으로 그 상황들과의 어떤 인과 관계 때문인 것으로 간주되어야 한다. 다시 말해서 화자가 어떤 문장을 어떤 상황들하에서 참이라 여기는 것은 일반적으로 바로 그 상황들이 그 문장을 참으로 만드는 조건이기 때문이라고 간주되어야 한다. 그러므로 만일 화자가 어떤 상황들하에서 어떤 문장을 참이라고 여긴다면, 우리는 그 사실을 그 문장이 바로 그 상황들하에서 참이라는 일견적 증거로 받아들여야 한다. 그런데 여기서 문장을 참이라 간주하는 화자의 태도들을 야기한 것으로 간주되는 상황들은 해석자에 의해 관찰·기술되는 것이므로, 일반적으로 그것들은 또한 그 상황들하에서 해석자가 지니는 믿음들의 원인이기도 하다. 따라서 만일 해석자로서 우리가 그러한 일견적 증거들을 광범위하게 수집하고 체계적으로 연관시켜 나간다면, 우리는 화자와 우리의 믿음들을 일으키는 원인들을 점차 일치시켜 나갈 수 있을 것이다. 그리하여 일치가 최적화되어, 화자와 우리의 믿음들이 동일한 사건들과 대상들에 의해 체계적으로 야기되는 것으로 만들어지면, 그때 화자의 발언들에 부여된 진리 조건들은 가능한 모든 증거들에 비추어 최적하게 지지받게 된다. 그 진리 조건들은 말하자면 화자의 발언들에 대해 '법칙적'인 관계에 있게 되며, 따라서 이제 우리는 그것들에 기초해—그것들은 이제 '언어 규칙들'로서 기능한다고 말해질 수 있을 것이다—화자 발언의 '의미'들을 알고 화자와 의사 소통할 수 있게 된다.(데이빗슨에 의하면, 여기서 의사 소통을 가능하게 하는 최적의 해석론이 하나로 확정되지는 않으나, 그 어느 것으로도 똑같이 잘 의사 소통이 가능한 한, 그 불확정성은 문제될 것이 없다.)

데이빗슨의 원초적 해석론에서 비트겐슈타인의 경우와 친화성을 지닌다고 말해질 수 있는 점들은 다음과 같다. (1)언어 이해의 문제는 언어 사용자의 행위들을 토대로, 그 행위들이 합리적 행동이 되게 만들어나가는 방식으로 접근되어야 한다.(이 작업이 진리론을 포함한다고 봄으로써 데이빗슨은 비트겐슈타인보다 더 나가지만, 그러나 이 차이가 양자의 대립으로까지 간다고는 보이지 않는다. 어쨌든 진리론은 비트겐슈타인이 요구하는 '일목 요연성'을, 문장 의미가 그 구성 성분들의 의미에 어떻게 의존하는가의 문제에 대해 주는 한 방법이라고 할 수 있기 때문이다.) (2)언어 이해는 본질적으로 공적이고, 또 상호 주관적이라야 한다. 이해는 객관적인 세계에 대한 반응과 믿음에서 해석자와 피해석자 사이에 상당한 일치가 실현되어야 가능하다. (3)그 일치의 내용은 진리와 정합성을 광범위하게 포함하는, 합리적인 것이어야 한다. (4)우리와 다른 개념들이나 믿음들을 가진 사람들이 존재할 수 있지만, 우리가 원리적으로 해석할 수 없을 정도로 근본적으로 다른 언어 또는 개념 틀은 존재할 수 없다. 차이나 오류의 부여는 피해석자와 해석자 사이에 체계적 일치가 확립되기까지는 일어날 수 없다.

4

비트겐슈타인과 데이빗슨이 공유하는 관점들은 기존의 전형적인 분석 철학의 틀을 뛰어넘는 바가 있다. 그것들은 오히려 해석학 계통에서 주장해오던 것들과 흥미롭게 비교될 수 있는 점들을 (적어도 부분적으로) 포함하고 있다고 보인다. 의식 중심의 패러다임으로부터 언어 중심의 패러다임으로의 변화 자체는 물론 해석학자들이나 분석 철학자들 일반이 공유하는 것이라고 할 수 있다. 그러나 가령 이해의 문제에 대한 총체주의적 접근 방식은 해석학자들의 소위 이해의 순환 구조론과, 그리고 이해가 해석자와 피해석자 사이에 진리와 정합성에서의 전반적 일치가 존재해야 가능하다는 이야기는 이해의 '선구조' 또는 '아프리오리' 와 관련한 해석학자들의 이야기와 오히려 더 쉽게 통할 수 있는 것처럼 보인다.[7] 합리성의 기본 모델을 (자연) 과학적 합리성에서 찾지 않는 점에서도 이들을 서로 더 가까워보인다. 이러한 해석학적 연관성(또는 그 인상)이 사람들이 실제로 오늘날 '후기 또는 탈분석 철학'에 대해 이야기하는 중요한 배경의 하나가 되고 있다. 이하에서 우리는 이러한 연관성의 측면을 좀더 구체적으로, 그러나 약간은 비판적으로 고찰해볼 필요가 있다.

하이데거(1927; 44절)는 이해, 말 그리고 심정성으로 구성되는 개시성을 그 근본 양식으로 하는 현존재가 이미 진리 가운데 있다고 주장함으로써, 비트겐슈타인-데이빗슨의 시각과 일맥 상통하는 점을 일찌감치 이야기한 것으로 보일 수 있다. 그러나 구체적으로 들여다보면, 이 친화성의 인상은 오래 가지 못한다. 왜냐하면 현존재가 이미 그 가운데 있다고 하는 그 진리는 하이데거에서 진술 진리가 아니기 때문이다. 그것은 진술 진리—이것은 하이데거에 의하면 '발견하면서 있음'으로 이해되어야 한다—의 존재론적 가능 근거인 세계-내-존재자의 피발견성을 가능하게 하는 세계의 개시성을 그 근본 양식으로 하는 현존재의 개시성이다. 하이데거에 의하면, 이것이 '근원적' 진리이고 진술 진리는 '파생적' 진리다. 그러나 이러한 이야기로부터는, 설령 이러한 이야기가 옳다고 치더라도, 현존재의 이해가 광범위한 진술 진리와 정합성을 포함하는 이해라고 할 수 있는지는 전혀 명확하지 않다. 왜냐 하면 '파생적' 진술 진리와 관련된 (인식론적) 문제가 '근원적' 진리의 존재론적 문제로 환원될 수 있을지는 의문이기 때문이다. 불명확성은 현존재가 진리뿐만 아니라 '비진리' 속에도 등근원적으로 있다는 하이데거의 말에 의해 더욱 강화된다고

---

7) 전자의 유사성은 로티(1979; 318쪽 이하 참조)에 의해서도 이미 지적된 바 있다. 그리고 후자의 유사성에 대한 지적은 아펠의 여러 글에서 찾아볼 수 있다.

보이며, 이해의 '선구조'나 '순환 구조'에 대한 하이데거의 설명 (32절)을 참조해도 불식되지 않는다. 하이데거는 '파생적' 진리에 대해서는 너무 홀대했다고 보인다.

가다머(1957 및 1960)는 기본적으로 하이데거의 '진리=비은 폐성'과 '현존재=세계-내-존재'의 사상을 받아들이면서, 하이데 거가 말하는 이해의 선구조에 해당하는 것으로서 정당한 선입견 또는 권위 있는 전통을 이야기한다. 그러나 한편으로 그는 그 권 위의 정당성의 근거에 대해 명백히 인식론적인 고찰을 한다. 그에 의하면, 권위는 "자신의 한계를 알고서 다른 사람의 더 나은 통찰을 신뢰하는 이성 자체의 태도"에 근거한다.(1960; 264쪽) 즉 권위는 (맹목적) 복종과는 직접적으로 아무 관계가 없고, 인 식과 관계가 있다(같은 곳). 그런데 타자의 통찰은 텍스트를 통 해 언어적으로 전승될 수 있는 것이고, 따라서 '정당한' 선입견 또는 '권위 있는' 전통은 그에 걸맞는 상당한 명제적 진리들을 포 함하는 것이 되어야 할 것이다. 실제로 가다머는 '이해의 해석학 적 순환' 논제로부터 그가 이끌어낸 이른바 '완전성의 선취' 논제 에서 그 점을 분명히 하고 있다고 보인다. 그에 따르면, 이해를 위해서는 우리는 "텍스트가 말하는 것이 완전한 진리"라고—적 어도 시초에서는—전제해야 한다.(1960; 276-278쪽) 이해란 결 국 우리가 이해하려는 대상을 가능한 한 전체적으로 진리 속에 있는 것으로서, 그리하여 내적 합리성을 지닌 것으로 파악해내 야 한다는 것이다. 이 전체론적이고 자비 원리적인 관점에서 가 다머는 비트겐슈타인-데이빗슨과 좀더 명시적으로 친화성을 지 니고 있는 것으로 나타난다. 또한 놀이 개념을 통한 고찰 중시, 이해와 적용의 본질적 연관성 강조, 의미의 확정성의 부인 등에 서도 이들은 서로 통하는 바가 있다고 할 수 있을 것이다.[8]

---

8) 가다머 스스로도—여기 지적된 점들을 직접적 근거로 해서는 아니지만, 그리고 비트겐슈타인이 비변증법적이고 지나치게 부정적 철학관을 가지고 있다고 비판하 지만—몇 가지 점에서 후기 비트겐슈타인과의 친화성을 지적하고 있다. 가다머

그러나 중요한 차이도 있다고 보인다. 가다머는 "어떤 하나의 언어 이해 자체는 아직 진짜 이해가 아니고, 해석 과정을 포함하지 않으며, 오히려 삶의 수행이다." "함께 말함에 의해 언어적으로 의사 소통하는 게 가능할 때에야 비로소 이해와 상호 이해는 문제로 될 수 있다."(1960; 362-363쪽)고 말한다. 즉 어떤 하나의 언어에 대한 이해(능통성) 자체는 대화적 이해와 상호 이해를 위한 선결 조건일 뿐, 아직 진정한 이해의 문제를 포함하고 있지 않다는 것이다. 그러나 비트겐슈타인이나 데이빗슨에서는 바로 그 '삶의 수행'으로서의 언어 이해 자체가 오히려 이해의 근본 모델이며, 그러한 이해를 가능하게 하는 능력 또는 지식의 본성에 대한 해명이 근본적 관심사다. 그리고 그래서 이들에게는 원초적 접근 방식이 중요하다. 반면에 가다머는 언어 이해를 이미 전제한—그러므로 원초적 접근 방식에서 보자면, 언어적 의미의 본성을 근원적으로 해명하지 못하는—차원에서의 텍스트 해석, 또는 대화가 주요 관심사가 된다. 물론 대화는 원초적 접근 방식에서도 중요하다. 왜냐 하면 실은 우리의 일상적 대화의 진행이 이미 원초적 해석의 문제를 포함하고 있다고 간주되기 때문이다. 그러나 그렇기 때문에 여기서 다시 가다머와의 차이가 드러난다. 가다머는 이해의 문제에서 말의 의미는 그 저자 또는 화자의 의도와는 무관하다고 말한다. 그러나 원초적 해석의 단계에서 보자면, 화자의 말의 의미는 물론 그의 믿음이나 의도로 환원되지는 않지만, 그렇다고 무관하지도 않은, 상호 의존 관계에 있다. 그러므로 '텍스트와의 대화'가 아니라 실제 사람끼리의 대화에서, 화자의 말의 의미를 해명하는 일과 그의 믿음, 의도를 해명하는 일은 병행한다. 또한 원초적 고찰에서는 전통의 역할도 가다머에서처럼 강조되지 않는다.9) 물론 화자의 전통과 역사에 대

(1963), 173쪽 이하 참조.
9) 이런 점에서 저 양자의 역사 의식이 부족한 것으로 이야기하는 사람들도 있는 것으로 보인다. 그러나—원초적 관점에서는 이렇게 물을 수 있을 것이다—가령 최

한 이해는 그의 발언 해석에 크게 기여한다. 그러나 원초적 상황에서 상대방의 전통은 그의 언어 행위와 함께 이해되어야 할 대상이지, 이해를 가능하게 하는 토대일 수 없다. 해석자의 전통은 물론 해석자에게 언제나 선입견으로서 작용하겠지만, 그것의 '정당성' 또는 '권위'는 오히려 원초적 해석의 성공적 결과들에 의존해 형성된다고 할 것이다. 그리고 그렇다면 이해의 문제에서 성공적 결과를 낳을 수 없는, 해석자에 특수한 전통의 권위는 약화된다고 보인다. 반면에, 성공적 결과를 낳을 수 있는, 피해석자와의 일치된 삶의 형태에 속하는 전통은 이미 '해석자에 특유한' 전통이라고는 할 수 없을 것이다.(여기에 '지평 융합'의 올바른 의미가 있는 것이 아닐까?)

이해가 기본적으로 광범위한 명제적 진리와 정합성을 토대로 해야 한다는 비트겐슈타인-데이빗슨의 시각은 한편으로는 합리성을 아펠처럼 이른바 선험 화용론적 아프리오리로서 보는 시각과 통하는 것으로도 보인다. 아펠은 칸트적 의식 선험 철학을 해석학적-언어학적(화용론적)으로 전환한 선험적 화용론을 주창한다. 아펠(1984; 24쪽)에 의하면, 우리의 논증 행하기 가능성의 필연적 조건들이 존재할 뿐만 아니라, 우리는—논증 행하기의 화용론적 전제들에 대한 철학적 반성을 통해—이 조건들에 관해 몇몇을 선천적으로 알 수도 있다. 다시 말해서, 그것들이 참임을 알지 못하고서는 이해할 수 없는, 비-분석적인 (전형적으로 철학적인) 명제들이 존재한다. 논증 행하기의 필연적 전제들에 관한 이런 명제들은, 아펠에 의하면, 화용론적 자기 모순 없이는 부인될 수 없고, 바로 그 때문에 논리적 순환(선결 문제 요구 오류)

___

초의 인간들, 그러니까 아직 아무런 '전통'이나 '역사' 속에 있지 않은 아담과 이브가 서로 의사 소통한 것으로 그려진 것은 잘못인가? 또는 기억 상실증에 걸린 사람이 그래도 대화는 할 수 있을 때, 그는 어느 정도 '전통' 또는 '선입견'의 지배를 받는가? 외계인과의 대화 시도에서 또는 현실적으로 서로 다른 전통에서 서로의 전통에 대한 이해 없이 자란 어떤 두 사람이 처음 만나 대화를 시도할 때, 서로의 전통은 어느 정도의 역할을 할까?

없이는 (형식-)논리적으로 근거지워질 수도 없다.

아펠도 지적하다시피, 이러한 시각은 비트겐슈타인의 『논고』 (4.024)와 모순된다.(후자에 따르면, 우리는 명제가 참인지 알지 못해도 명제를 이해할 수 있다.) 그런데 아펠에 의하면, 『논고』 의 비트겐슈타인뿐만 아니라 실은 대부분의 분석철학자들이 그러한 시각을 결여했다. 그에 의하면, 카르납, 포퍼, 타르스키 등과 같은 분석철학자들의 사고 테두리 안에서는, 그들 사고의 '추상적 오류' 때문에, 철학적 합리성의 선험 화용론적 자기 확인과 재구성을 가능하게 하는 자연 언어의 구조 속성은 눈에 들어오지 않았다. 그리고 후기 비트겐슈타인조차도, 사실적 언어 사용의 기술 가능한 '가족 유사성'의 전제들을 넘어서지 않고서 언어 사용 일반에 대한 철학적 통찰들을 요구할 수 있다고 본 점에서, 화용론적 정합과 비정합의 문제를 깨닫지 못했다. 논증 행하기로서의 사유의 보편적 타당성 요구들에 대한 자기 반성적이고 언어적-공공적인 고려 가능성이 실제로 보여지게 된 것은, 아펠에 의하면, 오스틴에 의해 '수행문'이 발견된 이후의 일이다. (1984; 22-27쪽 참조)

그런데 우리의 앞의 관찰이 옳다면, 여기서 후기 비트겐슈타인에 대한 아펠의 언급은 설득력이 없다. 후기 비트겐슈타인은 전기의 그림 이론의 부정과 함께, 한 명제의 유의미성이 다른 명제의 참에 의존하지 않는다는 『논고』(2.0211)의 관점을 부정한다.10) 하나의 명제와 연관된 많은 명제들이 거짓이 될수록, 그 명제의 이해 가능성 자체가 상실된다. 이해 가능성은 하나의 언어놀이에서 '잘못된' 동작 또는 수(手)들이 오직 예외로서만 존재할 것을 허용한다.(『탐구』345절 및 2부 337쪽 참조) 그뿐만 아

---

10) 맬컴(1986), 49, 52쪽; 글록(1996) 273쪽 참조.(글록은 후기 비트겐슈타인에서도 경험 명제의 뜻의 이해는 여전히 그 진리의 앎에 의존하지 않는 것으로 간주되었다는 식으로 말하는 점에서는 필자의 생각과 다르다.) 이러한 점을 나는 이영철(미발표)에서 이승종의 주장과 반대되는 입장에서 이미 지적한 바 있다.

니라 비트겐슈타인에 의하면, 어떤 경험 명제들의 참됨이 우리의 준거 체계에 속한다.(『확실성』83절) 이런 종류의—그러니까 언어놀이를 위한 발판에 속하는—명제들에 대해서 비트겐슈타인은 다음과 같이 말한다: "나의 진술들의 **참됨**에서, 이 진술들에 대한 나의 이해가 검사된다. 즉: 내가 어떤 거짓된 진술들을 한다면, 내가 그것들을 이해하는지의 여부는 그 때문에 불확실하게 된다."(『확실성』, 82-83절) 우리가 그것들의 참됨을 받아들임으로써만 그것들을 이해한다고 말할 수 있는 그런 종류의 경험 명제들의 존재는 그러므로 비트겐슈타인에서도 이미 인식되고 있다.

그러나 여기서 비트겐슈타인과 아펠의 차이도 지적되어야 한다. 첫째, 비트겐슈타인은 "안다"의 문법상 우리가 언어놀이의 아프리오리들을 "안다"고 유의미하게 말할 수 있는지 의심스러워 한다. 둘째, 비트겐슈타인에서는 어떤 언어놀이도 그 안에서는 유의미하게 부인할 수 없는 아프리오리들을 가지는 것으로 간주되고, 논증적 담론의 아프리오리들만이 특별히 주목되지는 않는다. 셋째, 게다가 비트겐슈타인에서 그 아프리오리들은 전형적으로 철학적인 명제들이라기보다는 오히려 너무나 평범하고 당연해서 평상시에는 의식에 떠오르지조차 않는 그런 것들이다.(예컨대, 무어의 명제들과 같은 것들.) 따라서 언어놀이의 아프리오리로서의 합리성이 특별히 '철학적' 합리성인 것도 아니다. 넷째, 비트겐슈타인에서 그 아프리오리들이 언어놀이에서 최종적 근거지움의 역할을 하는 것으로는 간주되지만, 그것은 우리의 삶의 형태라는 자연사적 우연에 상대적으로 그러한 것으로 이해될 뿐, 그것들이 아펠(1973; 335쪽 참조)에서처럼 무한한 이상적 의사 소통 공동체의 규제 원리들로서 보편성을 가져야 하는 것으로 이해 또는 요구되지는 않는다. 비트겐슈타인에서 만일 그 아프리오리들에 어떤 보편성이 이야기될 수 있다면, 그것은 오직 서로 다른 언어놀이들을 하나의 '가족'으로 만드는 가족 유사성 차원에서일 뿐이다.

이러한 차이들—특히 마지막 차이—을 고려하면, 언어 이해와 합리성의 관계에서 비트겐슈타인과 데이빗슨이 공유한다고 보이는 관점은 아마도 이 문제에 대한 하버마스의 관점과 더 비슷할 듯도 싶다.11) 하버마스 역시 아펠과 마찬가지로 의사 소통적 합리성에서 이성의 새로운 옹호 가능성을 본다. 그에 의하면, 우리는 "언어적으로 구현된 이성이라는 약하지만 패배주의적이 아닌 개념"을 옹호할 수 있다.(하버마스(1988), 182쪽) 그는 말한다: "이성의 통일성은 그 소리의 다수성에서만 들린다—하나의 언어에서 다른 언어에로의 제아무리 우연 발생적이지만 이해 가능한 이행의 원리상의 가능성으로서. 이 오직 절차적으로 보증되고 일시적으로 실현되는 의사 소통 가능성이 서로—심지어 이해 없이—만나는 사람들의 실제적 다양성을 위한 배경을 형성한다(155쪽)." 여전히 이성의 통일성이 들린다고 하는 점에서, 하버마스는 로티식의 '패배주의적' 노선을 거부한다.12) 그리고 그가 '약한' 이성 개념을 옹호한다는 것은 일차적으로 형이상학적 실체적 이성 개념을 주장하는 철학적 전통과 비교해서 그렇다는 것이다. 그러나 한편으로 하버마스는 의사 소통적 합리성을 사실적 아프리오리들을 넘어서 궁극적으로 보편적이며 최종적인 아프리오리들에 근거지우려는 아펠의 노선과도 거리를 둔다.13) 그에 의하면, 아펠이 요구하는 진정한 마지막 근거지움의 요구

---

11) 하버마스(1983; 108쪽) 자신도 저 마지막 차이와 관련된 맥락에서 아펠을 비판하면서, 자신의 입장을 뒷받침하기 위해 비트겐슈타인을 끌어들이고 있다. 하버마스의 언어철학 전반에 대한 좋은 설명으로, 홍윤기(1996) 참조.

12) 하버마스에 의하면, 로티(1985)는 우리가 우연적으로 속하는 언어 공동체내에서의 연대성만을 의미 있는 것으로 추구하고, 일체의 이상화를 엄격히 피하려 한다. 따라서 로티는 합리성 개념 자체를 아예 없이 지내는 것이 바람직한 것으로 보는데, 왜냐 하면, 그에 의하면 그 개념은 모든 국지적 공동체의 경계를 넘어서 보편적 공동체의 방향으로 움직이는 한계 개념이기 때문이다.

13) 이 점은 하버마스(1983; 106쪽 이하)나 하버마스(1991; 195-199쪽)에서 보다 분명히 이야기되고 있다.

는 독단적 형이상학의 기초주의적 잔재로서, 불가능하며 또 불필요한 것이다. 하버마스는 말하자면 선험 철학적 논제의 '약한 해석'만을 옹호한다. 그에 의하면, 우리는 상호 이해의 논쟁 불가능한 보편적 전제들에 대한 요구를 역사적으로 우연히 주어진 생활 세계를 넘어서서 그 배후로까지 밀고갈 수 없다. 우리는 생활 세계라는 실제적으로 피할 수 없고 의심할 수 없는 배후 원천들로 되돌아가는 것으로도 충분하다는 것이다.14)

그러나 그밖의 문제에서는 하바마스와 비트겐슈타인-데이빗슨 사이에도 역시 중요한 점에서 차이가 존재한다고 보인다. 하버마스(1972)에 의하면, 이상적 담화 상황 속에서의 합의―결국 '(이상적으로) 보증된 주장 가능성'―가 진리다. 그리고 '이상적 담화 상황'이란 외적으로 우연한 영향들에 의해 방해받지 않을 뿐만 아니라 의사 소통 구조 자체의 체계적 왜곡으로부터도 벗어나 있는, 그리하여 그 참여자들에게 언어 행위를 할 동등한 기회들이 보장되는 담화 상황을 말한다.(같은 글, 174쪽 이하 참조)15) 주지하다시피, 하버마스는 이러한 억압 없는 이상적 의사 소통 상황의 실현이라는 사회 이론적 차원의 '해방적' 관심과 의사 소통적 합리성에 관한 논의를 결부시킨다. 확실히, 우리의 의사 소통 구조를 가능한 한 개선하고 더 합리적으로 만드는 문제는 중요할 것이다. 그러나―이것이 비트겐슈타인-데이빗슨의 생각이라고 보이는데―합리성은 의사 소통을 통해 실현되어야 무엇일 뿐만 아니라, 의사 소통이 가능하려면 이미 상당히 실현되

---

14) 이 문제에서 아펠과 하버마스 사이의 논쟁은 계속되고 있다. 하버마스에 대한 아펠의 반론으로는 아펠(1989) 및 아펠(1994) 참조. 그러나 여기서 우리가 이 논쟁의 세세한 점을 다룰 수는 없다.

15) 하버마스에 의하면, 이 이상적 담화 상황은 칸트적 의미에서 단순한 규제 원리도 아니요, 헤겔적 의미에서 실존하는 개념도 아니다. 그것은 '선취되어 있지만, 그러나 선취된 기초로서 또한 작용하고 있는 것'(같은 글, 181쪽)이다. 그것은 선험적 가상이자 동시에 구성적 가상이다. 이상적 담화 상황에 대한 하버마스의 이러한 이해는 그와 아펠 사이의 또 하나의 차이점을 이루는 것으로 보인다.

어 있어야 하는 어떤 것이다. 합리성의 핵심 요소여야 할 진리 역시 의사 소통 당사자가 담론을 통해 획득해야 할 무엇일 뿐만 아니라, 담론에 들어갈 수 있으려면 우리가 이미 상당 정도 공유하고 있는 어떤 것이기도 해야 한다.

　데이빗슨(1990)에 의하면, 이러한 진리는 원초적인 것으로서, 다른 어떤 것—가령 '대응', '정합', '실용성' 또는 '이상적으로 보증된 주장 가능성' 따위—에 의해 더 이상 정의될 수 없다. 사실, 이상적 담화 상황이라는 것이 (하버마스도 인정하고 있다시피) 지금까지 제대로 실현된 적이 거의 없지만, 그래도 우리는 어떤 의미에서 이미 상당한 합리성과 진리를 보유하고 있다고 말할 수 있지 않은가? 가령 "지구는 돈다."는 말의 이해가—그리고 거기에 요구되는 합리성이—교회의 억압을 받은 갈릴레이의 경우와 그렇지 않은 우리의 경우에, 그리고 '이상적' 담화 상황의 경우에 본질적으로 차이가 나는가? 의사 소통이 가능한 곳에는 어쨌든 이미 상당한 합리성이 깃들어 있어야 한다.[비트겐슈타인: "뜻이 있는 곳에는 완전한 질서가 있다."(『탐구』, 98절)] 그리고 이러한 의사 소통의 본성상, 의사 소통의 왜곡에는 일정한 한계가 있다.

　비트겐슈타인이나 데이빗슨의 관심사는 의사 소통의 이상적 실현보다는 의사 소통의 실현 자체와 결부된 합리성, 그러니까 가령 왜곡되고 억압된 상황에서도 가능한 민중의 일상적-자연적 의사 소통에 깃들어 있는 합리성에 있다고 할 수 있을 것이다. 의사 소통의 실상을 있는 그대로 드러내는 것, 이것은 의사 소통에 들어 있는 왜곡을 바로잡는 일과는 다른 일이다. 그러나 일상적-자연적 의사 소통의 가능성 자체에 내재해 있는 민중적인 합리성의 토대 위에서만 의사 소통의 왜곡을 바로잡는 일도 가능할 것이다.

5

비트겐슈타인과 데이빗슨을 해석학자들과 비교해본다는 것은 흥미롭지만 까다로운 문제다. 이러한 작업은 비트겐슈타인과 데이빗슨 등에 의해 씨 뿌려지고 싹이 튼 것으로 이야기되는 후기 또는 탈분석철학의 해석학적 연관성에 대한 올바른 해명과 평가의 문제와 관련해서도 긴요한 점을 포함하고 있다.16) 물론 이 문제는 훨씬 더 구체적이고 상세한 취급을 요한다.(그리고 아마도 이른바 '포스트모더니즘' 계열의 사상가들과의 비판적 비교 작업도 덧붙여 요구될 것이다.) 그러나 이하에서 필자는 우리의 이해와 합리성의 근원적 관계 문제에 대해, 비트겐슈타인과 데이빗슨의 공유 관점 및 이들과 몇몇 해석학자들과의 상관성에 대한 우리의 (매우 부분적이고 거의 인상 비평적인 차원의) 비교 작업만으로도 결론을 내릴 수 있거나 추정해볼 수 있는 점 몇 가지를 간략히 열거하면서 글을 마무리하고자 한다.

(1)언어에 의한 의사 소통과 이해가 가능하고 존재하는 한, 합리성의 인정은 필연이다. 인간이 언어적 동물이면서 동시에 이성적 동물이라 불려온 것은 단지 우연이 아니다. 인간은 언어적인 한 합리적이며, 합리적인 한 언어적이다. 이런 점에서 합리성에 대한 근본적인 비판은 불가능하며 자가당착적이다. 비판 가능한 것은 특정한 유형의 합리성, 그러니까 가령 형이상학적으로 이해된 단독자나 절대자의 실체적 이성과 같은 것일 뿐이다.

(2)언어놀이를 가능하게 하는 합리성은 광범위하고 전반적인 진리와 정합성을 그 내용으로 하는 것이다. 그러므로 오류 가능주의나 회의주의의 유의미성에는 한계가 존재한다. 즉 오류 가능주의나 회의주의는 결코 전면적 또는 전반적인 차원으로 유의미하게 나아갈 수 없다. 그뿐만 아니라, 오류 가능주의 또는 회의주의는 언어놀이의 준거 체계를 이루는 특정한 경험적 명제들

---

16) 이러한 인식은 이미 이명현(1986; 특히 123-124쪽 참조)에서도 나타나 있다.

에 대해서도 유의미하게 적용될 수 없다. 그런 명제들의 오류 가능성을 생각하는 것은 오히려 그 명제들에 대한 불이해를 드러내는 것이며, 그 언어놀이의 발판 자체를 허물어뜨리는 일이 된다.

(3)언어놀이를 위해 요구되는 진리와 정합성은 상이한 언어놀이들에서 똑같은 것이어야 할 필요는 없다. 그것들은 부분적으로 다른 내용으로 실현될 수 있다. 그러나 그 진리와 정합성은 우리—처음에는 해석자로서, 그러나 의사 소통이 진행됨에 따라서는 피해석자까지 포함해서—에 의해 그렇게 판단되는 것이다. 그러므로 그 상이한 언어놀이들은, 그것들이 전반적으로 참이며 정합적이라고 우리에 의해 판단될 수 있는 내용들을 포함해야 하는 한, 우리에게 (원리상) 이해될 수 있는 것들이어야 한다. 즉 상이한 언어놀이들은, 그것들이 언어놀이들이라고 불릴 수 있는 한, 우리가 이해할 수 있는 가족 유사성을 지녀야 한다. 그리고 언어놀이에 깃들어 있는 합리성 역시 가족 유사적 개념으로 이해되어야 한다. 그러나 이 가족 유사성은 꽤 강한 결합력, 즉 일종의 보편성을 지닌 것이라 할 수 있고, 따라서 합리성에 관한 근본적인 상대주의는 성립 불가능하다.

(4)언어적 이해 또는 의사 소통에 깃들어 있는 저 합리성은 기본적으로 일상적 언어를 이해할 수 있으면 누구에게나 부여될 수 있는 것이다. 그것은 말하자면 가장 기초적이고 민중적인 것이다. 합리성에 대한 근본적 비판, 전면적 오류 가능주의나 회의주의, 그리고 극단적 상대주의를 막는다는 점에서 그것은 강한 것이라고 할 수 있다. 그러나 그것은 유의미한 오류 가능주의나 회의주의나 상대주의의 여지는 남겨놓는데, 그것은 이 점에서는 부드럽다. 그리고 과학이나 예술 같은 특수 분야에서의 합리성이나 진리의 진보적 실현을 위한 어떤 정식화된 지침을 주지 않는다는 점에서는 그것은 약하다고까지 할 수 있다. 과학적 합리성과 예술적 진리 같은 것은 나름대로 특수한 방법과 절차를 통

해서야 비로소 얻어지고 발전될 수 있다. 물론 그 성과는 어떤 식으로 저 기초적이고 민중적인 합리성에 반영되곤 한다. 또는 군림하곤 한다.(푸코) 그러나 이 군림은 결코 완전한 것이 될 수 없다. 기초적이고 민중적인 합리성은 특수한 과학적 합리성이나 예술적 진리와 같은 것으로 결코 완전히 환원되지 않는다. 오히려 이 후자의 것들이 결국은 언제나 저 근원적인 합리성에 토대해야 생명을 얻는다고 할 수 있을 것이다. 이런 점에서는 다시 저 민중적 이해의 본성에 깃든 합리성은 강한 것이며, 차라리 도(道)와 통하는 것이라고도 할 수 있을 것이다. ■

참고 문헌

『논어집주』(성백효 역주), 전통문화연구회, 1990.

이명현(1986), "분석철학과 현대철학의 좌표", 『철학』 제26집, 111-128.

이영철(1991), 『진리와 해석』, 서광사.

이영철(1993), "과학과 진리 : 포퍼 대 비트겐슈타인-데이빗슨", 『철학』 제39집, 303-324.

이영철(1995), "비트겐슈타인의 규칙 따르기 논의와 콰인-데이빗슨의 의미 불확정성론", 『철학』 제44집, 133-162.

이영철(1997), "도날드 데이빗슨과 경험주의의 종언", 『언어·진리·문화』1, 철학과 현실사, 473-506.

이영철(미발표), "의미와 진리, 그리고 비트겐슈타인과 데이빗슨(1994년 12월 분석철학회에서 발표된 이승종의 "인간의 얼굴을 한 자연주의"에 대한 논평문. 후에 『철학연구』 제36집, 1995에 발표됨).

홍윤기(1996), "하버마스의 언어철학", 장춘익 외 지음, 『하버마스의 사상』, 나남출판, 65-121.

Apel, K-O.(1973), Transformation der Philosophie Bd. 2, Suhrkamp.

Apel, K-O.(1979), "Types of rationality today", T. Geraets (ed.), Rationality Today, Ottawa University Pr., 307-340.

Apel, K-O.(1984), "Das Problem einer philosophischen Theorie der Rationalitätstypen", in H. Schnädelbach(Hrsg.) (1984), 15-31.

Apel, K-O.(1989), "Normative Begründung der "Kritische Theorie" durch Rekurs auf lebensweltiche Sittlichkeit?", A. Honneth et. al.(Hrsgs.), Zwischenbetrachtungen, Suhrkamp, 15-65.

Apel, K-O.(1994), "Das Problem des offen strategischen Sprachgebrauchs in transzendental-pragmatischer Sicht", H. Burckhart(hrsg.) Diskurs über Sprache, Königshauser und Neumann, 31-52.

Davidson, D.(1984), Inquiries into Truth and Interpretation, Oxford U.P.

Davidson, D.(1990), "The structure and content of truth", Journal of Philosophy 87, 279-328.

Gadamer, H.-G.(1957), "Was ist Wahrheit?", Kleine Schriften I, J.C.B. Mohr, 1967, 46-58.

Gadamer, H.-G.(1960), Wahrheit und Methode, J.C.B. Mohr

Gadamer, H.-G.(1963), "The phenomenological movement", Gadamer(1976), 130-181.

Gadamer, H.-G.(1966), "Man and language", Gadamer(1976), 59-68.

Gadamer, H.-G.(1976), Philosophical Hermeneutics, Univ. of California Pr.

Glock, H-J.(1996), A Wittgenstein Dictionary, Blackwell

Habermas, J.(1972), "Wahrheitstheorien", Vorstudien und Ergä
-nzungen zur Theorie des kommunikativen Handelns,
Suhrkamp, 1984, 127-183.

Habermas, J.(1983), "Diskursethik-Notizen zu einem Begründ-
ungsprogram", Moralbewusstsein und kommunikati-
ves Handeln, Suhrkamp, 53-125.

Habermas, J.(1988), Nachmetaphysisches Denken, Suhrkamp

Habermas, J.(1991), "Erläuterungen zur Diskursethik", Erläuter
-ungen zur Diskursethik, Suhrkamp, 119-226.

Heidegger, M.(1927), 『존재와 시간』(소광희 옮김), 경문사, 1995.

Malcolm, N.(1986), Nothing is Hidden, Blackwell.

Rorty, R.(1979), Philosophy and the Mirror of Nature, Prince-
ton U.P.

Rorty, R.(1985), "Solidarity or objectivity?", Objectivity, Relati
-vism, and Truth, Cambridge U.P. 1991, 21-34.

Schnädelbach, H.(Hrsg.)(1984), Rationalität, Suhrkamp.

Schnädelbach, H.(1982), "Bemerkungen über Rationalität und
Sprache", W. Kuhlmann und D. Böhler(Hrsg.) Kom
-munikation und Reflexion, Suhrkamp, 1982, 347-368.

Wittgenstein, L.(1921), 『논리-철학 논고』(이영철 옮김), 천지출
판사, 1994(본문에서 『논고』로 약칭함).

Wittgenstein, L.(1953), 『철학적 탐구』(이영철 옮김), 서광사,
1994(본문에서 『탐구』로 약칭함).

Wittgenstein, L.(1958), Blue and Brown Books, Blackwell(2nd
ed.).

Wittgenstein, L.(1969), 『확실성에 관하여』(이영철 옮김), 서광
사, 1991(본문에서 『확실성』으로 약칭함).

인식적 합리성의 두 개념

김 기 현

(서울시립대학교)

지구는 둥글다는 나의 믿음은 합리적인가? 내가 지구는 둥글다고 믿을 때, 나는 과연 합리적인 방식으로 믿고 있는가? 믿음의 합리성 문제는 인식론의 역사를 통틀어 가장 큰 관심거리였다고 해도 과언이 아니다. 인식적 합리성을 분석하는 수많은 이론들이 나타났고 현재에도 나타나고 있다. 이들의 분석은 때로는 큰 차이를 보이면서, 구체적인 믿음의 사례들을 합리적이라고 간주할 것인지 비합리적인 것으로 간주할 것인지에 있어서조차 동의가 이루어지지 않는 상황에까지 이르고 있다. 이는 자연히 인식론자들로 하여금 인식적 합리성의 개념 자체가 다의적인 것이 아닌가 의심하게 만들었고, 실제로 많은 현대 인식론자들은 인식적 합리성의 상이한 의미 또는 개념을 구분하고자 시도한다. 내재주의적/외재주의적, 주관적/객관적, 규제적/비규제적, 개인적/진리적 견해들이 인식적 합리성에 대한 대립적 견해들로 제시되고 있으며, 이들이 나름대로 직관적 설득력을 갖는다고 인정되고 있다.[1)]

필자는 위에서 제시된 구분들이 인식적 합리성에 대한 전통적 견해와 발생적 견해의 대립이라는 동일한 주제에 의한 다양한 변주들임을 지적하고서, 전통적 견해와 발생적 견해를 비교 평가할 것이다. 필자는 이 글에서 대체로 발생적 견해에 우호적인 입장을 취하면서도 두 견해 모두가 해결해야 할 심각한 문제가 있음을 주장하고자 한다. 대부분의 인식론자들이 합의하고 있는 인식적 합리성 개념의 일반적 성격을 논의함으로써 이야기를 시작하기로 하자.

1

합리성은 본질적으로 규범적-평가적 개념이다. 한 믿음이 합리적이라는 판단은 그 믿음이 잘된 믿음 또는 바람직한 믿음이라는 판단을 함축하고, 한 믿음이 비합리적이라는 판단은 그 믿음에 무언가 결함이 있다거나 그 믿음이 바람직하지 못하다는 판단을 함축한다. 합리성 개념의 이러한 평가적 성격은 왜 현대 인식론에서 인식적 합리성과 인식적 정당성이 같은 개념으로 이해되는가를 설명해준다. 잘된 바람직한 믿음은 정당한 믿음에 다름아니기 때문이다. 필자도 앞으로의 논의에서 인식적 합리성과 인식적 정당성을 상호 교환 가능한 개념으로 사용할 것이다.

아리스토텔레스적인 전통하에서 합리성 개념은 목표 지향적인 개념으로 간주된다. 이에 따르면, 한 행위가 합리적인가 아닌가는 그 행위가 주어진 목표에 도달하기 위한 효과적인 수단인가에 의하여 결정된다. 그렇다면, 한 믿음이 <u>인식적으로</u> 합리적

---

1) 내재주의와 외재주의의 구분을 위하여는 Kim(1993), Goldman(1980), BonJour (1985), Alston(1986)을, 주관적 견해와 객관적 견해의 구분을 위하여는 Pollock (1979), 규제적 견해와 비규제적 견해의 구분을 위하여는 Kornblith(1983), Pollock (1986), Goldman(1986)을, 개인적 견해와 진리적 견해의 대립을 위하여는 Lehrer (1981)을 참고하라.

인가를 결정하기 위해서는 우선 인식적 목표가 무엇인지 밝혀져야 한다. 인식론자들은 인식 행위의 목표는 참에 도달하고 거짓을 피하는 것이라고 간주한다. 따라서 인식적으로 합리적인 믿음은 참에 도달하고 거짓을 피하는 목표에 비추어 바람직한 믿음이다. 다음의 예를 보자: 영수는 심각한 질병을 앓고 있으며, 그는 그렇게 믿을 만한 충분히 많은 정당한 이유들을 갖고 있다고 하자. 그러나 영수는 심약한 사람이어서 자신이 중병을 앓고 있다는 것을 받아들일 경우에 심각한 정신적 타격을 받을 것이고 이는 결국 병으로부터 회복되는데 막대한 장애가 된다고 하자. 이러한 상황에서 영수는 자신이 앓고 있는 병은 심각하지 않으며 그는 그 병에서 쉽게 회복될 것이라고 믿는다고 하자. 이 믿음은 믿음의 소유자에게 유익한가라는 관점에서 볼 때 바람직한 믿음이다. 왜냐 하면, 그렇게 믿음으로 하여 영수는 마음의 평화를 얻을 뿐만 아니라 그러한 평화는 영수가 현재 앓고 있는 질병으로부터 회복하는 데 실질적으로 도움이 되기 때문이다. 따라서 영수의 믿음은 실질적 이득의 관점에서 평가할 때, 즉 타산적인 관점에서 바람직하고 정당하며, 따라서 합리적이라 할 수 있다. 그러나 영수의 믿음이 <u>인식적으로</u> 합리적이지는 않다. 그 이유는 그 믿음을 참이게 하는 근거를 영수는 갖고 있지 않기 때문이다.

위와 같은 고려를 통하여 인식론자들은 인식적 행위의 목표가 진리라고 간주한다.[2] 그리고 그들은 이러한 인식적 목표는 본유적인 가치를 갖는다고 간주한다. 그러나 이러한 입장은 논란의 여지를 갖고 있다. 우선 알 만한 가치가 없는 많은 사실들이 있다는 사실에 주목하자. 예를 들어, 한강에 있는 모래의 수는 특수한 경우를 제외하고는 전혀 알 만한 가치가 없다. 이러한 사실

---

[2] 물론 진리뿐만 아니라 필요한 대답을 얼마나 빨리 제시해줄 수 있는가의 고려를 포함한 설명력, 이론적 다산성 등이 인식적 평가의 부수적 기준으로 제시되기도 한다.

에 대한 믿음은 무가치할 뿐만 아니라 부정적인 가치를 갖는다. 한 사람이 주어진 시간의 한도내에서 알 수 있는 정보량은 제한되어 있다. 무가치한 사실에 대한 믿음을 얻는 것은 우선은 인식자의 제한된 정보의 공간을 차지하고, 더 나아가 인식자의 시간을 차지하여 필요한 정보를 획득하는 기회를 박탈하는 결과를 낳는다. 그렇다면 한강의 모래알 수에 대한 믿음이 진리를 획득하는 목표에서는 바람직하다고 하더라도 인식적으로 합리적이라고 할 수 없을 것이다. 이러한 고찰은 인식적 합리성에 대한 고려가 유용성과 관련된 타산적 합리성에 종속될 수 있는 여지를 시사한다.3) 따라서 진리 추구라는 인식적 목표가 본유적 가치를 지니는가, 그러므로 믿음의 인식적 합리성이 합리성에 대한 기타의 고려와 독립적으로 행해질 수 있는가 하는 문제는 아직 해결되어야 할 과제로 남는다. 이 문제는 앞으로 논의되어야 할 과제로 남겨두고, 여기서는 인식적 행위의 목표는 진리를 추구하고 거짓을 피하는 것이며, 믿음에 대한 인식적 평가는 이에 따른 평가라는 것을 전제하고 논의를 진행하도록 하겠다.

2

  이 절에서는 인식적 합리성에 대한 두 견해로서 전통적 견해와 발생적 견해를 극단적인 형태로 제시하고, 이들이 나름대로 설득력 있는 입장일 수 있음을 보이도록 하겠다. 인식적 합리성에 대한 상반된 두 견해를 윤리학의 예를 통하여 접근하도록 하

---

3) 위의 고찰이 이러한 시사점을 확정적으로 증명하는 것은 아니다. 진리의 기준이 우선적이고 타산적 기준을 부가적으로 도입하여 인식적 합리성의 기준이 마련되어야 한다고 주장하면서, 진리의 기준과 타산적 기준이 배치될 때는 여전히 진리의 기준이 인식적 합리성에 대한 최종적인 심판관이 되어야 한다고 주장할 수 있기 때문이다.

자. 윤리학적 고찰이 인식적 합리성의 개념을 이해하는데 도움이 될 수 있다고 생각하는 이유는 인식적 합리성의 판단과 도덕적 선의 판단이 모두 규범적-평가적 판단이기 때문이다. 따라서 인간의 행위에 대한 윤리적 평가가 두 가지 다른 관점에서 이루어질 수 있다면, 이는 믿음에 대한 인식적 평가도 그에 대응하는 방식으로 두 가지 다른 관점에서 이루어질 수 있음을 시사할 것이다.

한 행위의 옳고 그름은 그 행위가 초래하는 결과에 의하여 판단될 수 있다. 이는 윤리학에서 결과주의라 불리는데, 공리주의가 그 대표적인 입장이라고 할 수 있다. 공리주의가 세부적인 이론적 차이를 갖고 나타날 수 있지만, 모든 공리주의는 한 행위의 도덕적 정당성의 궁극적인 원천이 그 행위가 결과적으로 초래하는 유용성에 있는 것으로 본다. 한 행위의 도적적 정당성을 그 행위의 결과의 함수로 보는 공리주의의 입장은 나름대로 설득력이 있는 입장으로 보인다. 만약 한 행위가 인간에게 유익한 결과를 초래하지 않는다면, 그 행위를 도덕적으로 칭찬하여야 할 이유가 없는 듯하기 때문이다. 한편, 행위의 도덕성에 대한 우리의 평가가 항상 그 행위의 결과만을 고려하지는 않는다. 우리는 때때로 한 행위가 결과적으로 다른 사람들에게 최대로 유익한 결과를 낳는다 하더라도 그 행위가 사악한 동기에 의하여 유발된 행위라면, 그 행위는 도덕적으로 비난받을 행위라고 판단한다. 그리고 한 행위가 결과적으로 다른 사람들에게 해로운 결과를 낳는다 하더라도, 그 행위가 다른 사람들을 돕고자 하는 동기에서 유발되었을 경우에 우리는 그 행위를 쉽게 도덕적으로 부당하다고 판단하지 않는다. 이러한 사실은 우리의 도덕적 평가를 지배하는 다른 기준, 동기에 의한 기준이 있음을 보여준다. 이 측면을 강조하여 행위의 도덕성을 그 동기의 함수로 보는 윤리학의 이론은 동기주의라 부를 수 있으며, 칸트의 윤리학이 동기주의의 대표적 이론으로 간주된다.

선한 동기에 의한 행위가 선한 결과를 초래하는 이상적인 상황에서는 결과주의와 동기주의의 대립이 그다지 긴박한 문제가 아닌 듯이 보일 수 있다. 그러나 현실은 그렇지 못하여 결과주의의 관점을 채택하는가, 동기주의의 관점을 채택하는가에 따라 현실에서의 동일한 행위가 상이한 도덕적 판단을 받게 된다. 이 상황은 결과주의와 동기주의가 병존 불가능한 이론인 것처럼 보이게 만들고, 실제로 결과주의와 동기주의 사이의 논쟁이 윤리학에서 중요한 논점으로 다루어져 왔고 지금도 그렇게 다루어지고 있다.

그러나 외관상의 차이에도 불구하고 결과주의와 동기주의는 충분히 병존 가능한 견해로 해석될 여지가 있다. 그 이유는 결과주의와 동기주의가 상이한 주제를 평가 대상으로 삼고 있다고 생각하기 때문이다. 윤리적 행위의 목표는 인간에게 이로움을 가져오는 것이라고 하자. 동기에 따른 윤리적 평가는 <u>행위자의 평가</u>와 관련된다. 한 행위자를 윤리적으로 평가하게 되면, 그가 인간에게 이로움을 가져오기 위하여 최선을 다하였는가를 살펴보게 될 것이고, 이는 결국 그의 행위 동기에 대한 평가로 연결된다. 한편, 사람들이 항상 반성적 성찰을 통하여 행위를 하지는 않는다. 많은 부분 인간은 주어진 상황에 대하여 기계적으로 반응한다. 이렇듯 기계적으로 반응하는 행위들의 경우에도 윤리적 평가가 가능할 것이다. 만약 어떤 유형의 행위들이 반성적 성찰의 결과가 아니라 하더라도 유익한 결과를 낳는 경향을 가진다면, 그러한 행위들은 도덕적으로 바람직하다고 할 수 있을 것이다. 마찬가지로 해로운 결과를 낳는 성향을 지닌 행위들은 도덕적으로 부정적인 평가를 받을 수 있다. 결과주의는 이렇게 행위자의 동기와 별도로 <u>행위 자체의 성향을 결과와 관련하여 평가</u>하는 측면을 반영한다. 그렇다면 동기주의와 결과주의는 각기 행위자와 행위의 성향이라는 상이한 주제를 평가의 대상으로 하므로, 이들이 동일한 상황에 대하여 상반된 판단을 내린다 하더라도 이는 아무런 모순을 포함하지 않는다.

▣ 인식적 합리성에 대한 전통적 견해

윤리학에서의 동기주의의 경우에서와 같이 한 믿음의 인식적 합리성과 관련된 평가는 인식 주관을 평가의 대상으로 삼을 수 있다. 이 경우에 이 인식 주관이 참을 추구하고 거짓을 피하는 인식론적 목표에 도달하기 위하여 최선을 다하고 있는가가 고려 사항이 된다. 이 사람이 거짓을 피하고 참에 도달하려는 주체적 노력을 통하여 한 믿음을 형성하였을 경우에 그 사람은 칭찬을 받고 그렇지 못한 경우에 비난을 받는다. 이러한 의미에서 칭찬을 받으려면, 인식 주관은 주어진 근거를 고찰하여 그것이 문제의 명제를 참이게끔 한다는 것을 인식하고 그에 의하여 이 명제를 믿어야 한다. 윤리학에 있어서의 동기주의와 유사한 이러한 견해를 인식적 합리성에 대한 <u>전통적인 견해</u>라고 부르자. 이러한 견해가 전통적 인식론의 주류를 이루고 있기 때문이다. 이제 인식적 합리성에 대한 전통적 견해의 핵심을 이루는 주장은 다음과 같이 요약된다:

S가 R이라는 근거에 의하여 p라고 믿는 것이 인식론적으로 합리적이기 위해서는, S는 R이 주어졌을 때 p가 참일 가능성이 높다는 상위 의식을 가져야 한다.

여기서 상위 의식이라는 표현이 쓰이는 이유는 이 의식이 단순한 외적인 사태에 대한 의식이 아니라 인식 주관내에 존재하는 심리적 상태인 믿음과 그 근거들에 관한 의식이기 때문이다.
많은 전통적 이론들은 인식적 합리성을 의무론적인 개념을 통하여 분석한다. 의무론적 견해에 따르면, 거짓을 피하고 참을 획득하는 것이 인식적 의무를 이루며, 한 믿음을 받아들이는 것이 합리적인가는 이러한 인식적 의무의 이행 여부에 의존한다. 인식적 합리성에 대한 의무론적인 견해를 옹호하는 현대의 인식론자로서 가장 잘 알려진 사람은 로데릭 치좀(Roderick Chisholm)일 것이다.4) 여기서는 로렌스 봉쥬르(Laurence BonJour)의 주장을 통하여 의무론적 견해를 살펴보도록 하자.5) 봉쥬르는 다음과 같이 주장한다:

> 자신의 믿음을 비판적으로 반성하는 것이 그의 인식적 의무의 일부를 이루며, 그러한 반성에 비추어 그가 신빙성 있게 인식적으로 포착할 수 없는 것을 믿어서는 안 된다.6)

> 한 믿음을 그러한 이유(그 믿음이 참이라고 생각할 만한 이유 : 저자 주)가 없이 받아들이는 것은, 그것이 어떤 다른 관점에서는 아무리 매력적이고 강제적일지라도, 진리의 추구를 저버리는 것이다. 그러한 믿음은 인식적으로 무책임하다고 할 수 있을 것이다. 여기서의 나의 주장은 그러한 무책임함을 피하는 것, 인식적으로 책임있게 믿는 것이 인식 정당화 개념의 핵심이라는 것이다.7)

위의 예문은 인식적 합리성에 대한 의무론적인 견해가 인식주관을 평가의 대상으로 한다는 것을 명백히 보여준다. 의무를 수행하고 있는가 아닌가라는 의문은 믿음의 주체에 대하여 제기될 수 있는 것이지, 믿음 자체에 대하여 제기될 수는 없기 때문이다. 또한 위 예문은 인식 주관을 평가 대상으로 하는 의무론적인 견해가 상위 의식의 요구로 자연스럽게 연결됨을 보여준다.

---

4) Chisholm(1968, 1977, 1982).
5) 봉쥬르 이외에 인식 정당화에 대한 의무론적 견해를 옹호하는 사람들로는 다음이 있다. Ginet(1975), Moser(1985), Naylor(1988), Wolterstorff(1983), Pollock(1986).
6) BonJour(1986), 42.
7) 위의 책, 8.

참을 극대화하고 거짓을 극소화하는 인식적 의무를 이행하기 위해서는 한 인식 주관이 주어진 믿음을 받아들일 만한 정당한 근거를 갖고 있는 것만으로는 충분하지 않기 때문이다. 만약 그가 한 믿음을 받아들일 만한 정당한 근거를 갖고 있음에도 불구하고 그 근거를 무시하고 부당한 근거에서 그 믿음을 받아들인다면, 그는 주어진 믿음과 관련된 인식적 의무를 수행하였다고 볼 수 없다. 따라서 인식적 의무를 이행하기 위해서는 그는 반성을 통하여 그 믿음이 그러한 이유 때문에 참이라고 받아들일 만하다는 것을 의식하고 그러한 상위 의식에 토대를 두어 믿음을 받아들여야 한다.8)

인식적 합리성에 대한 의무론적인 견해가 전통적 인식론자들에 의하여 폭넓게 받아들여지고 있으며 이 견해가 왜 인식적 합리성을 위하여 상위 의식이 필요한가를 잘 설명해주고 있는 것은 사실이다. 그러나 전통적 인식론자가 항상 의무론적인 견해를 받아들이고 있는 것은 아니며, 따라서 상위 의식의 요청이 항상 의무론적인 견해로부터 도출되는 것은 아니다. 레러(Keith Lehrer)와 폴리(Richard Foley)의 경우를 살펴보자.

레러 역시 인식적 합리성에 대한 전통적인 견해를 옹호한다. 그에 따르면, 인식론은 인간적 지식의 특성을 이루는 측면의 분석에 관심을 갖는다.9) 이러한 관점에서 한 믿음이 한 사람에게 인식적으로 합리적이기 위해서는 그가 문제의 믿음을 위한 논증을 갖고 있어야 하며, 이 논증을 통하여 그 믿음에 대하여 제기될 수 있는 회의적 도전에 응수할 수 있어야 한다. 이러한 응수를 위하여는 왜 문제의 믿음이 참이 될 가능성이 높은가를 인식하고 있어야 하며, 이러한 인식은 그 믿음을 참이게 하는 근거에

---

8) 위의 책, 8-10, 30-33. 인식 정당화와 위와 같은 상위 의식의 요청 사이의 관계에 대하여는 Alston(1988)을 참조하라.
9) "진정으로 인간적인 지식은 우리를 기계, 다른 동물들 그리고 우리 자신의 어린 시절로보터 구분시켜주는 지식으로, 이 지식은 우리가 진정한 것으로 인식하는 바의 정보들에 의하여 이루어 진다."[Lehrer(1990), 4].

대한 의식과 그것이 문제의 믿음을 참이게 한다는 상위 의식으로 이루어짐은 재론할 필요가 없다.[10]

폴리 역시 전통적인 견해를 옹호한다. 그는 "한 사람이 무엇을 믿는 것이 인식적으로 합리적인가 하는 것은, 그가 현재 갖고 있는 정보와 참을 믿고 거짓을 믿지 않는 목표에 비추어 무엇을 믿는 것이 적절한가에 의하여 결정된다."라고 말한다.[11] 여기서 "믿는 것이 적절함"이라는 표현을 "인식적 의무"라는 표현으로 대치하면, 위 인용문은 봉쥬르의 주장과 정확히 일치하는 듯이 보인다. 그는 또한 "인식적 합리성에 대한 적절한 이론은 참을 믿고 거짓을 믿지 않고자 하는 사람 자신의 관점에서 볼 때 믿기에 적절한 것을 서술하는 내재주의적 이론이어야 한다."라고 말한다.[12] 이는 한 믿음이 인식적으로 합리적이기 위해서는 그 믿음이 인식자에게 참일 개연성이 높은 것으로 나타나야 함을 의미한다. 즉, 인식 주관은 그 믿음이 주어진 근거에 비추어 참일 개연성이 높다는 것을 의식하고 있어야 함을 의미한다.[13]

---

10) 레러는 이러한 요지를 그가 즐겨 사용하는 정당화 게임을 통하여 제시한다. 정당화 게임이란 한 믿음의 옹호자와 그에 대한 회의를 제기하는 사람 사이의 대화로 이루어진다. 레러에 따르면, 한 믿음이 인식자에게 정당화되는 것은 그가 관련된 정당화 게임을 이기는 것이다[위의 책, 6장과 7장]. 예를 들어, 한 사람이 자신이 얼룩말을 보고 있다고 믿는다고 하자. 이 믿음이 합리적이려면, 그는 그가 현재 자고 있으며 그가 단지 얼룩말을 보고 있다고 꿈을 꾸고 있다는 도전에 대응할 수 있어야 한다. 즉, 그는 그 믿음이 참일 가능성이 높다는 것을 인식하고 있어야 하며, 이 인식은 다음과 같은 지식으로 이루어진다: "내가 얼룩말을 보고 있다고 받아들이는 것이 내가 얼룩말을 보고 있다고 꿈꾸고 있다고 받아들이는 것보다 더욱 합리적이다.(나는 현재 깨어 있지 잠이 들어 꿈을 꾸고 있지 않다고 분별할 수 있다. 나의 경험은 전혀 꿈처럼 느껴지지 않으며 나의 현재의 경험에 앞서 일어난 일들, 즉 호텔을 떠나고 동물원으로 택시를 타고 갔으며 동물원 입장권을 산 것 등을 선명히 기억하고 있다. 이들이 나는 지금 동물원에서 얼룩말을 보고 있지 꿈을 꾸고 있는 것이 아니라는 것에 대한 믿을 만한 정보를 이루고 있다.)"[위의 책, 119-120].
11) Foley(1987), 159.
12) 위의 책, 167.
13) 더 나아가 폴리의 사고적 정당화(doxastic justification)에 대한 분석을 보면, 그가 인식 정당화를 위하여 상위 의식을 요구하고 있다는 것이 더욱 선명하게 나타

우리는 지금까지 전통적 인식론의 선상에 있는 선도적 인식론자들이 상위 의식이 인식적 합리성을 위하여 필요한 것으로 보고 있음을 고찰하였다. 의무론적 견해를 받아들이는 봉쥬르의 경우에는 상위 의식의 요구가 어떻게 도출되는지 분명하다. 한편, 레러와 폴리는 의무론적 견해에 명시적으로 호소하지 않는다. 이들은 상위 의식의 요청이 인식적 합리성의 본성에 유래하는 것으로 보고 별도의 근거를 필요로 하지 않는다고 생각하는 듯하다. 그렇다면 인식적 합리성에 대한 의무론적인 견해를 받아들이지 않으면서도 상위 의식의 필요성을 주장하는 이들의 입장을 어떻게 설명할 수 있을까? 도대체 이들은 왜 상위 의식의 필요성이 인식적 합리성의 본성에 기인한다고 생각하는가? 단지 "진정으로 인간적 지식"이라는 개념에 호소한다든가 또는 한 믿음의 인식적 합리성은 그 믿음이 인식 주체의 현재 관점에 어떻게 나타나는지가 그 믿음의 인식적 합리성을 결정한다고 주장하는 것이 왜 상위 의식이 인식적 합리성을 위하여 필요한지에 대한 설명을 제공하지는 못한다. 이는 인식적 합리성이 본성상 상위 의식을 필요로 한다는 주장과 다를 바가 없으며, 오히려 문제는 왜 진정한 인간적 지식이 상위 의식을 필요로 한다고 생각

난다. 그는 사고적 정당화를 명제적 정당화(propositional justification)와 대비시킨다. 다음의 예를 통하여 양자의 구분을 살펴보자: 훈이는 일기 예보를 듣고 밖에 비가 오고 있다고 믿는다. 여기서 기상통보관의 증언에 대한 훈이의 믿음이 밖에 비가 오고 있다고 믿을 만한 좋은 이유에 해당한다. 그러나 훈이는 이러한 증거를 무시하고, 거짓말을 통하여 자신을 늘상 골탕먹여온 한 친구가 한 말에 의거하여 밖에 비가 오고 있다고 믿는다. 이러한 훈이의 믿음은 명제적으로 정당화되기는 하지만, 사고적으로 정당화되지는 않는다. 단지 한 믿음을 위한 좋은 증거가 존재한다는 사실이 문제의 믿음을 명제적으로 정당화하기에 충분하다. 그러나 이 믿음이 사고적으로 정당화되려면, 이 믿음이 좋은 증거에 의거하여야 한다. 폴리는 훈이가 기상통보관의 증언이 자신의 믿음을 위한 좋은 증거라는 것을 인식할 경우에 그의 믿음이 그러한 증거에 의거하게 된다고 주장한다. 이러한 인식은 믿음과 이유 사이의 증거 연관에 대한 상위 의식에 다름아니며, 이렇게 하여 폴리는 인식 정당화를 위한 상위 의식의 요구에 도달하게 된다[위의 책, 180].

되며, 왜 한 믿음의 인식적 합리성이 그 믿음이 인식 주체에게
어떻게 보여지는가에 의존한다고 생각되는가 하는 것이다. 필자
는 이 질문들에 대한 대답의 실마리가 인식적 합리성의 평가를
인식 주체의 평가로 보는 점에서 찾아진다고 생각한다. 즉, 이들
은 "한 믿음이 인식적으로 합리적인가?"라는 질문을 "그 믿음을
받아들이는 사람이 합리적으로 그 믿음을 받아들이고 있는가?"
와 동등한 것으로 간주한다. 이렇듯 인식적 합리성의 문제가 한
믿음을 정당하게 믿고 있는가의 문제로 제시되면, 상위 의식의
요구로 가는 첩경에 들어서게 된다. 좋은 근거를 갖고만 있지 그
것이 문제의 믿음과 관련하여 어떠한 효력을 지니는가를 의식하
고 있지 못한다면, 그리고 이러한 의식 없이 그 믿음을 받아들이
고 있다면, 그 사람은 문제의 믿음을 합리적으로 받아들이고 있
다고 할 수 없기 때문이다. 이제 이 절의 결론을 요약하면 다음
과 같다: 인식적 합리성에 대한 전통적 견해의 핵심은 상위 의식
의 요구에 있으며, 상위 의식이 요구되는 이유는 인식적 합리성
을 위한 평가의 대상을 인식 주체로 보기 때문이다.

▣ 인식적 합리성에 대한 발생적 견해

  인식적 합리성에 대한 전통적 견해는 사람들이 반성을 통하여
한 믿음이 과연 참일 수 있는가를 평가하는 능력이 있다는 사실
에 근거하고 있다. 상위 의식의 요청은 인간이 갖는 이러한 비판
적 고찰 능력에 주안점을 두고서 인식적 합리성을 분석한 결과
로 보인다. 만약 사람들이 그러한 능력을 갖고 있지 않다면, 사
람들이 믿음을 받아들임에 있어 참을 구하고 거짓을 피하는 목
적에 비추어 주어진 믿음을 평가할 것을 요구할 수 없을 것이다.
  한편 인간의 인식 체계에는 문제의 믿음을 비판적으로 고찰하
는 능력과는 다른, 아마도 더 본질적인 인식적 능력이 있다. 이

능력은 외부 세계로부터 입력을 받아들이고 그로부터 믿음들을 산출하는 능력이다. 인식 체계의 이러한 측면에 주목하게 되면, 인간의 인식 체계는 믿음을 비판적으로 고찰하는 체계라기보다는 믿음을 형성하는 체계로 보인다. 인식 체계를 믿음 형성자로 보는 견해를 진리 추구를 인식적 목표로 보는 견해와 결합하면, 인식적으로 합리적인 믿음은 진리 추구와 거짓을 피하는 목표에 기여하는 방식으로 잘 형성된 well-formed 믿음 또는 잘 유지된 well-sustained 믿음으로 파악된다. 예를 들어, 발생적 견해를 대표하는 골드만은 인식적 합리성을 다음과 같이 정의한다.

만약 S가 t의 시점에 p라고 믿는 것이 믿음을 형성하는 신빙성 있는 인지 과정의 결과라면, t에 S가 p를 믿음은 정당화된다.[14]

골드만은 발생적 견해의 근간을 이루는 잘 형성됨을 신빙성 있는 인지 과정에 의하여 산출됨으로 분석하고 있으며,[15] 신빙성을 거짓 믿음보다 많은 참된 믿음을 산출하는 성향으로 정의하고 있다.

한편, 다른 발생적 인식론자들은 인식적 합리성을 증거와의 연관에 의하여 정의하는 일반적 틀을 받아들이면서 한 믿음의 인식적 합리성을 발생론적으로 정의한다. 이들에 따르면, 한 믿음과 그 증거 사이에 적절한 인과적 관계가 성립할 때, 그 믿음이 잘 형성된다. 알스톤(William Alston),[16] 스웨인(Marshall Swain),[17] 휄드만(Richard Feldman)과 코니(Earl Conee)[18]가 이러한 이론을 옹호한다. 이제 "근거"라는 표현을 단지 증거에

---

14) Goldman(1992), 116.
15) 골드만 스스로 "잘 형성됨", "발생적 이론" 등의 표현을 사용하고 있다. 위의 논문, 117.
16) Alston(1986).
17) Swain(1981).
18) Feldman and Conee(1985).

해당하는 심리적 상태뿐만 아니라 심리적 과정까지도 포함하는 넓은 의미로 사용하면, 인식적 합리성에 대한 발생론적 견해의 핵심은 다음과 같이 요약된다:

R이라는 근거에 의하여 S가 p라고 믿는 것이 합리적이기 위해서는, S가 p라고 믿는 것이 R에 의하여 야기되어야 한다.[19]

인식적 합리성에 대한 발생론적인 견해가 그 평가 대상을 인식 주관으로 보고 있지 않음은 분명하다. 발생적 견해에 있어, 한 인식 주관이 하는 주된 역할은 믿음들이 형성되는 장소를 제공하는 것이다.

그 이외에 인식 주관이 믿음을 형성하는 과정에 어떻게 적극적으로 개입하고 있는가와 같이 전통적 견해에서 중시되는 문제는 발생적 견해에서는 중요하게 다루어지지 않는다.

이렇듯 인식 주관의 개입 여부가 인식적 합리성의 결정에 중요하지 않다고 보는 것은 발생적 견해가 인식적 합리성의 평가를 인식 주관의 평가로부터 분리하고 있다는 것을 반증한다. 골드만의 주장에서 현저히 드러나는 바와 같이, 한 믿음이 합리적인가는 그 믿음이 신빙성 있는 인지 과정에 의하여 산출되었는가, 따라서 그 믿음이 참일 확률이 높은가에 의존한다. 그 믿음이 한 인식 주관이 거짓을 피하고 참을 구하는 목표를 추구한 결과인가 하는 것은 고려되지 않는다.

이러한 점에서 발생론적 견해는 전통적 견해와 달리 인식 주관이 아니라 믿음 자체를 직접 인식적 평가의 대상으로 삼고 있음이 분명하다.

---

19) 여기서 야기한다 함은 발생을 야기하는 것일 수도, 유지를 야기하는 것일 수도 있다.

지금까지 우리는 전통적 견해가 인식 주관을 평가의 대상으로 삼고 있으며, 발생적 견해가 믿음 자체 또는 그 믿음과 관련된 성향을 평가의 대상으로 삼고 있음을 보았다. 이 논의는 인식론에서 흔히 동일한 명제로 간주되는 다음의 두 질문이 실은 동일하지 않음을 보여준다.

S가 p라고 믿는 것이 인식적으로 합리적인가?
P의 믿음이 S에게 있어 인식적으로 합리적인가?

전자는 S가 인식 행위를 합리적으로 하고 있는가에 대한 질문이지만, 후자는 S에서 발생한 사건이 합리적으로 발생하였는가에 대한 질문이다. 앞 절의 논의를 통하여 이들의 차이가 단지 수사적 차이 이상의 의미를 가지고 있음이 드러났으리라 기대한다.

전통적 견해와 발생적 견해는 인식적 합리성과 진리 추구라는 인식적 목표와의 관련성에 대한 상이한 입장을 보이게 된다. 인식 주관을 평가하는 전통적 입장에 따르면, 한 믿음이 인식 주관에게 합리적이기 위해서는 그 믿음이 근거를 성찰하는 인식 주관의 반성적 의식에 참인 것으로 나타나야 한다. 따라서 전통적 견해에 따르면, 한 믿음이 합리적이기 위해서는 그 믿음의 근거가 내재적으로 포착되고 그 근거의 참됨이(또는 참일 개연성이 높음이) 의식에 내재적으로 포착되어야 한다. 반면에, 이미 보았듯이, 발생적 견해는 이러한 내재적 포착의 요구를 부정하고, 한 믿음이 사실상 참일 개연성이 높은 것으로 족하다고 주장한다. 이러한 대비 때문에 전통적 견해와 발생적 견해의 대립이 때로는 내재주의와 외재주의의 구분으로 나타난다.[20]

---

20) 위의 내재주의와 외재주의의 구분은 거친 구분이다. 내재주의와 외재주의의 구

전통적 견해에 따르면, 한 믿음이 인식 주관의 반성적 의식에 비추어 참인 것으로 나타나면, 그 믿음이 객관적으로 참일 개연성이 높지 않다 하더라도 인식적으로 합리적인 것이 된다. 인식 주관이 최대한의 반성적 노력을 기울인 결과 그 믿음이 자신이 성찰한 모든 증거에 비추어 참인 것으로 보인다면, 그의 믿음은 나무랄 수 없는 것이고 따라서 합리적이라고 하여야 하기 때문이다. 한편, 인식 주관이 아니라 믿음 자체를 평가하는 발생적 관점에서 볼 때, 한 믿음이 인식적으로 합리적이기 위해서는 그 믿음은 객관적으로 참일 확률이 높아야 한다. 한 믿음이 반성적 의식에는 정당한 것으로 보인다 하더라도, 그 믿음이 정당한 방식으로 발생하지 않았을 경우에는 그 믿음 자체로서는 참을 추구하는 목표에 기여하지 못하는 바람직하지 못한 믿음이기 때문이다. 이 사실이 왜 전통적 견해와 발생적 견해의 대비가 때로 주관적 견해와 객관적 견해의 대립으로, 때로 개인적 견해와 진리적 견해의 대립으로 나타나고 있는가를 설명해준다.

4

혹자는 발생적 견해와 전통적 견해가 진정으로 대립하는 입장이 아니라고 주장할 수 있다. 왜냐 하면 전통적 견해는 발생적 견해의 한 특수한 형태로 보아질 수 있기 때문이다. 즉, 전통적 견해는 인식적 합리성을 잘 형성됨과 동일시하면서, 다만 한 믿음이 잘 형성되기 위해서는 상위 의식을 동반하여야 한다고 주장하고 있다고 해석될 수 있기 때문이다. 그렇다면 전통적 인식론자는 한 믿음의 인식적 합리성은 그 믿음의 형성에 의존한다

분은 현대 인식론에서 널리 쓰이고 있음에도 불구하고, 이들은 다른 맥락에서 다른 의미로 사용되고 있어 많은 혼란을 야기하고 있다. 이러한 혼란과 그 해소를 위해서는 Kim(1993)을 보라.

는 발생론의 주장을 부정하기는커녕, 인식적 합리성을 믿음이 형성되는 방식에 대한 함수로 보면서 인식적 합리성을 이루는 형성 방식에 대한 특수한 입장을 유지하는 셈이 된다.

위의 주장에는 명백히 일리가 있다. 그러나 위와 같은 해석이 명백히 가능함에도 불구하고 현대 인식론에서 전통적 견해를 옹호하는 인식론자들과 발생적 견해를 옹호하는 인식론자들은 서로를 용납하지 않고 있다. 전통적 견해를 대변하는 레러와 폴리는 인과적 고려가 인식적 합리성과 무관하다고 주장한다. 레러는 한 믿음이 합리적이기 위해서는 그 이유가 그 믿음의 원인이어야 한다는 주장을 인과적 오류라 부르고,[21] 그러한 주장을 뒷받침하는 여러 예들을 제시한다.[22] 레러는 다음과 같이 말한다: "실로 한 믿음의 정당화가 어떤 증거에 의존한다 할지라도, 그 증거가 왜 그 사람이 그 믿음을 받아들이는가를 전혀 설명하지 않을 수 있다." 폴리 역시 인식적 합리성에 대한 발생적 견해를 비판하면서 다음과 같이 말한다: "개별적 믿음이 적절한 역사를 가져야 한다고 요구하는 합리적 믿음에 대한 어떠한 이론도 인식적으로 합리적인 믿음에 대한 이론이 아니다."[23] 한편, 발생적 견해를 옹호하는 현대의 인식론자들은 상위 의식을 요구하는 것은 지나치다는 이유에서 전통적 견해를 부정한다. 예를 들어, 적절한 환경에서 적절히 작동하는 지각 장치에 의하여 구성된 믿음은 비록 전통적 인식론자들이 요구하는 상위 의식을 동반하지 않는다 하더라도 인식적으로 합리적인 믿음으로 간주하여야 한다는 것이다.[24]

전통적 인식 정당화론과 발생적 인식 정당화론은 인식 정당화

---

21) Lehrer(1990), 169.
22) 위의 책, 168-172 그리고 Lehrer(1971).
23) Foley(1987), 186. 폴록은 인식 정당화는 순수히 명제적 상태들의 함수라는 견해를 명제적 가정(Doxastic Assumption)이라 부른다[Pollock(1986), 19-23].
24) 이러한 유형의 주장을 위하여는 다음을 보라. Alston(1986), 209-210, Pollock (1986), 127, Goldman(1986), 86.

에 대하여 상반된 주장을 할 뿐만 아니라 서로 상대방을 부정하는 경향을 보이고 있다. 이 문제를 해결하는 가장 손쉬운 방법은 두 입장 모두를 받아들이는 것이다. 앞서 설명한 바와 같이, 두 이론을 그 평가 대상을 달리 하는 전통적 견해는 인식 주관을 발생적 견해는 믿음 자체를 평가하는 이론으로서 상호 병존 가능한 것으로 보는 것이다. 사실 전통적 견해와 발생적 견해를 평가 대상을 달리하는 이론으로 해석하는 것은 윤리학에서의 동기주의와 결과주의의 구분과 일관된 평가의 이원성을 반영하는 것으로 두 견해에 나름대로의 직관적 설득력을 부여한다. 그뿐만이 아니다. 위의 해석은 전통적 견해와 발생적 견해 사이의 기존의 상호간 비판이 왜 공전할 수밖에 없었는지를 설명한다. 믿음 자체가 인식적 목표에 실제로 기여하는가에 대한 고려를 통하여 인식적 합리성의 문제에 접근하는 발생적 인식론자에게는 한 믿음의 인식적 합리성을 그 믿음이 인식 주관에 어떻게 보이는가를 통하여 분석하는 것은 원천적으로 이질적인 접근법이며, 따라서 그에 따라 상위 의식을 요구하는 것 역시 받아들이기 어려운 지나친 요구로 보일 수밖에 없다. 그리고 인식 주관에 대한 평가를 핵심으로 하여 인식적 합리성에 접근하고 반성적 의식을 믿음의 인식적 합리성의 핵심으로 보는 전통적 인식론자에게는 지각적 믿음을 예로 하여 상위 의식의 요구가 지나치다고 비판하는 것이 호소력을 가질 수 없다. 마찬가지로 상위 믿음은 한 믿음이 <u>합리적임을 알기 위해서</u> 필요할지는 몰라도, 그 믿음이 <u>합리적이기 위해서</u>는 필요하지 않고, 따라서 상위 의식의 요구는 "합리적임"과 "합리적임을 앎"을 혼동한 것이라는 비판[25]도 전통적 인식론자에게는 호소력을 가질 수 없다. 전통적 인식론자의 입장에서 볼 때 이 비판은 발생적 견해를 전제하는 선결 문제 전제의 오류에 불과할 것이다.

그렇다면 우리는 인식적 합리성에 대한 전통적 견해와 발생적

---

25) 이러한 비판을 위하여는 Alston(1989)를 보라.

견해를 모두 정당한 입장으로 받아들여야 하는가? 이들 사이의 기존의 논쟁이 많은 부분 인식적 합리성에 대한 자신의 입장을 전제로 하고 있으며, 또한 두 견해가 각기 다른 평가 대상에 대한 입장으로서 그럴 듯해보인다는 사실을 고려할 때, 두 입장 모두를 받아들이는 것이 현실적 무게를 지니고 다가온다. 그러나 필자는 인식적 합리성에 대한 전통적 견해는 극복할 수 없는 내부적인 문제를 지니고 있다고 생각한다.

필자의 논증에서 가장 핵심이 되는 명제는 다음과 같다:

전통적 견해에서 한 하위 믿음이 합리적이기 위해서는 상위 믿음이 필요할 뿐만 아니라 그 상위 믿음 역시 합리적이어야 한다.

예를 들어, 한 사람이 한 믿음의 정당성을 보이기 위하여 자신이 갖고 있는 증거를 제시하는데, 이 과정이 순수히 추측에 의한 것이었다고 하자. 그렇다면 이 사람은 '주어진 증거가 문제의 하위 믿음을 참이게 한다.'는 상위 믿음에 순수히 추측에 의하여 도달하고 있다. 전통적 견해에 따르면, 이러한 상위 믿음을 동반하는 하위 믿음은 합리적일 수 없다. 그런 식으로 상위 믿음에 도달해서는 그 사람이 하위 믿음과 관련한 인식적 의무를 다하고 있다고 볼 수 없다.(봉쥬르) 하위 믿음과 관련된 인식적 의무는 그 믿음을 비판적으로 반성할 의무며, 이 의무 수행은 단지 증거를 제시하는 것만으로는 성공적으로 수행될 수 없으며, 주어진 증거가 문제의 하위 믿음을 과연 참이게 하는가에 대한 조심스러운 성찰이 있어야 한다. 따라서 그 사람이 하위 믿음과 관련된 인식적 의무를 다하기 위해서는 상위 믿음 자체가 조심스럽게 성립한 인식적으로 합리적인 믿음이어야 한다. 마찬가지로 주어진 하위 믿음을 방어하기 위하여 억측에 의하여 증거를 제시한다는 것만으로는 그 사람이 성숙한 인식자라 할 수 없으며, 그러한 방식으로 증거를 제시하는 것은 하위 믿음을 제대로 방어하고 있다기보다는 방어를 가장하고 있는 것에 불과하다.(레러) 이러한 이유들 때문에 전통적 인식론자들은 상위 믿음이 합리적이어야 함을 부정할 수 없으며, 사실 그들은 상위 믿음이 합리적이어야 한다는 요구를 당연한 것으로 받아들이고 있다.

상위 믿음이 합리적이어야 한다는 점에 전통적 견해의 심각한 문제가 있다. 믿음 P가 증거 E에 의하여 합리적이게 된다고 하자. S의 믿음 P가 합리적이려면, S는 E가 주어졌을 때 P가 참이 될 개연성이 높다는 종류의 내용을 지닌 상위 믿음 H를 가져야 하고, H가 다시 합리적이어야 한다. 그렇다면 H는 어떻게 합리적이 되는가? 이미 보았듯이, 전통적 인식론자들은 발생적 의미의 인식적 합리성을 거부한다. 그렇다면 H 역시 전통적 인식론이 요구하는 방식으로 합리적이 되어야 할 것이다. 이를 위해서 S는 H를 뒷받침하는 별도의 증거 E′을 가져야 하고 더 나아가 E′이 주어졌을 때 H가 참일 개연성이 높다는 더욱 고차의 믿음 H′을 가져야 한다. 그뿐만이 아니다. P가 합리적이기 위하여 H가 합리적이어야 하듯이, H가 합리적이기 위해서는 H′가 합리적이어야 한다. H′는 어떻게 합리적이 되는가? E″와 H″이 있어야 하며, H″이 다시 정당화되어야 한다……

문제는 자명하다. 위에서 제시된 인식적 합리성의 후퇴는 원칙적으로 끝이 날 수 없는 악성적인 후퇴로서 결국 어떤 믿음도 합리적일 수 없다는 결론으로 이끌게 된다. 그뿐만 아니라 위의 후퇴가 일단 용인되면, 인식적 합리성이라는 개념이 해명 불가능하게 된다. 어떤 믿음이건 그것의 인식적 합리성을 설명하려면 그에 상응하는 상위 믿음의 인식적 합리성을 끌어들일 수밖에 없으므로, 인식적 합리성에 대한 정의는 인식적 합리성 개념 밖으로 나아갈 수 없어 궁극적으로 해명되지 않는 개념으로 남게 된다.

5

윤리학에서의 동기주의에 상응하는 인식적 평가는 전혀 불가
능한 것인가? 반성적 고찰을 통하여 조심스럽게 믿음에 도달하
는 것이 인식적으로 칭찬받을 만하다는 생각은 그저 잘못 방향
지워진 미신인가? 인식 주관에 대한 평가를 차치하고 단순히 믿
음 자체에 대한 평가에 주목한다 하더라도, 조심스러운 반성을
통하여 구성된 믿음은 인식적으로 바람직한 믿음으로 보인다.
따라서 발생적 이론이 이러한 유형의 믿음을 합리적인 것으로
설명하지 못한다면, 이는 발생적 견해에 대한 잠재적인 문제점
이 될 수 있다.

다행히도 발생적 견해는 반성적 고찰을 통한 믿음의 형성을
인식적 합리성에 긍정적 영향을 미치는 것으로 해석할 여지가
충분히 있다. 반성을 통하여 믿음을 형성하는 방식을 믿음을 잘
형성하는 여러 방식들 중의 하나로 보는 것이 그것이다. 즉, 한
믿음과 증거 사이의 증거 연관에 대한 반성적 상위 의식을 토대
로 주어진 하위 믿음에 도달하는 것을 믿음을 잘 형성하는 하나
의 방식으로 간주하는 것이다. 이러한 방식으로 발생적 견해는
전통적 견해를 지배하는 인식적 합리성에 대한 직관적 판단을
자신의 내부에 포섭할 수 있다.

전통적 인식 정당화론을 괴롭힌 문제, 즉 상위 믿음도 역시 합
리적이어야 하며 이때 제기되는 악성적 무한 후퇴의 문제는 어
떻게 해결할 것인가?26) 발생적 견해에서는 이것이 큰 문제가 되
지 않는다. 전통적 견해에서 무한 후퇴가 발생하는 이유는 한 하

---

26) 인식 주관에 대한 평가(전통적 견해)의 관점에서가 아니라 믿음 자체에 대한
평가(발생적 견해)의 관점에서 보더라도, 합리성의 후퇴는 일어난다. 왜냐 하면, 반
성적 의식을 통한 믿음 형성 방식이 발생적 관점에서 올바른 방식으로 간주되기
위해서는 반성적 의식을 반영하는 상위 믿음이 단순한 추측에 의한 믿음이어서는
안 되기 때문이다.

위 믿음이 합리적이기 위해서는 상위 믿음이 있어야 할 뿐만 아니라 그 상위 믿음이 또 다른 상위 믿음을 통하여 합리적이 되어야 한다고 주장하는 데에 있었다. 그러나 발생적 견해에서는 상위 믿음이 합리적이기 위하여 그보다 더 높은 차원의 상위 믿음이 반드시 필요하지는 않다. 상위 믿음은 그를 입증하는 증거를 원인으로 한 결과의 형태, 즉 발생적 방식으로 합리적이 되는 것으로 족하다고 주장할 수 있기 때문이다. 요약하자면, 발생적 견해를 옹호하는 인식론자는 합리적인 상위 믿음을 통하여 하위 믿음에 도달하는 것을 믿음을 잘 형성하는 한 방식으로 인정하고 상위 믿음의 합리성이 발생적으로 성립한다고 간주함으로써, 반성적 의식을 통한 믿음은 합리적이라는 직관을 무한 후퇴에 빠지지 않으면서 자신의 이론 체계내에 포섭할 수 있다.

6

인식 주관의 합리성에 대한 평가를 상위 의식의 여부에 의하여 파악하고, 그를 통하여 믿음의 인식적 합리성을 분석하는 전통적 견해는 치명적 결함을 갖고 있음이 드러났다. 반성적 상위 의식을 통한 분석은 인식적 합리성에 대한 독자적 분석으로는 살아남을 수 없고, 단지 발생적 관점에서의 합리성의 한 부분으로서만 살아남을 수 있는 듯이 보인다. 그러면 인식적 합리성은 인식 주관에 대한 평가와 관련된다는 전통적 견해의 핵심적 입장을 고수하면서 인식적 합리성의 무한 후퇴를 피하는 견해가 있을 수 있을까? 이 절에서는 그러한 완화된 전통적 견해를 위한 시도를 살펴보기로 하자.

전통적 견해와 발생적 견해의 차이를 바라보는 한 방식은 인식적 합리성을 일인칭적인 관점에서 접근하는가, 아니면 삼인칭적인 관점에서 접근하는가의 차이로 파악하는 것이다. 이 차이는 인식적 규범이 하는 역할에 대한 견해의 차이로 나타난다. 인식적 규범은 한 믿음이 인식적으로 합리적이기 위한 조건을 기술한다. 발생적 견해에 따르면, 인식적 규범은 제삼자의 관점에서 그 조건을 객관적으로 기술할 따름이다. 그러나 전통적 견해에 따르면, 인식적 규범이 하는 기본적 기능은 인식 당사자들에게 "무엇을 믿을 것인가?"에 대한 대답을 제공하는 것이다. 이 논문의 초두에서 인식적 합리성에 대한 여러 구분을 소개하면서 언급한 규제적 견해와 비규제적 견해의 구분은 이러한 차이에 주목하고 있다. 즉, 전통적 견해에서 인식적 규범은 규제적 규범이며, 발생적 견해에서 인식적 규범은 이론적-서술적 규범이다. 규제적 견해에서 인식적 규범은 인식 주관에게 어떻게 믿을 것인가를 지시하고, 한 믿음이 합리적인가는 그 주관이 그 믿음을 구성하는 과정에서 관련된 규범을 준수하는가에 의하여 결정된다. 규제적 견해는 인식 주관을 일차적 평가의 대상으로 삼고 있는 전통적 견해의 맥락에 서 있음이 분명하다.

규제적 규범을 따르는 방식은 두 가지가 있을 수 있다. 우선 규범을 의식에 떠올리고서 그에 따라 규범을 좇을 수 있다. 컴퓨터 프로그램을 설치하는 경우를 보자. 이 경우 우리는 설명서에 주어진 지시를 읽어 확인하고 그에 따라 설치 작업을 시행한다. 한편, 우리는 관련된 규범을 의식에 떠올림이 없이 자동화하여 규범을 따를 수 있다. 예를 들어, 내가 자전거를 탈 경우에 나는 자전거를 성공적으로 타기 위한 규칙을 따르고 있는데, 이 규칙은 나의 의식에 떠올라 있지 않은 채 나의 행동 체계를 지배하고 있다.[27]

전통적 견해가 규범을 따르는 방식을 의식적인 과정으로 보면, 이는 바로 상위 의식의 요구로 연결되어 이는 앞서의 비판을 피할 수 없다. 주어진 근거에서 한 믿음을 믿을 것인가를 규범에

---

27) 이 구분은 흔히 인지 과학에서 명제적 지식(propositional knowledge)과 절차적 지식(procedural knowledge)의 구분으로 알려져 있다.

대한 의식적 고찰을 통하여 결정하려면, 주어진 근거와 믿음을 연결하는 규범이 있는가를 확인하여야 하며 이 확인 자체가 합리적인 것이어야 한다. 즉, 주어진 근거에서 문제의 믿음을 받아들이는 것이 인식적 규범에 의하여 용인되는 것임을 믿어야 하며, 이 믿음이 합리적인 것이어야 한다. 이는 바로 제4절에서 소개한 무한 후퇴로 이끌린다. 반면에 규범이 내재화되어 인식 과정을 지배한다면 무한 후퇴는 발생하지 않는다. 규범을 따름으로서 한 믿음이 합리적이 되는데, 이 과정에 어떠한 다른 믿음도 개입하지 않기 때문이다. 폴록(John Pollock)은 규제적 견해를 받아들이면서 다음과 같이 말한다.

우리는 어떻게 추론할지 안다. 이는 우리가 여러 상이한 상황에서 어떤 추론을 할 것인가 알고 있음을 의미한다. 이는 우리가 무엇을 해야 할지 안다고 말하는 것과 같은 의미다. 우리의 인식적 규범은 이러한 절차적 지식을 묘사하는 규범이다. 우리가 인식적 규범에 대하여 생각하지 않는데도 그 규범이 우리의 추론을 인도할 수 있다는 것은 더 이상 신비할 것이 없다. 인식적 규범은, 우리가 자전거를 탈 때 자동적으로 한 유형을 따르듯이, 우리가 추론에서 자동적으로 따르는 내재화된 행위 유형을 기술한다. 이것이 바로 인식적 규범이다. 인식적 규범은 우리의 추론을 지배하는 내재화된 규범이다.28)

인식적 규범을 내재화된 규제적 규범으로 보는 시도는 인식 주관을 평가의 대상으로 보는 주관주의적 성향의 전통적 견해를 유지하면서 무한 후퇴의 문제를 피하는 묘안인 듯이 보인다. 규범이 표상을 매개로 하여 규제하지 않고 내재적으로 규제하므로 무한 후퇴가 발생하지 않고, 그러면서도 여전히 인식 주관이 어떻게 추론할 것인가를 규제하는 역할을 하므로 인식적 합리성과 관련된 책임 소재는 인식 주관에 있는 듯하다. 그러나 문제는 이

---

28) Pollock(1986), 131.

러한 폴록의 견해가 인식론의 다른 논쟁과 관련하여 흥미로운 결론을 시사할지는 몰라도, 현재의 논점인 전통적 견해와 발생적 견해의 대립에서 전통적인 견해에 큰 도움이 되지 못한다는 데에 있다. 한 믿음이 합리적이라 함은 인식자가 그 인식적 규범을 준수하는 방식으로 그 믿음에 도달하였음을 의미한다. 이때 이 규범은 내재화되어 믿음 형성을 지배한다. 한편, 인식적 규범이 내재화되어 있음은 주어진 근거에서 문제의 믿음에 도달하는 방식이 하나의 인지 과정으로 정착되어 있음을 의미한다. 그렇다면 폴록에 있어서 한 인식자가 인식적 규범에 따라 문제의 믿음을 구성한다는 것은 일정한 인지 과정을 통하여 그 믿음이 형성된다는 것과 다를 바가 없다. 결국, 인식적 규범의 내재성을 통하여 인식적 합리성에 접근하는 폴록의 이론이 제4절에서 제시한 무한 후퇴의 문제를 해결하면서 인식적 합리성의 규제적 성격을 어느 정도 구제할 수 있을지는 몰라도, 그 틀은 이미 발생적 견해의 틀 안에 있는 것이므로 발생적 견해와 대립하는 전통적 견해를 구제하여 주지는 못한다.

7

사실 폴록의 이론이 현재의 우리의 논의에 대하여 갖는 의의는 인식적 합리성에 대한 전통적 견해를 옹호하는 것에 있다기보다는, 발생적 견해에 대하여 한 흥미 있는 문제점을 제기하는 데에 있다. 폴록에 따르면, 인식적 규범은 행위 인도적(action-guiding)이다. 이는 인식적 규범은 믿음이 발생하는 과정에서 영향을 발휘할 수 있어야 한다는 것을 함축한다.[29] 그렇다면 인식적 규범의 내용은 인식 체계내에서 포착될 수 있는 것이어야 한다.("S 유형의 심리 상태에 있을 때, P라고 믿어라."는 규범이 그

---

29) 위의 책, 128-9.

러한 예로 볼 수 있다.) 만약 인식적 규범이 인식 체계내에 주어진 것을 넘어서서 언급한다면, 그러한 규범은 행위 규제적이 되지 못한다. 그러한 조건이 성립하는가를 알기 위해서는 인식자는 외적인 사태에 대한 추가적 탐구를 하여야 하고, 따라서 이러한 규범은 믿음 형성이 일어남과 동시에 영향을 미칠 수 없다. 예를 들어, 한 믿음은 신빙성 있는 인지 과정에 의하여 산출되었을 때만 합리적이다라는 식의 과정 신빙주의의 주장은 행위 인도적일 수 없으므로 인식적 규범으로서 합당하지 않다. 한 믿음이 신빙성 있는 인지 과정에 의하여 산출되었는가, 더 간단하게 말하면 한 믿음이 참일 객관적 확률이 높은가 하는 것은 인식 체계 내적으로 파악될 수 없으므로, 그러한 객관적 확률을 언급하는 인식적 원리는 행위 인도적 인식 규범이 될 수 없다.30)

위 비판은 적절하지 못하다. 그 이유는 인식적 합리성에 대한 과정 신빙주의는 두 차원의 이론적 서술을 포함하는 복합적 이론으로 해석되어야 하기 때문이다. 과정 신빙주의는 우선 합리적 믿음을 산출하는 인지 과정들의 목록을 작성하고서, 이 인지 과정들을 입력을 이루는 심리 상태와 출력을 이루는 심리 상태 사이의 관계를 통하여 규정한다. 그리고 이들을 인식 행위를 지배하는 규제적 인식적 규범으로 제시한다. 그러나 과정 신빙주의는 여기서 한 차원 더 나아가, 왜 이들 인지 과정을 통하여 산출된 믿음들은 합리적인 반면 다른 인지 과정을 통하여 산출된 믿음들은 합리적이지 않은가에 대하여 설명을 제공하고자 한다. 즉, 인식적 규범에 대한 메타 차원에서의 정당화를 제공하고자 할 수 있으며, 이 결과로 나타난 것이 신빙성의 기준이다.31) 이렇게 본다면, 과정 신빙주의는 인식적 규범을 순수히 내적인 심리 상태들을 통하여 서술함과 동시에 인식적 규범 자체에 대한

---

30) 위의 책, 126-42.
31) 골드만 자신이 이러한 이분법을 시사하고 있다. Goldman(1986) 4장과 5장 참조.

정당화를 포함하는 복합적인 이론으로 볼 수 있으며, 따라서 과정 신빙주의가 인식적 규범의 내용에 신빙성이라는 인식 내적으로 포착될 수 없는 것을 포함하고 있다는 비판은 정당하지 않다.

그러나 폴록의 비판은 인식적 규범을 신빙성을 통하여 메타차원에서 정당화하는 시도가 갖는 문제점을 지적하는 것으로 해석될 수 있다. 다음의 경우를 보자. 인식 체계내에 포함된 정보와 소유하고 있는 인지 과정이 정확히 동일한 두 사람이 있다고하자. 한 사람은 현실 세계에 살고 있는 반면, 다른 사람은 테카르트의 전능한 기만자의 세계에 살고 있다고 하자. 두 사람의 위치를 순간적으로 바꿔놓는다고 하더라도 이들은 전혀 차이를 모를 것이다. 이 경우에 한 사람의 믿음이 인식적으로 합리적인 믿음이라고 한다면, 다른 사람의 동일한 믿음 역시 합리적이라고하여야 할 것이다.[32] 즉, 한 사람의 믿음이 인식적 규범에 의하여 용인되는 믿음이라면, 다른 사람의 같은 믿음에 대하여도 같은 판단을 내려야 할 것이다. 그러나 두 믿음이 신빙성에 있어서 큰 차이를 보일 것임은 자명하다. 예를 들어, 시각이라는 인지과정은 현실 세계에서는 높은 정도의 신빙성을 갖지만, 전능한 기만자의 세계에서는 전혀 신빙성이 없다.

전능한 기만자의 세계에 대한 위의 고찰이 우리에게 주는 교훈은 무엇인가? 위의 고찰은 인식적 규범이 진리와의 연관성에 의하여 정당화될 수 없다는 것을 보여준다. 진리와의 연관성을 인식적 규범을 위한 정당화 근거로 받아들일 경우, 한 인식적 규칙이 현실 세계에서는 인식적 규범이 되고 전능한 기만자의 세계에서는 인식적 규범이 되지 못한다. 이 경우에 '동일한' 믿음이 현실 세계에서는 합리적인 믿음이지만 기만자의 세계에서는 합리적이지 않다는 결론이 나오는데, 이는 받아들이기 어려운 비일관적 판단으로 보인다. 이 교훈은 인식적 규범에 대한 폴록의 규제적 견해와 결합될 때 더욱 설득력 있게 다가온다. 두 사람의

---

32) 이러한 식의 주장을 위하여는 Cohen(1984)와 Foley(1987), 174-175.

인식적 상황이 동일한데, 한 사람에게는 주어진 믿음을 받아들여도 된다고 하면서, 다른 사람에게는 받아들여서는 안 된다고 하는 것은 있을 수 없는 일이기 때문이다.33)

이 상황에서 골드만과 같은 발생적 인식론자는 결과주의적인 입장을 고수하면서 동일한 믿음이 현실 세계와 전능한 기만자의 세계에서 상이한 인식적 합리성의 지위를 갖는다고 주장함으로써 대응하려 할 수 있다. 그러나 이러한 대응이 가능하려면 인식적 규범이 폴록이 주장하는 약한 의미의 규제성마저 갖지 않는다고 주장하여야 하는데, 이는 다소 반직관적이다. 이러한 상처를 감수하더라도 문제는 끝나지 않는다. 전능한 기만자의 예를 통한 논증은 인식적 규범의 규제적 성격에 호소하지 않고서도 상당한 설득력을 갖는다. 순수히 믿음이 형성되는 방식과 관련하여 인식적 합리성을 정의한다 하더라도, 위의 경우에 한 믿음은 잘 형성된 믿음인 반면, 다른 믿음은 잘못 형성되었다고 하는 판단은 납득하기 어렵기 때문이다.

이제 전능한 기만자의 세계에 대한 고려로부터 발생적 인식론자가 갈 수 있는 길은 두 가지로 압축된다. 인식적 규범의 정당화를 외적인 세계와의 관계에서가 아니라 인식 내부에서 찾든가, 아니면 그러한 정당화를 포기하는 것이다. 그러나 두 길 모두 험난하다. 인식 내부에서 인식적 규범의 정당성을 찾고자 할 때, 그 정당성의 유일한 원천은 인식자의 내적인 성찰일 것이다. 즉, '일정한 근거가 주어졌을 때 특정한 믿음을 받아들여라.'고 말하는 인식적 규칙은 인식 주관의 반성적 성찰에 비추어볼 때 진리를 추구하는 합당한 방식인 것으로 보이므로, 그 규칙은 인식적 규범이며 그 규범에 합치하는 믿음은 인식적으로 합리적이

---

33) 위의 교훈을 받아들이면, 인식적 합리성에 대한 발생적 견해는 윤리학에서의 결과주의와 유사한 것이 될 수 없다는 결론이 따른다. 인식적 목표를 진리를 추구하고 거짓을 피하는 것으로 간주할 경우, 결과주의적 관점에서 파악된 인식적으로 합리적인 믿음은 참일 확률이 높은 믿음일 수밖에 없는데 전능한 기만자의 예는 바로 이 부분을 공격하고 있다.

라고 말하는 것이다. 그러나 이러한 시도의 앞길에는 앞서 전통적 견해를 비판하면서 살펴본 인식적 합리성의 무한 후퇴가 가로놓여 있음은 불을 보듯이 분명하다.

  인식적 규범의 정당화를 포기하는 것도 발생적 견해에 가능한 선택지가 되지 못한다. 우리의 인식 체계에는 여러 가지 인지 과정들이 내재화되어 있다. 이들 중에는 시각, 청각, 연역적 추론 등의 과정들이 포함되어 있고, 억측이나 희망적 사고 등의 과정들도 포함되어 있다. 적절한 증거에 근거하여 믿음을 산출하는 인지 과정이 있고, 부적절한 증거로부터 믿음을 산출하는 인지 과정이 있다. 발생적 인식론자들은 전자의 인지 과정들은 인식적 규범이 용인하는 과정들이고 후자의 믿음들은 금지된 과정들이라고 말하고 싶어한다. 그러나 한 이론이 이들 인지 과정들을 분류하기만 할 뿐 이들이 왜 구분되는지에 대한 설명을 제공하지 않는다면, 이러한 이론은 합리적인 믿음과 불합리한 믿음을 구분하는 기술을 제공할 뿐 왜 한 믿음이 인식적으로 합리적인지, 도대체 인식적 합리성이란 무엇인지에 대한 설명을 제공하지 못한다. 이러한 이론은 불완전한 이론이기에 받아들일 수 없다. 단지 합리적인 믿음과 불합리한 믿음을 구분하기 위해서라면, 이론으로서의 인식론에 관심을 가질 필요가 없다. 우리의 단순한 직관이 그러한 일을 잘 해내고 있기 때문이다.

8

  인식적 합리성에 대한 전통적 견해는 인식적 합리성의 무한 후퇴라는 치명적인 문제를 갖고 있고, 발생적 견해는 딜레마에 빠져 있다. 일정한 인지 과정을 인준하는 인식적 규범을 정당화하지 않으면 발생적 이론은 불완전한 이론으로 남고, 인식적 규범을 외적인 세계와의 관련하에 정당화하려는 시도에는 전능한 기만자가 인식 체계 내적으로 정당화하려는 시도에는 다시 인식적 합리성의 무한 후퇴가 길을 가로막고 있다. 인식적 합리성의 이론은 어디로 가야 하는가? 외적인 세계와의 연관도 아니고 인식 내적인 것도 아닌 어디에 인식적 규범의 정당성이 있는 것일까? 그 정당성은 선험적인 영역에 있는가? 그렇다면 우리는 200년 전에 칸트가 이미 가르친 것을 아직도 깨닫지 못한 열등한 학생들인가? 인식적 규범의 정당성은 사회적 차원에 있는가? 그렇다면 인식론의 기초는 사회적 인식론에 있는 것이며, 개인에서 출발하여 사회적 차원으로 나아가는 서구의 전통적 인식론의 도식은 파기되어야 하는가? ■

참고 문헌

Alston, William 1986, "Internalism and Externalism in Epistem
-ology", Philosophical Topics 14: 179-221.

_____ 1988, "Deontological Conception of Epistemic Justifi-
cation," in J. E. Tomberlin ed., Philosophical Perspecti
-ves 2, Epistemology (Atascadero, CA: Ridgeview
Publishing Co.).

_____ 1989, "Level Confusions in Epistemology," in his
Epistemic Justification (Ithaca, NY:Cornell University
Press).

BonJour, Laurence 1985, The Structure of Empirical Know-
ledge. Cambridge, MA: Harvard Univeristy Press.

Chisholm, Roderick 1968, "Lewis' Ethics of Belief," in The
Philosophy of C. I. Lewis, ed. P. A. Schlipp (La Salle,
Illinois: Open Court).

_____ 1977, Theory of Knowledge, 2d ed. (Englewood

Cliffs, N.J.: Prentice-Hall).

_____ 1982, "A Version of Foundationalism," in The Found
        -ations of Knowing(Minneapolis: University of Minne
        -sota Press).

Cohen, Stewart 1984, "Justification and Truth," Philosophical
        Studies 46: 279-296.

Feldman, Richard and Conee, Earl 1985, "Evidentialism," Philo
        -sophical Studies 48: 15-34.

Foley, Richard 1987, The Theory of Epistemic Rationality
        (Cambridge, MA: Harvard Univ. Press)

Ginet, Carl 1975, Knowledge, Perception and Memory(Dord-
        recht : D. Redidel)

Goldman, Alvin 1980, "The Internalist Conception of Justifi-
        cation". In P. French, T. Uehling, and H. Wettstein
        eds., Midwest Studies in Philosophy V. Minneapolis:
        University of Minnesota Press.

_____ 1986, Epistemology and Cognition. Cambridge, MA:
        Harvard University Press.

_____ 1992, "What Is Justified Belief?," in Liasons
        (Cambridge, MA: MIT press).

Kim, Kihyeon 1993, "Internalism and Externalism in Episte-
        mology." American Philosophical Quarterly 30:303-
        316.

Kornblith, Hilary 1983, "Justified Belief and Epistemically
        Responsible Action." Philosophical Review 92, 33-48.

Lehrer, Keith 1971, "How Reasons Give Us Knowledge, or the
        Case of the Gypsy Lawyer," Journal of Philosophy 68:
        311-313.

_____ 1981, "A Self Profile." In R. Bogdan ed., Keith

Lehrer. Dordrecht: D. Redidel.

_____ 1990, Theory of Knowledge (Boulder, CO: Westview Press)

Moser, Paul 1985, Empirical Justification(Dordrecht:D. Redidel)

Naylor, Margery 1988, "Epistemic Justification," American Philosophical Quarterly 25: 49-58.

Pollock, John 1979, "A Plethora of Epistemological Theories." In G. Pappas ed., Jusitifcation and Knowledge (Dordrecht: D. Redidel).

_____ 1986, Contemporary Theories of Knowledge(Totowa, N.J.: Rowman and Littlefield).

Swain, Marshall 1981, Justification and Knowledge (Ithaca, New York: Cornell University Press).

Wolterstorff, Nicholas 1983, "Can Belief in God be Rational If It Has No Foundations?," in Faith and Rationality, ed. Alvin Plantinga and Nicholas Wolterstorff (Notre Dame, Indiana: University of Notre Dame press, 1983).

감정의 합리성에 대한 철학적 고찰

김 영 정
(서울대학교)

이 글은 합리적 삶 속에서의 감정(emotion)의 역할에 대한 탐구를 목적으로 하고 있다.1) 이 탐구는 두 가지 측면을 지닌다. 우리는 전통적으로 믿음과 욕구(beliefs and desires)의 획득, 이 것들 사이의 전이, 그리고 이것들의 행위와 정책에로의 전환을 합리적 능력의 사용이라고 생각해왔다. 이 탐구의 한 측면은 이러한 합리적 능력을 사용할 때 감정이 하는 역할에 관한 것이다. 다른 측면은 생활과 경험의 한 요소로 간주되는 감정들 자체에 대한 합리적 평가가 가능한지를 탐구하는 것이다.2)

두 번째 탐구는 플라톤까지 거슬러 올라간다. 그는 최초로 감정과 욕구가 객관적으로 참이나 거짓이 될 수도 있다는 것을 주

---

1) 이 논문은 Ronald de Sousa의 저서 『The Rationality of Emotion』(The MIT Press, 1987)에 나오는 논의의 소개를 중심으로 감정에 대한 철학적 고찰을 시도하고 있다.
2) 이성 작용에 대한 감정의 기여를 다루는 첫번째 탐구는 간략히 "철학자들의 틀 문제(philosophers' frame problem)"라 불릴 수 있으며, 감정 평가의 객관성과 합리성을 다루는 두 번째 탐구는 "Euthyphro의 문제"라 불릴 수 있을 것이다.

장했다. Euthyphro에서 플라톤은 결과적으로 어떤 것이 사랑스럽기 때문에 우리가 그것을 사랑하는지, 아니면 우리가 그것을 사랑하기 때문에 사랑스럽다고 하는지를 물었다. 첫번째 대안을 우리는 객관주의적 응답이라 부를 수 있을 것이다. 그것이 함축하는 바는 문제의 감정이 우리의 반응과 독립적으로 존재하는 세계 속의 어떤 것을 감지한다(apprehend)는 것이다. 두 번째의 주관주의적 대안이 함축하는 바는 우리의 감정을 유발하는 것처럼 보이는 속성들(properties)은 사실상 감정 자체에 의해 던져진 투사(projections)나 그림자에 불과하다는 것이다. 이 글에서 필자는 객관주의적 응답의 정합성을 논변할 것이다. 흔히 우리의 감정은 가치론적(axiological)이라고 불리는 어떤 종류의 속성들에 대한 감지(apprehension)로 구성되어 있다. 이것은 우리가 감정이라고 부르는 바의 어떤 것—분위기(moods) 같은 것—이 단지 주관적이라는 것을 부정하지도 않고, 객관적인 것에 속하는 어떤 것—믿음 같은 것—이 때때로 잘못된다는 것을 부정하지도 않는다.

통상적인 편견에도 불구하고, 이성과 감정(reason and emotion)은 적대 개념이 아니다. 그와 반대다: 첫번째 탐구와 관련하여, 필자는 이성의 작용이 충분히 복잡하게 되었을 때 감정의 기여가 없다면 그 작용이 그 자체만으로는 힘을 발휘할 수 없다고 주장한다. 왜냐 하면 감정은 현저성(salience)이라는 중요한 요인을 통제하는 기제 가운데 하나이기 때문이며, 만약 현저성(두드러짐)이 없다면 주목, 해석 그리고 추리와 행동 전략의 대상들은 제어할 수 없을 정도로 복잡다단한 것들의 전시장일 뿐이기 때문이다. 이성과 감정 사이의 오랜 대립 속에서 아직도 남아 있는 것은 "감정은 믿음이나 원함(wants)으로 환원되지(reducible) 않는다."는 것뿐이다. 플라톤은 영혼이 부분으로 나누어진다면 이성, 욕구, 감정 세 부분으로 나누어져야지 두 부분으로 나누어져서는 안 된다고 생각한 점에서 옳았다. 감정은 인간에 관한 이

론에서 그 자체 고유한 위치를 필요로 하며 더욱 원초적인 능력들이나 기능들로 환원되지 않는다.3)

감정의 객관성과 합리성에 대한 중심 아이디어들은 본론 부분인 제3절에서 제5절에까지 걸쳐 전개된다. 핵심 아이디어는 우리의 감정이 언어처럼 학습되고 본질적으로 드라마적인 구조를 지닌다는 것이다. 감정의 명칭들은 어떤 단순 경험을 지칭하는 것이 아니다: 그보다는 그것들이 상황 유형—즉 그 감정을 특징 짓는 역할, 기분 그리고 반응을 정의하는 일종의 원형적인 드라마(original drama)—과의 관련성으로부터 의미를 얻는다. 이러한 정의적인 특성을 지닌 원형(原型) 드라마들(original defining dramas)을 패러다임 시나리오들(paradigm scenarios)이라고 부를 수 있을 것이다. 감정은 어린 시절의 경험에까지 거슬러 올라가는 패러다임 시나리오에 그 기원을 두고 있다. 감정의 객관성은 감정이 발생한 문제 상황과 패러다임 시나리오 사이의 관계에 의해 측정된다.

이 글은 다음과 같은 순서로 논의가 진행될 것이다.

"제1절 감정의 생물학적 측면"에서는 감정이 지닌 정신 기능의 가장 신체적인 성격에 대해 간략히 논의된다. 이러한 성격으로 인해 정신적 특성으로 주장되는 지향성이나 "관함"이 정도의 차이를 허용함이 밝혀지며, 이에 따라 두 가지 목적론이 구별된다: 가장 낮은 수준의 굴성과 같은 단순한 목표 지향 장치에 적용될 수 있는 적응적 목적론과, 보다 높은 수준의 유형 지칭이나 개체 지칭에 적용될 수 있는 지향적 목적론. 적응적 목적론하에서는 자극에 대해서 고정된 형태의 반응이 산출되나, 지향적 목적론하에서는 자극에 대해 고정된 반응이 산출되는 것이 아니라

---

3) 여기서 '욕구(desire)'의 다의성을 잘 이해하는 것이 중요하다. (총체적) 욕구는 기능적 욕구(원함)와 감정적 욕구로 구성되어 있다. 따라서 '욕구'는 총체적 욕구를 의미할 수도 있고, 기능적 욕구(원함)를 의미할 수도 있고, 또 감정적 욕구를 의미할 수도 있다. 여기 플라톤의 논의에서는 '욕구'가 원함을 뜻한다.

자극은 동기 유발을 가능케 하는 감정적 성향을 결정해줄 뿐이다.

"제2절 감정과 그 대상들"에서는 감정의 논의와 관련하여 주목해야 할 일곱 개의 대상적 범주들이 도입된다: 타깃, 포착 속성, 동기화 측면, 원인, 목표, 명제적 대상, 형식적 대상. 이 대상적 범주들은 앞으로의 논의 전개를 위한 기본적인 개념틀을 제공하며, 아울러 감정이 우리 자신과 세계에 관한 정보들을 어떠한 통로들을 통해 우리에게 제공하는가 하는 것에 대한 개괄적인 모습을 보여준다. 대상들은 그러한 정보의 다양한 유형들 그리고 행동과 사고와의 여러 상이한 관계들을 나타낸다.

이것들 중 형식적 대상 개념은 특히 중요하므로 이것에 대해서만 간략히 언급하자. 모든 감정 유형에 있어서 그 성격과 적절함의 조건이 바로 이 형식적 대상에 의해 정의된다. 형식적 대상의 개념은 올바름을 평가할 수 있는 내용을 가진 어떠한 상태에도 적용된다. 따라서 정의에 의해, 형식적 대상이란 그 상태의 올바름의 표준이다. 예컨대, 진리란 믿음의 형식적 대상이며, 좋음은 원함의 형식적 대상이다. 주어진 감정과 연계된 특정한 형식적 대상은 그 감정의 정의에 필수적이다. 그러나 믿음이나 원함의 형식적 대상이 단일하게 존재함에 반해, 감정의 형식적 대상들은 다양한 감정 유형들이 존재하는 것만큼이나 많이 존재한다. 감정의 형식적 대상들의 다양성은 중요한 결과들을 갖는다. 그것은 감정들의 평가가 왜 진리나 좋음의 평가보다 훨씬 더 번잡스러운 모습을 띠는지 설명해주며, 또 윤리적 생활에 대한 감정의 기여가 특별히 복잡한지 설명해준다.

지각과의 유비를 통해 감정의 객관성 입증을 시도하는 "제3절 객관성"은 다음과 같이 세 부분으로 구성되어 있다: (1)진리, 객관성, 합리성 (2)주관성의 네 종류 (3)지각의 유비.

"(1)진리, 객관성, 합리성"에서는 이 세 개념간의 관계 해명을 시도하고 있다. 핵심적인 내용만을 간추리자면, 합리성은 진리를 전제하며, 합리성은 객관성을 포괄하며, 객관성은 진리를 포괄한다는 것이다. 이것들 중에서 이 글의 논의 전개와 관련하여 가장 중심적인 것은 합리성이 객관성을 포괄한다는 것이다.

"(2)주관성의 네 종류"에서는 객관성은 주관성과 견주어 그 의미를 부분적으로 얻게 되며, 주관성은 단 하나의 개념이 아니라 복수의 개념임이 논의된다. 네 종류의 주관성으로 현상성, 투사, 상대성, 관점이 제시되고 이것들 각각에 대한 설명이 제시된다. 필자에 따르면, 현상성, 상대성, 관점은 정도의 차이가 있긴 하지만 모두 적어도 객관성과 양립 가능한 주관성이며, 투사만이 오로지 우리가 어떤 것이 세계에 존재하기를 바라기 때문에 그것이 세계에 존재한다는 주장을 펴고 있다는 점에서 객관성과 명백하게 양립할 수 없는 주관성이다.

지각과 감정간의 유비를 통해 감정의 객관성 확보를 시도하는 "(3)지각의 유비"에서는 먼저 지각의 객관성이 검토된 후 지각과 감정의 비교를 통해서 감정의 객관성이 유비적으로 추리된다. 이 논의는 네 종류의 주관성 각각과 관련하여 다음과 같이 하나씩 차례로 전개된다. 첫째, 지각의 현상성은 객관성을 침해하지 않는다. 현상적 성질은 전달되는 객관적 속성이 바로 그 관점으로부터 나타나는 방식일 뿐이기 때문이다. 따라서 현상적 성질은 두 가지 측면으로 분해된다. 그 하나는 관점적 상대성이라는 의미에서의 주관성이며, 다른 하나는 감각적 "변환기"에 의해 전달되는 객관적인 정보다. 지각의 관점적 상대성은 객관성과 양립 불가능하지 않으며, 지각적 변환기에 의해 전달되는 정보는 객관적인 것이므로 지각의 현상성은 객관성을 침해하지 않는다. 그러나 지각과는 달리 감정에는 변환기가 없으며, 따라서 이 사실은 감정의 현상성이 객관성을 침해할 수 있는 여지를 허용할지도 모른다. 이 점은 상대성과 관련하여 보다 상세히 논의된다.

둘째, 지각과 관련하여 투사는 바로 착각과 환각이다. 착각, 환각이 가능함에도 불구하고 지각이 객관적이라 할 수 있는 것은 언제 환각/착각인지의 여부를 식별할 수 있기 때문이다. 마찬가지로 감정에 있어서도 언제 투사인지의 여부를 식별할 수 있다면, 감정적 투사가 감정의 객관성을 훼손하지는 않는다.(물론 착각/환각과 마찬가지로 투사 자체는 객관성과 양립 불가능하며, 따라서 객관성을 침해한다.)

셋째, 지각적 (관점) 상대성은 투사가 아닌 한, 지각의 객관성을 침해하지 않는다. 지각의 경우 정보 전달이 변환기를 통해 모듈들의 정보적인 캡슐화에 의해 이루어지므로 투사를 피할 수 있다. 그러나 지각과는 달리 감정은 그러한 변환기를 가지고 있지 않아 모듈들의 정보적인 캡슐화가 이루어지지 않는다. 따라서 감정들은 지각과 달리 투사적일 수 있다. 그뿐만 아니라 감정들은 믿음과 같이 모듈들의 정보적인 캡슐화가 이루어지지 않는 다른 상태들보다도 더욱 투사적인 것처럼 보인다. 그것은 감정이 다른 모든 정신적 상태들보다 신체적이라는 특성을 가지고 있기 때문이다. 신경 섬유에 의한 빠른 시스템인 믿음과는 달리, 감정은 호르몬 전달과 관계된 "느린" 시스템이므로 자극 속성들과 감정간의 공변에 장애가 생겨 자기 기만에 빠질 수 있는 가능성이 상대적으로 높다. 또 믿음과는 달리 신체적 특성이 강한 감정에는 우리로 하여금 손상된 감정을 대체하기 위해 어떤 다른 감정을 두루 찾도록 촉구하는 계속된 감정적 자극(arousal. 각성)과 같은 것이 있어, 감정은 믿음보다 더욱 투사적일 수 있다.

이러한 문제점에 대해 필자는 감정과 믿음/지각간의 차이의 모든 근거들을 완화할 수 있는 세 가지 종류의 요인들이 있음을 주장한다. 첫째, 감정의 근거들을 자기 기만적으로 조작하고 있다고 말할 수 있는 것은 우리가 객관성의 어떤 척도를 당연시하고 있다는 점을 시사한다. 만일 그렇지 않다면, 우리는 자기 기만에 대해 말할 수가 없을 것이다. 둘째, 지각의 캡슐화는 정도의 문제다. 삼차 속성들은 캡슐화되지 않는다. 그러나 이차 속성들은 어느 정도까지는 캡슐화된다. 캡슐화는 그 정도에 있어 어떤 연속이 존재한다. 셋째, 심지어 명백하게 모듈적인 지각 장치도 단순 성질들에 관한 정보만을 그대로 전달하는 것이 아니라, 우리의 능력에 의해 핵심적으로 조건화된다. 결국 감정은 지각과 동일한 방식으로 모듈들에 캡슐화되지는 않는다. 그러나 감정은 나름대로의 특정한 구체적인 방식으로 지각의 캡슐화를 모방한다.4) 따라서 감정의 상대성은 감정의 객관성을 침해하지 않는다.(이에 따라 감정의 현상성도 감정의 객관성을 침해하지 않는다.)

끝으로, 감정은 지각과는 달리 변환기를 가지고 있지 않아 캡슐화를 결여하고 있으나, 지각과 마찬가지로 어떤 의미에서 본질적으로 관점적이라는 특징을 공유하고 있다.5) 믿음들과는 달리 그러나 지각과는 마찬가지로, 감정에 있어서 가정적으로 감정을 경험함과 같은 것은 없다. 감정을 가정적으로 가질 수는 없는 것이다. 지각에 대해서건 감정에 대해서건 가정적 믿음에서 수용되는 순수한 명제의 명백한 유비체는 없다. 그런 점에서 지각과 감정은 믿음보다 더 주관적이다. 그러나 만일 지각이 관점적임에도 불구하고 객관적이라고 말할 수 있다면, 마찬가지로 감정이 관점적임에도 불구하고 객관적이라고 말할 수 있을 것이다. 그런 점에서 감정의 관점은 감정의 객관성을 침해하지 않는

---

4) 감정은 지각과 동일한 방식으로 모듈들에 캡슐화되지는 않으나 나름대로의 특정한 구체적인 방식으로 지각의 캡슐화를 모방한다는 점은 이성 작용에 대한 감정의 기여를 다루는 첫번째 탐구, 즉 철학자들의 틀 문제와 밀접히 연관되어 있다.
5) 여기서 관점은 관점적 상대성과는 다른 것이다. 비유적으로 말해, 어떤 것에 대해 특정한 (개입적) 태도를 취하지 않음으로써 관조적 상태에 있을 경우, 그 상태는 비관점적 상태인 반면; 어떤 것에 대해 특정한 (개입적) 태도를 취함으로써 몰입적 상태에 있을 경우, 그 상태는 관점적 상태다. 예를 들어, 어떤 사람이 명제에 참이라는 개입적 태도를 취하면서 그 명제를 믿을 경우, 그 사람은 관점적 믿음 상태에 있는 것인 반면, 어떤 사람이 명제에 참이라는 개입적 태도를 취하지 않으면서 그 명제를 가정적으로 믿을 경우, 그 사람은 비관점적 믿음 상태에 있는 것이다. 관점은 주관적 태도 개입에 의한 것이므로, 관점이 주관성의 한 형태로 분류되는 것이다.

것처럼 보인다.

합리성을 객관성까지 포괄하는 중심 개념으로 고찰하는 "제4절 인지적·전략적·가치론적 합리성"에서는 합리성을 정의하는 다섯 가지 원칙들이 (1)~(5)에 걸쳐 각각 소개된다: (1)성취 (2)최소 합리성 (3)지향성 (4)기원들 (5)제약 사항들. 만일 감정이 합리적이라는 것을 보이고자 한다면, 이러한 작업은 이러한 원칙들과 부합하는 방식으로 이루어질 수밖에 없을 것이다.

"(6)인지적 합리성과 전략적 합리성"에서는 두 가지 종류의 합리성이 구분된다: 판단들이나 믿음들에 직접 적용 가능한 인지적 합리성과 주로 행위나 원함들에 적용 가능한 전략적 합리성. 표상적 상태는 (인과적인 의미에서) 표상적 상태의 개연적인 결과(효과)들의 가치라는 견지에서 평가될 수 있는데, 이것은 전략적 합리성 혹은 유용성을 평가하는 것이다. 이에 반해, 어떤 상태는 그 상태가 표상하고자 하는 세계의 어떤 실제 상태에 개연적으로 적합한 방식으로 그 상태에 도달하였을 때 인지적으로 합리적이다.

"(7)감정의 환원 불가능성: 가치론적 합리성"에서는 믿음이나 원함으로부터 독립적인 감정의 고유한 지위에 관해 논의된다. 만일 감정이 오직 믿음과 원함의 조합일 뿐이라면, 감정의 합리성을 규제하는 원칙들은 아마도 인지적 합리성과 전략적 합리성에 의해서만 전적으로 설명될 것이다. 그러나 이미 제시된 두 논변이 이러한 환원론적인 입장을 논박한다는 점이 필자에 의해 지적된다. 즉 가정적인 태도의 문제 때문에 감정들이 단순히 믿음들이 될 수는 없다는 논변과 감정들의 형식적 대상들의 다양성 때문에 감정들이 믿음들이나 원함들과 동일시될 수는 없다는 논변이 그것이다.

아울러 유용성과 무관한 욕구로서 현상적 혹은 감정적 욕구라는 개념을 필요로 한다는 점을 뒷받침하기 위해 과거에 대한 욕구들을 가질 수 있는가 하는 문제가 제기된다. 과거에 대한 욕구

(바람)가 가능하다는 직관 위에서 감정적, 현상적 욕구들은 기능적 원함과 무관함이 주장된다. 왜냐 하면 미래로 향해진 것만이 논리적으로 원함(want)의 대상이 될 수 있으며, 따라서 과거에 대한 욕구나 바람(wish)은 행위에로 이끄는 측면이 없는 어떤 것, 즉 욕구의 현상적 요소와 같은 것을 가지고 있기 때문이다. 욕구의 현상적 요소는 욕구에서 기능적 원함을 뺀 것이다.(역으로 말하면 기능적 원함이란 욕구에서 현상적 요소를 뺀 것이다.) 감정들의 합리성은 믿음들의 합리성과 마찬가지로 실천적 행위의 합리성으로부터 어느 정도의 자율성을 인정받아야만 한다.

그렇다면 기능적 원함에 대한 합리성 기준이 아니라 감정적, 현상적 욕구들에 적용될 수 있는 합리성 기준은 무엇인가? 다시 말해, 전략적 합리성이나 인지적 합리성으로 환원될 수 없는 감정의 합리성의 적절한 기준은 무엇인가? 그것은 가치론적 합리성이라고 말할 수 있을 것이다. 윤리학 고전들은 윤리학적인 담론에서 볼 수 있는 가치론적인 수준들과 의무론적인 수준들을 구분한다. 가치론은 무엇이 가치 있는가에 대한 이론이다. 반면 의무론은 해야 할 바가 무엇인가에 대한 이론이다.

감정적 또는 "가치론적" 합리성에 대한 보다 적극적인 해명을 꾀하고 있는 "제5절 감정의 가치론적 합리성"은 다음의 네 부분으로 구성되어 있다: (1)패러다임 시나리오 (2)합리성의 원칙들의 적용 (3)몇 가지 반론 (4)현저성과 패러다임 시나리오: 유티프론 문제 재고찰.

"(1)패러다임 시나리오"에서는 패러다임 시나리오에 대한 보다 자세한 설명과 아울러 패러다임 시나리오에 의한 감정의 객관성과 합리성의 중심 아이디어가 설명된다. 우리는 감정을 패러다임 시나리오들과 연계시킴으로써 감정의 어휘들과 친숙해진다. 그 패러다임 시나리오의 견지에서 우리의 감정적 레퍼토리가 습득되고 우리 감정의 형식적 대상이 고정된다. 패러다임 시나리오들은 맨 먼저 어린 시절에 우리의 일상적인 삶으로부터 이끌어지고, 나중에는 우리가 접하는 이야기, 예술 그리고 문화에 의해서 강화된다. 그리고 문자 문화에서는 패러다임 시나리오들이 문학에 의해서 보충되어지고 세련화된다. 패러다임 시나리오들은 두 가지 측면을 가진다: 첫째, 특정한 감정-유형의 특징적인 대상들(여기서 대상들은 제2절에서 논의되는 다양한 종류의 것을 말한다.)을 제공하는 상황 유형(situation-type). 둘째, 상황에 대한 일련의 특징적이거나 "정상적인" 반응. 여기서 정상성은 처음에는 생물학적인 문제였지만 매우 빠르게 문화적인 것으로 된다.

만일 감정이 발생한 문제 상황과 그 감정-유형을 규정하고 있는 패러다임 시나리오가 서로 합치된다면 그 감정은 객관성을 확보한 것이다. 이런 견해는 Euthyphro 질문에 대한 객관주의적인 답을 제안한다: 감정(적어도 객관적인 것)은 단순한 투사가 아니라 세계 안에 존재하는 실재 속성에 대한 감지다. 따라서 감정의 합리성은 감정이 발생한 문제 상황과 패러다임 시나리오 사이의 합치 관계에 의해 측정된다.6)

"(2)합리성의 원칙들의 적용"에서는 패러다임 시나리오들의 역할이 제4절에서 설명된 합리성의 원칙들과 연결시켜 설명됨으로써 더 명료화된다.

"(3)몇 가지 반론"에서는 감정이 발생한 문제 상황과 패러다임 시나리오와의 합치에 의해 감정의 객관성과 합리성을 확보하는 것에 대해서 제기될 수 있는 반론이 논의된다. 그것은 감정의 합리성이 사회화 과정에서 감정의 기원들에 의해 교정 불가능하게 고정된다는 것과, 만일 상황이 패러다임에 잘 들어맞는다면 어

---

6) 감정은 실재 세계에 관한 어떤 것을 우리에게 말한다는 점에서 객관적이다. 그러나 확실히 감정들에 관한 객관성의 양상은 인간의 특징적인 성향과 반응 그리고 개인적인 천성에 따라 상대적이다. 따라서 감정의 객관성은 우리가 일상적으로 생각하는 객관성보다는 약한 객관성이다. 그러므로 감정과 관련해서는 보다 포괄적인 개념인 합리성이 객관성보다는 더 적절할 듯싶다.(우리는 객관성이 없는 합리성 개념도 가능함을 볼 것이다.)

떠한 것도 감정의 적절성에 영향을 미칠 수 없다는 것을 제시하는 것처럼 보인다는 것이다. 따라서 우리가 "감정적으로 성숙하는 것"이라고 부르는 감정적 성향의 변화도 불가능한 것처럼 보인다.

그렇다면 어떤 의미에서 우리는 한 패러다임이 다른 패러다임에 의해 대체됨에도 불구하고 합리성이 계속 유지된다고 주장할수 있는가? 그리고 여기에 객관성이 있다고 주장할 수 있는 범위는 어디까지인가? 어떤 감정의 상황이 주어진 시나리오와 합치되는 것으로 여겨질 수 있느냐 하는 것은 어느 정도 융통성의 여지를 허용한다. 그러나 모든 것이 다 통용되는 것은 아니다. 감정의 진정한 비합리성은 객관적으로 닮지 않은 시나리오의 견지에서 상황을 지각하는 것과 연계되어 있다. 감정적 비합리성은 뒤섞인 시나리오들의 문제: 극심해진 노이로제와 극단적인 정신병으로 인한 실재성의 상실. 따라서 감정의 성숙은 그것이 뒤섞인 시나리오들의 문제가 아니므로 패러다임 시나리오 이론에서 합리적인 것으로 인정될 수 있다.7)

그러나 두 가지 복잡성이 합리성의 질문에 대한 어떠한 간단한 답도 실제 적용에 있어서는 허용하지 않는다. 첫번째 복잡성은 주어진 상황과 반응이 다수의 충돌하는 시나리오들을 불러일으킬 수 있다는 사실로부터 유래한다. 감정들이 모두 동등하게 적절할 때조차도 감정들이 필연적으로 양립 가능한 것은 아니다.(지각 유비는 어떻게 이것이 가능한가를 보는 데 도움이 될 것이다: 당신이 Necker cube나 오리-토끼 그림을 보고 있을 때

---

7) 어떤 감정이 병적 감정인지 또는 성숙된 (비병적) 감정인지를 알아보기 위해서는 그 감정이 최소 합리적인 것으로 설명되어질 때까지 계속 원형 시나리오를 찾아 들어가야만 할 것이다. 그 감정을 최소 합리적인 것으로 설명해내는 원형 시나리오가 찾아졌을 경우, 만일 그 원형 시나리오가 뒤섞인 시나리오들의 문제를 안고 있다면 그 감정은 병적 감정이고, 그렇지 않다면 성숙된 감정이라고 말할 수 있을 것이다.(물론 그 원형 시나리오가 실제에 있어 꼭 찾아진다는 보장도 없으며, 또 꼭 한 개만 찾아진다는 보장도 없다.)

당신은 두 육면체 또는 두 동물을 동시에 볼 수는 없다.) 두 번째 장애는 형식적 대상들의 다양성이다. 중요한 결론을 반복하자면, 가치론의 객관성은 단일한 가치론적 "옳음"이 있어야만 한다는 것을 함축하지 않는다. 가치의 다차원성에 해당하는 이 사실은 윤리적 삶에 대한 감정의 기여를 살펴보면 더 명확히 드러난다.

"(4)현저성과 패러다임 시나리오: 유티프론 문제 재고찰"에서는 감정이 어떻게 믿음, 욕구 그리고 행동의 합리성에 기여하는 가를 묻고, 이런 견해가 Euthyphro 질문에 대해 패러다임 시나리오를 통한 객관주의적인 답과 상치되지 않나 하는 것을 논의한다. 어떻게 패러다임 시나리오들에 의해 감정적 "성취"의 기준을 결정하는 것은 현저성의 결정 인자로서의 감정의 역할과 양립 가능한가? 이런 두 가지 기능은 Euthyphro 질문에 대해 상반되는 답을 제안한다. 패러다임 시나리오들에 의해 감정적 성취의 기준을 결정한다는 필자의 입론에 의해 제시된 Euthyphro 질문에 대한 답은 객관적인 것임에 반해, 감정이 현저성을 조정함으로써 이성의 불충분성의 문제를 해소한다는 필자의 입론에 의해 제시된 Euthyphro 질문에 대한 답은 주관주의적인 것처럼 보인다. 왜냐 하면 현저성은 새로운 것들을 발견해내는 것이라기보다는 이미 거기 있는 것들을 재배치하는 문제인 것처럼 보이기 때문이다.

그러나 만약 우리가 네 가지 유형의 주관성이 있다는 것을 기억한다면 이런 문제는 해결될 수 있다: 현상성, 상대성, 투사 그리고 관점. 투사는 Euthyphro 문제에서 남아 있는 주관성의 유일한 의미다. 그러므로 우리는 감정에 의한 현저성의 조정이 투사와 같은 것인지의 여부를 물어볼 필요가 있다. 그 대답의 요지는 간단하다. 투사는 그것이 부적절할 때는 객관성을 방해하지만 그것이 적절할 때는 그렇지 않다. 현저성을 조정함으로써 패러다임 시나리오들은 지각의 캡슐 씌우기를 흉내낸다. 이것은 어떤 지각과 추론을 금지하고 다른 것을 배양한다. 그러나 만약 결과의 패턴이 상황에 적절하다면 그것은 비합법적인 투사를 구성하지 않는다.

그러나 우리는 여기에 포함된 적절성의 개념을 어떻게 해석해야만 하는가? 포함된 표준성의 기준은 생물학적인 것뿐만 아니라 사회적인 것까지 될 수 있다. 더 나아가 필자는 **개별적인 표준성**의 개념을 위한 여지가 있다고 지적한다. 두 종류의 고려는 그것을 지지한다. 하나는 개별적 변수가 생물학적으로 기본적이라는 것이다. 다른 하나는 유아의 감정의 레퍼토리를 정의하는 패러다임 시나리오들의 사회적 발생이 적어도 부분적으로 개별적인 기질에 의해서 통제될 수 있음을 제안하는 감정적 계발에 관한 사실이다. 이와 같은 이유, 즉 개별적인 기질에 의해서 단지 부분적으로 형성된 어떤 것이기 때문에 만약 어떤 사회적 그룹에 대한 표준성에 관하여 말하는 것이 의미 있게 되려면 하나의 개별자의 표준성에 관하여 이야기하는 것 또한 의미 있어야 할 것이다.

1. 감정의 생물학적 측면

감정은 흔히 가장 생물학적이고, 우리 정신 기능의 가장 신체적인 것으로 생각된다. 실제로 19세기 이래로 우리에게 전승된 가장 영향력 있는 감정 이론—William James의 이론—에서도 감정들은 단지 신체 상황(conditions)의 감지(apprehension)에 불과한 것으로 간주된다. 이 글의 주제상 생물학적이고 "체계 설계적(systems design)" 관점에서의 감정의 탐색은 여러 모로 도움이 될 것이다. 필자는 이 글에서 감정의 생리학을 제공하려는 시도는 않겠다. 그러나 생리학은 감정 이해에 공헌하는 무언가를 진정으로 지니고 있다. 우리는 다음과 같은 추정까지도 해볼 수 있다: 감정은 Descartes의 송과선(pineal gland)과 유사하다.

그곳에서 마음과 신체가 가장 밀접하게 그리고 신비롭게 상호 작용하는 기능을 지닌다.

실제로, 감정의 생물학적 본성에 대해서는 분리 가능한 두 개의 물음들이 있다. 하나는 관련된 생리학적 기제(mechanism)의 올바른 모델에 관한 것이며, 다른 하나는 보다 일반적인 것으로 진화적 기원에 관한 것이다. 이 물음들은 물론 서로 연관되어 있다. Paul MacLean[8]은 우리의 감정은 대부분 피질(cortex)보다는 더욱 오래되고 뇌간(brainstem)보다는 더욱 최근의 것인 뇌의 부분(변연계)에 의해서 통제된다고 제안한다.(뇌간은 우리의 원초적 본능들을 통제하고 파충류의 뇌를 닮았다.) 감정이 적응하면서 진화해왔다고 말할 수 있을지라도, 이것은 감정이 무엇을 향해 어떤 방향으로 진화해왔는지에 대한 질문을 제기한다. 이 문제에 대한 탐구를 통해 감정의 객관성에 대한 생물학적 시각을 지니는 것으로부터 배우게 되는 매우 흥미로운 교훈이 하나 있다. 그것은 정신적 특성으로 빈번히 주장되는 지향성이나 "관함(aboutness)"이 정도의 차이를 허용한다는 것이다. 굴성(tropisms)과 같은 단순한 목표 지향 장치는 가장 낮은 수준을 나타낸다; 필자는 지향성(intentionality)이 (질적으로 구분 불가능한 것들의 집합이나 종류와는 대비되는) 진정한 개체들을 지칭할 수 있는 능력을 지닐 때 가장 발전된 형태에 도달한 것이라고 주장한다. 그러한 지칭 시도는 성공이 보장될 수 없는 것이고, 성공하고 있다는 우리의 믿음은 항상 어떤 신념의 형이상학적 비약으로 남아 있다. 그럼에도 불구하고 그러한 신념의 비약은 우리 감정의 가장 중요한 부분—즉 상황 유형에 대한 반응과 대비되는 것으로서의 특정 개체에 대한 애착(attachment)을 포함하는 감정—에 포함되어 있다.

---

8) MacLean, Paul D. 1960. "New Findings Relevant to the Evolution of Psychosexual Functions of the Brain." Journal of Nervous and Mental Diseases 135: 289-301.

우리는 가장 낮은 수준의 굴성과 같은 단순한 목표 지향 장치에 적용될 수 있는 목적론을 '적응적 목적론(adaptive teleology)'이라 부르고, 보다 높은 수준의 유형 지칭이나 개체 지칭에 적용될 수 있는 목적론을 '지향적 목적론(intentional teleology)'이라 부를 수 있을 것이다. 적응적 목적론하에서는 자극에 대해서 고정된 형태의 반응이 산출되나, 지향적 목적론하에서는 자극에 대해 고정된 반응이 산출되는 것이 아니라 자극은 동기 유발을 가능케 하는 감정적 성향을 결정해줄 뿐이다.

2. 감정과 그 대상들

감정이 객관적일 수 있는가 또 그런 경우에 어떻게 그러한가 하는 문제를 다루기 위해 우리는 우선 감정들이 그 대상들과 어떻게 관계하는지 물을 필요가 있다. 이 문제는 매우 복잡해서 몇몇 사람들은 이를 하나의 단일한 문제로 다루는 것의 유용성에 대해 의심하여 왔다. 그러나 문제의 단일성은 감정이 우리에게 우리 자신과 세계에 관한 정보들을, 비록 매우 다양한 방식이긴 하지만, 제공한다는 생각에 의해 지지된다. 대상들은 그러한 정보의 다양한 유형들, 그리고 행동과 사고와의 여러 상이한 관계들을 나타낸다.

구체적으로 감정과 관련된 일곱 개의 대상적 범주들이 구별될 수 있을 것이다: 타깃(target), 포착 속성(focal property), 동기화 측면(motivating aspect), 원인, 목표(aim), 명제적 대상 그리고 형식적 대상(formal property). 타깃은 감정이 관계하는 실재적인 개체다. 감정은 그것의 타깃으로 향해져 있다. 타깃을 가지는 감정은 전형적으로 감정의 주체의 의식의 초점을 포함하는데, 이로부터 타깃의 포착 속성에 대한 파악이 이루어진다. 즉, 포착 속성은 어떤 타깃에 대해 어떤 감정을 가질 때, 그 감정과 관련하여 초점이 맞추어져 포착된 속성을 말한다. 포착 속성은 어떤 조건하에서 동기화 측면으로 작용할 수 있다. 동기화 측면으로 작용하기 위해서는 포착 속성은 문제되는 감정의 인과적 설명에 등장하여야 하고, 그 감정에 대해 최소한의 그러나 이해 가능한 정당화를 제공하여야 하며, 타깃의 어떤 실재적인 속성이어야 한다. 왜 모든 포착 속성이 동기화의 측면으로 작용하지 않는 것일까? 다음과 같은 예를 살펴보자:

영희는 순자의 천박한 음악적 취향 때문에 그녀를 경멸한다고 생각한다. 그러나 실제로 순자의 음악적 취향은 영희의 순자에 대한 느낌들과 아무 관계도 없다. 사실은 그녀가 여태껏 눈치 채지 못했지만 순자의 목소리가 그녀가 매우 싫어하는 그녀의 할머니를 상기시키고, 그것이 그녀의 경멸의 느낌을 불러일으킨 것이다.

우리는 이 경우에 순자의 음악적 취향이 문제의 감정의 포착 속성이지만 동기화의 측면은 되지 않음을 알 수 있다. 다시 말해, 포착 속성이 동기화의 구실을 하기 위해서는 ①의식적이든 무의식적이든간에 포착 속성은 인과적 효력을 가지고 있어야 하며 (첫번째 원인 조건 입론), ②그것이 의식적이 되는 경우에는 문제의 감정을 이해 가능한 것으로 정당화시킬 수 있어야 하며(이해 가능성 조건 입론), ③문제의 타깃의 실재적인 속성이어야 한다(두 번째 원인 조건 입론). 이 첫번째 원인 조건은 단순히 올바른 인과적 연결이 감정의 주체의 내부에 존재해야 함을 요구하는 반면, 두 번째 인과 조건은 세계가 감정에 관계할 수 있게끔 해준다. 이해 가능성 조건은 동기화가 적절한 의미에서 합리적 담화의 영역에 속해 있음을 나타내고 있다. 그러므로 동기화는 합리적 규범(norms)에 맞도록 작동하여야만 한다.

솔로몬(R. Solomon)은 모든 감정의 목표는 자존이라고 주장한 바 있지만 여기서 말하는 감정의 목표란 그토록 높은 수준의 것은 아니며, 단지 매우 가까운 것, 그러니까 직접적인 특징적 표출 행동을 뜻한다. 예를 들어, 우리는 침울함 때문에 방방 뛰고, 기쁨 때문에 구부정하게 걷고, 질투 때문에 미소짓지는 않는다. 물론 우리는 질투를 느끼는 사람이 미소짓는 이야기를 만들어볼 수도 있다. 그러나 그러한 행동은 질투 감정의 자연스런 표출은 아닐 것이다. 여기서 감정의 목표가 의미하는 것은 직접적이고 자연스런 행동으로서 감정의 특성화에 기여하는 종류의 것이다.

어떠한 감정 유형에서도 그 성격과 적절함의 조건이 자신의 형식적 대상에 의해 정의된다는 것은 중요하다. 모든 감정에 대해 만약 그것이 이해 가능한 것이 되려면, 그 동기화 측면에 암묵적으로 부여되어야 하는 이차 속성(second-order property)이 있어야 하며, 감정의 구조에서의 이 본질적인 요소를 그것의 형식적 대상이라고 부른다(형식적 대상 입론). 형식적 대상이 이차 속성이라고 함은 그것이 다른 어떤 속성 혹은 속성들에 탑승해 있다는 뜻에서다. 가령 어떤 것은 위험스러움 때문에 두려운 것이 된다. 그러나 종종 형식적 대상이 단순히 타깃의 한 속성인 양, 보다 느슨하게 말하기도 하겠다. 이런 느슨한 의미에서 만일 타깃이 실제로 형식적 대상을 타깃에 알맞게 해주는 포착 속성을 갖는다면, 부분적으로 그 감정은 적절한 것이다. 강렬함의 정도와 윤리적 혹은 미학적 견지에서의 알맞음 등을 포함하여 다른 적절성의 필요 조건들은 정도의 문제들이며 문맥 의존도가 매우 높다.

형식적 대상의 개념은 올바름을 평가할 수 있는 내용을 가진 어떠한 상태에도 적용된다. 따라서 정의에 의해 형식적 대상이란 그 상태의 올바름의 표준(standard of correctness)이다. 예컨대, 진리란 믿음의 형식적 대상이며, 좋음이나 욕구할 만함(desirability)은 원함(want)의 형식적 대상이다. 주어진 감정과 연계된 특정한 형식적 대상은 그 감정의 정의에 필수적이다.

리차드 볼하임이 말한 바와 같이,[9] '감정'은 형식적 단어다. 내가 "나는 방금 어떤 생각이 났다."고 말했다고 상상해보자. 당신이 "무슨 생각이냐?"고 묻는다. 만일 내가 당신에게 나의 생각의 대상—타깃 그리고/또는 명제적 내용—을 말한다면, 나는 나의 생각을 명시한 것이다. 그러나 단지 감정의 타깃 또는 그것의 동기화 측면을 제공하는 것은 우리가 다루고 있는 감정이 무슨 감정인지를 아직 명시하지 않은 것이다. 그런 이유에서 형식적 대상을 집어낼 필요가 있다.

다른 감정 유형들이 존재하는 것만큼의 많은 다양한 감정의 형식적 대상들이 존재한다. 형식적 대상들의 다양성은 중요한 결과들을 갖는다. 그것은 감정들의 평가가 왜 진리나 좋음의 평가보다 훨씬 더 번잡스러운 모습을 띠는지 설명해주며, 또 윤리적 생활에 대한 감정의 기여가 특별히 복잡한지 설명해준다.

감정의 타깃은 어떤 동기화 측면을 예화함으로써 감정의 인과에 핵심적인 역할을 하며, 동기화 측면은 다시금 그 특정한 감정을 정의하는 형식적 대상을 예화한다(타깃의 형식적 대상과의 관계 입론).

명제적 대상은 감정의 타깃이 없는 경우들을 고려하면 쉽게 이해될 수 있다. 가령 가상의 인물과 사랑에 빠지는 경우나, 혹은 두려움이나 바람(wish)처럼 타깃을 갖지 않는 것이 정상적인 감정들의 경우에는 명제적 대상이 요청될 것이다. 승진을 희망함의 타깃이 되는 어떠한 현실적인 대상도 없다. 이 경우에 희망함에 필요한 대상은 (만일 있다면) 명제적인 것일 것이다. 핵심은 어떠한 타깃과도 연결되어 있지 않고 또한 어떠한 사실과도 연결되어 있지 않음이 정상적인 감정들(예: 걱정, 바람)이 있으며, 이런 경우 그것들은 명제들에 혹은 명제적 대상들에 연결되어 있는 것으로 보인다는 것이다. 만약 어떤 감정이 순전히 명제적인 대상을 갖는다면, 그 감정은 그 감정의 형식적 대상을 예화

9) Wollheim, Richard. 1984. The Thread of Life. Cambridge, MA: Harvard University Press. 35쪽.

하는 속성을 가지는 어떤 사실, 명제, 사건 혹은 상황 유형에 적합한 어떤 태도 속에 놓여 있다(명제적 대상 입론). 이 명제적 대상 입론은 합리성이 평가될 수 있는 어떠한 심리 상태에 대해서도 그 기술하에서 그 상태가 적절하거나 합리적으로 평가될 그러한 대상에 대한 어떤 기술이 존재함이 틀림없음을 함축한다.

3. 객관성

일반적으로 감정은 주관적이며 비합리적이거나, 기껏해야 합리성과는 무관한 것으로 여겨진다. 이 절과 다음 절에서는 객관성과 합리성이라는 개념 및 이 양자가 어떻게 감정에 적용되는가를 설명하고자 한다.

진리, 객관성, 합리성이라는 세 개념 중 어느 개념으로부터라도 이 주제(유티프론의 문제)에 들어갈 수 있다. 이 절은 객관성에 초점을 둔다. 그러나 객관성은 주관성과 견주어 그 의미를 부분적으로 얻게 되며, 주관성은 단 하나의 개념이 아니라 복수의 개념이다.

주관성의 가능한 네 가지 의미들이 구분되어야만 한다. 즉, 현상성(나의 경험을 갖는 것과 같은 어떤 것), 투사(내 자신의 태도들의 그림자들이 세계의 실재적인 속성들이라는 착각), 상대성(어떤 속성들은 주관과 세계와의 상호 작용의 결과로서만 존재하게 된다는 사실), 그리고 관점("나의 나다움", "the I-ness of I", 모든 경험과 모든 선택이 필연적으로 특정 관점 혹은 행위자의 관점에서 만들어진다는 포착하기 어려운 사실)이 그것이다. 현상성이나 상대성은 정도의 차이가 있긴 하지만 모두 적어도 객관성에 대한 주장을 뒷받침한다는 점에서 감정을 지각에 대한 중요한 유사물로 바라보는 입장(지각과의 유비)과 양립 가능할 수 있다. 투사는 단지 우리가 어떤 것이 세계에 존재하기를 바라기 때문에 그것이 세계에 존재한다는 주장을 펴고 있다는 점에서 객관성과 명백하게 양립할 수 없는 유일한 형태의 주관성이다. 관점 역시 객관성을 훼손한다. 그러나 지각과의 유비를 배제하는 방식으로 객관성을 훼손하는 것은 아니다. 더 나아가 관점은 감정적 태도의 특수한 본성에 흥미로운 빛을 던진다. 감정의 형식적 대상들의 다양성의 놀라운 귀결은 가정적인 감정을 가짐(hypothetically emoting)과 같은 것—명제를 참이라고 믿지 않은 채 명제를 생각하는 가정적인 믿음에 대한 단순한 유비체—이 전혀 없다는 점이다. 이제 이것들을 하나하나 좀더 자세히 살펴보자.

(1)진리, 객관성, 합리성

제2절에서 객관성의 주장에 호의적인 세 가지 측면들이 검토되었다. 첫번째 측면은 적어도 어떤 감정들의 귀속(ascription)은 감정을 외부 세계에 대한 객관적 사실과 연결짓는 인과적 조건(두 번째 인과적 조건 입론)과 결부되어 있다는 점이다. 두 번째 측면은, 단순히 어떠한 임의의 대상과의 관계 속에서도 이해 가능하게끔 귀속될 수 있는 감정은 전혀 없다는 점이었다(이해 가능성 조건 입론과 명제적 대상 입론). 주목되는 포착 속성이 어떤 감정들에 대해서는 적절한 동기화의 측면을 제공할 수 있으나 다른 감정들에 대해서는 그렇지 않다. 이것은 정도의 문제다. 즉 아주 친숙해 있는 감자의 맛에 대해 강렬한 기쁨을 느끼는 것은 이상하다. 무고한 사람의 엄청난 고통을 보고 행복에 잠기는 것은 도덕적으로 나쁘다. 또한 어떤 사람이 꼬마를 보고 웃었던 것을 생각하면서 고통스러운 양심의 가책을 경험한다는 말 역시 (어떤 반짝하는 이야깃거리가 없다면) 전혀 이해할 수 없다. 세번째, 우리는 감정의 귀속이 기초적인 수준의 이해 가능성에 도달하기 위한 최소한의 조건을 발견했다. 이것은 각각의 특정 감

정에 상응하는 형식적 대상의 존재와 관계가 있다(형식적 대상 입론, 타깃의 형식적 대상과의 관계 입론).

필자는 이 세 가지 논점 모두를 확장해보고자 한다. 우선 객관성, 진리 그리고 합리성이라는 세 가지의 서로 맞물려 있는 핵심 개념들간의 관계부터 해명해보자. 만일 우리가 진리, 합리성 그리고 객관성이라는 세 가지 서로 맞물려 있는 개념들 중 어느 것이 가장 근본적인 것인가를 생각해보면, 우리는 이 세 가지 개념이 가위, 바위, 보처럼 서로 맞물려 돌아간다는 것을 알 수 있다.

직관적으로, 진리는 언어(혹은 사고)와 (우리의 의식 상태와는 독립적으로 존재하는 것으로 간주되는) 실재 세계간의 대응과 관련된다. 객관성은 더욱 근본적인 것처럼 보인다. 왜냐 하면 우리는 실재 세계의 어떤 것에 대응하는 사고나 명제들 이외의 다른 상태들도 감지할 수 있기 때문이다. 가령 어떤 성질(quality)의 지각은 우리가 보통 그것을 참이라고 생각하지는 않을 수 있을지라도 객관적일 수 있다. 이제 진리는 단지 객관성의 일종처럼 보인다. 그러나 객관성은 주관성과의 대조에서 부분적인 의미를 확보할 수밖에 없다. 그런데 주관성은 단일한 개념이 아니라 복수의 개념이다.

합리성의 경우, 그것은 진리 혹은 객관성을 획득하기 위한 전략들과 관련된다. 따라서 어떤 관점에서 보자면 합리성은 종속적인 개념이다.

하지만 다른 관점에서 보면, 합리성이 객관성보다 더욱 기본적이다. 합리성은 무엇을 믿어야 하는가에 대한 전략들을 포함해, 온갖 종류의 행위 및 전략들을 포괄하고 있다. 더욱이 객관성이 없는 합리성(rationality without objectivity)이라는 관념도 생각해봄직하다. 이 입장은 『테아이테투스』편에서 탐색된다. 이 대화편에서 프로타고라스는 모든 진리는 상대적이며, 사람들이 믿는 것은 오직 그 사람에게 참이라고 주장한다. 그러나 자신의 가르침은 자신의 고객을 더욱 안락하게 한다는 점 때문에 자신의 가르침에 대해 높은 사례비를 지불하는 것이 합리적이라고 주장한다. 설사 누군가가 "프로타고라스가 틀렸다."고 주장한다 해서 그가 모순에 빠지는 것은 아니다. 왜냐 하면 그에게 있어서 진리란 믿는 각자에 대한 진리(truth-to-each-believer)를 뜻하며, 따라서 위의 주장은 "프로타고라스는 내가 볼 때 틀렸다."는 의미이기 때문이다. 그러나 바로 여기서 소크라테스는 승리를 거둔다. 즉 모순이 전혀 불가능하다면, 언어 역시 전혀 불가능하기 때문이다.

완전한 상대주의에 대한 소크라테스적인 승리는 결국 진리가 합리성보다 더욱 근본적이라는 점을 함축하는 것처럼 보인다. 따라서 우리가 관점을 변경함에 따라 마치 가위, 바위, 보처럼 진리가 합리성을 지배하며, 합리성은 객관성을 지배하며, 객관성이 진리를 지배한다.10)

필자는 앞으로 주로 객관성과 합리성에 주목할 것이다. 필자의 목적은 우리가 가장 우호적인 사례들에서 객관성과 합리성의 가능성을 인정할 경우, 감정이 이러한 면들을 어느 정도로 그 우호적인 사례들과 공유하고 있는가를 발견하는 것이다.

먼저 객관성에서 시작하여, 객관성에 그 부분적인 의미를 부여하는 대조적인 용어(즉 주관성)를 면밀히 살펴보고자 한다. 두 관념이 상당히 대칭적이지 않다. 즉 주관성이 더욱 복잡한 개념이다.

(2)주관성의 네 종류

주관성이라는 개념에는 현상성, 투사, 상대성, 관점이 있다.

---

10) 여기서 '지배한다'는 한 단어를 사용하고 있지만 그 뜻이 모두 같은 것은 아니다. 진리가 합리성을 지배한다는 것은 합리성은 진리를 전제한다는 것이며; 합리성이 객관성을 지배한다는 것은 객관적인 것은 합리적인 것이다. 즉 합리성이 객관성을 포괄한다는 것이며; 객관성이 진리를 지배한다는 것은 참인 것은 객관적인 것이다. 즉 객관성이 진리를 포괄한다는 것이다.

현상성(phenomenology)이란 바로 감각질(qualia)의 문제다.

투사(projection)는 유티프론의 문제에 대한 주관주의적인 답안을 구체화한다. 이것은 대상에 귀속된 속성들이란 우리의 선택들의 그림자들일 뿐이라는 입장이다. 대상에 귀속된 속성들은 우리의 결정 범위 외부의 요인들에 의해 결정되는 것이 아니라 전혀 기준이 없는 선택을 하는 가운데서 이러한 것들을 우리 스스로의 견지에서 결정한다는 것이다.

상대성(relativity)은 대상에 귀속된 속성들이 실제로는 대상과 관찰자간의 관계들에 의해 산출된다는 입장이다. 이러한 입장의 원형을 『테아이테투스』편에서 볼 수 있다.(프로타고라스의 지각 "신비설", the "secret doctrine" of perception) 이 교설에 따르면, 대상의 지각적인 성질들은 주관과 대상간의 상호 작용의 결과로 존재한다. 상대성의 한 형태는 관점적인 상대성(perspectival relativity)이다. 즉 사물들은 각도나 거리가 다르면 다르게 보인다는 사실이다. 관점적 상대성과 관련해 강조되어야 할 점은 이러한 상대성이 객관성과 전혀 양립 불가능한 것은 아니라는 점이다.11) 따라서 이러한 상대성이 다음에 설명될 관점이란 의미의 주관성과 혼돈되어서는 안 된다. 이러한 주관성은 순수하게 관점적이다.

관점(perspective)은 가장 난해한(elusive) 형태의 주관성이다. 이 명칭은 관점적인 상대성을 시사하고 있다는 점에서 오해의 소지가 있으나 필자는 이렇게 명명할 수밖에 없다. 그 한 형태는 "나의 나다움, I-ness of I"의 문제다. 우리가 알거나 지각하는 것들은 모두 어떤 특정의 관점에서 알게 되었거나 지각된 것이다. 우리는 특정의 관점에서 벗어난 입장을 전혀 획득할 수 없다.12)

---

11) Wiggins, David. 1976. "Truth, Invention and the Meaning of Life." Proceedings of the British Academy 62: 331-378. 특히 349ff 참조.
12) 우리는 개인적으로 고유한 기질, 성품, 습성, 성향 등이 관점을 구성하는 것으

순수 선택(pure choice)의 주관성 역시 관점 문제에 속할 수 있다. 선택은 관점과 마찬가지로 항상 어떤 사람의 선택일 수밖에 없으며, 자신 이외 다른 사람의 선택을 글자 그대로 자신의 견지에서 선택할 수 있는 사람은 아무도 없다.

주관성의 이러한 여러 다른 의미들이 진리, 객관성, 합리성이라는 개념들과 서로 다른 방식으로 관계되어 있다는 점에 주목하자. 진리와 객관성은 양자 모두 분명 투사와는 양립 불가능하다. 그러나 이 양자가 현상성과 명백하게 양립 불가능한 것은 아니며, 상대성과 양립 불가능하지 않다는 점은 명백하다. 네이글(Nagel) 등의 학자들에 의해 '객관성'은 종종 특정한 모든 관점을 초월한다는 뜻으로 사용된다.13) 그러나 네이글은 진리가 관점과 양립 가능하다고 생각하는 것처럼 보인다.(바로 이점이 진리가 단지 객관성의 일종이라고 가정하는 것이 지나치게 소박한 까닭이다.) '주관성'의 이런 다양한 의미들을 이해하고나면, 필자는 이제 감정이 주관적이라는 주장을 보다 쉽게 공격할 수 있으며 필자의 반론을 개진할 수 있다.

(3)지각의 유비

필자가 다루는 테제가 바로 이 지각의 유비다. 감정이 주관적인 방식들은 객관성에 대한 중요한 주장을 배제할 만큼 지각의 유비를 훼손하지는 않는다. 사실 감정들은 참된 정보를 제공하는 것으로 간주될 수 있다. 그러나 감정과 믿음/욕구의 유비에서와 마찬가지로 감정과 지각의 유비가 감정과 지각의 일치를 보증할 정도로 밀접하지는 않다.

로 이해할 수 있을 것이다. 왜냐 하면 이러한 것들이 나의 나다움을 구성하는 것이기 때문이다. 관점적 주관성이 성립하느냐의 여부는 나의 나다움을 구성하는 요소들의 개입 없이 정신 작용(믿음, 지각, 감정 등)이 가능하느냐의 여부에 달려 있다.
13) Nagel, Thomas. 1986. The View from Nowhere. London and New York: Oxford University Press.

▣ 현상성

일부 철학자들은 감정들이 그 느껴진(felt) 성질들에 의해 확인될 수 있다고 주장해왔다. 그러나 감정들이 의식적일 필요는 없다. 다만 감정들이 정신적일 필요는 있다. 현상적인 성질을 갖는다고 하는 것은 의식적인 상태가 되기 위한 충분 조건이다. 따라서 우리는 모든 감정의 토큰들이 현상적이라는 의미에서 감정이 주관적이라고 가정할 수는 없다.

어떠한 경우이건 감정의 현상성은 지각의 유비를 훼손하지 않는다. 왜냐 하면 일상적인 감각적 지각도 또한 (보통) 현상적인 성질을 가지고 있기 때문이다. 이것이 감정의 주관적인 측면이다. 그러나 지각이 또한 표준적으로 객관적이라는 점은 분명하다. 일부 견해에 따르면, 우리가 알건 모르건 현상적 성질은 전달되는 객관적 속성이 바로 그 관점으로부터 나타나는 방식일 뿐이다. 따라서 성질(quale)은 두 가지 측면으로 분해된다. 그 하나는 (진리에는 아무런 장애도 되지 않지만 완전함에는 장애가 되는) 관점적 상대성이라는 의미에서 주관적이다. 다른 하나는 감각적 "변환기(transducers)"에 의해 전달되는 객관적인 정보다. 이 변환기의 기능은 물리량들을 표상들로 변환하는 것이다. 이것은 P. Churchland가 감각적 지각 일반과 관련해 택한 노선이다.

이제 감정들이 기관이나 변환기를 갖지 않는다는 점은 상당히 명백한 것처럼 보인다.14) 우리는 이제 감정들이 기관이나 변환기를 갖지 않는다는 점이 지각적인 유비를 얼마나 훼손하고 있는가를 탐구해보자. 그러나 이 논의는 상대성과 관련되어 있으므로 먼저 투사, 상대성, 관점 등 주관성의 다른 양태들과 관련하여 지각의 유비를 평가해보자.

---

14) Kenny, Anthony. 1963. Action, Emotion and Will. London Routledge & Kegan Paul, New York: Humanities Press. 56쪽 참조.

▣ 투 사

지각의 유비에서 완전한(full-blown) 투사는 환각(hallucin-ation)에 상응한다. 반면 부분적인 투사는 착각(illusion)과 상응한다. 제2절에서 소개한 범주에서 볼 때, 환각과 착각간의 차이는 보통 전자의 경우 타깃(target)이 전혀 없지만 후자의 경우, 타깃은 실재하는 반면 포착 속성에 착각이 발생한다는 점이다. ('보통'이라는 표현을 쓰는 이유는 예외가 있기 때문이다. 많은 종교적 믿음들은 존재하지 않는 타깃을 지향하고 있지만, 착각으로 분류된다.) 감정의 경우, 투사는 포착 속성과 관련해서만 보통 문제가 된다. 즉 Delcina에 관한 돈키호테의 실수는 그녀의 존재와 관련된 것이 아니라 그녀의 덕성(virtues)과 관련된 것이다. 지각과 마찬가지로, 감정은 착각을 유발하는 포착 속성이나 환각을 유발하는 타깃을 가질 수 있다. 그러나 모든 포착 속성들이 투사인 것은 아니다. 그리고 투사(환각/착각)인지의 여부를 식별할 수 있는 가능성이 지각과의 유비에 의해 요구되는 전부다.

▣ 상대성

상대성은 자주 주관적인 것으로 간주되지만 객관성을 실제로 배제하지 않는다.

객관성 문제에 대한 두드러진 한 가지 접근 방식은 일차 성질과 이차 성질을 구분하는 것이다. 로크에 따르면 (운동, 모양, 크기, 견고성, 수 등) 일차 성질들은 본래적으로 그 표상적 관념들과 닮았지만, (색, 감각된 온기, 냄새, 감촉 등) 이차 성질들은 그 성질들의 감각질을 일차 성질들 속에 있으면서 이차 성질들을 산출하는 "힘"에 의존한다. 이러한 주장에서 이차 성질들이 주관적이라는 의미는 이차 성질들이 (객관적인) 일차 성질들과 관찰자의 감각 기관간의 상호 작용에 상대적이라는 의미다. 이 입론을 버클리(Berkeley)가 결정적으로 논박했다는 주장이 있다. 흔히 버클리가 관찰자에 따른 상대성과 이차 성질에 특징적인 관찰 조건들이 일차 성질들을 오염시킨다는 점을 보여주었다고 말한다. 그러나 사실상 버클리의 논박은 현상성, 상대성 및 투사를 혼돈하고 있다. 그의 논박은 사물들의 외양들이 지각자의 감각적 개념적 장치들에 상대적이라고 한다면, 이것은 사물들의 외양들을 외부 세계에 귀속시키는 것이 객관적인 상관자들을 전혀 가지고 있지 않은 단순한 투사라는 점을 의미한다는 것을 전제하고 있다. 이것은 하나의 그럴 듯한 방편이다. 왜냐 하면 만일 관찰자에 의해 타깃에 귀속된 어떤 성질이 전적으로 지각자에게만 의존한다면, 상대성은 무너져서 투사가 되고 말기 때문이다. 그러나 전적으로 지각자에게만 의존하는 것이 아닌 한, 어떠한 정도의 상대성도 이런 붕괴를 초래할 수는 없다. 버클리의 논증은 기껏해야 이러한 주관성의 서로 다른 의미들의 융합이 관념론으로 이끈다는 점을 보여주었을 뿐이다.

우리는 상대성이 언제 투사가 되는가를 밝혀줄 기준을 필요로 한다. 이러한 기준이 감정의 객관성에 대해서는 우리에게 무엇을 말해줄 수 있을까?

아름다움이나 우아함과 같은 미학적인(혹은 삼차) 속성들의 경우를 보자. 이러한 속성들의 상관자들은 "실재"하는가 그렇지 않은가? 우리의 직관적인 대답은 유동적일 듯싶다. 분명한 것은 그 대답이 분명하지 않다는 점이다. 왜냐 하면 여기에는 실재/비실재간의 딱부러지는 구분이 없기 때문이다. 그러므로 우리가 제기할 필요가 있는 문제는 이렇다. 즉 삼차 성질이 포착 속성이 되는 지각적인 상태는 어느 정도 주관과 공변하는가(covariant)? 또 지각적 상태는 어느 정도로 대상과 공변하는가? 대상에 관한 제2절의 논의에서 보면, 이 문제는 다음과 같은 작은 문제들로 구분된다. 즉 지각적 상태는 고유한 타깃(proper target)과 서로 다른가? 동기화 측면(motivating aspect)과 서로 다른가? 원인과 서로 다른가? 형식적 대상의 역할은 무엇인가?

일반적으로 감각 통로(sensory channel)의 작동을 볼 때, 우리는 전달된 표상과 대상 속의 속성들의 적절한 영역간의 공변(covariance)의 저변에 놓여 있는 원인들의 영역을 발견한다. 가령 시각의 경우, 먼저 시각의 형식적 대상의 한계를 정해야만 한다. 우리의 표준적인 정의에 따르면, 형식적 대상은 표상적 상태가 청각이나 미각 상태와는 달리 시각 상태이기 위해 대상(보다 엄격히 말하면 대상의 어떤 적절한 성질)에 암묵적으로 귀속되는 속성이어야만 한다. 시각의 고유한 대상은 볼 수 있는 성질(visible quality)이어야만 한다. 따라서 시감각(sensations of sight)에서의 변화들(variations)은 (1)대상의 내재적 혹은 일차적 속성들에서의 변화 (2)환경적인 요인들(빛, 온도 등등의 조건들) (3)당신의 생리적 기관과 그 조건들 (4)당신이 경험한 역사, 현재의 믿음이나 욕구 (5)사회적 이데올로기적 요인들에서 비롯된 것일 수 있다.

감각 기관들은, 잘 작동하는 한에서는, (2)에서 (5)의 요인들에 대해 대충 그 순서대로 점점 덜 민감할 것이다. 포더(J. Fodor)와 Z. Pylyshyn에 따르면, 이 점은 지각과 일반 인지 능력간의 본질적인 구분으로 나아간다. 대체로 우리의 믿음들은 (4)와 (5) 유형의 요인들에 의해 변경될 수 있으나 지각은 그렇지 않다. Z. Pylyshyn[15]은 감각 변환기들을 대체로 "인지적으로 침투 불가능한 것(cognitively impenetrable)"으로 기술한다. 감각 변환기들의 작동은 그것들의 "기능적 구조(functional architecture)"에 의해 결정된다. 이 "기능적 구조" 표현은 계산적 메커니즘을 지칭한다. 그런데 이 계산적 메커니즘 자체의 작동은 상대적으로 환원 불가능한 의미론적 표상 수준을 참조함이 없이 물리적인 수준에서 완전히 설명된다.

필자는 포더를 따라서 지각의 이 특징을 지각적 모듈들의 정

---

15) Pylyshyn, Zenon W. 1984. Computation and Cognition. Cambridge, MA: MIT Press. A Bradford book.

보적인 캡슐화(encapsulation)라고 말할 것이다. 실제로 포더의 모듈들은 시각이나 청각 같은 감각이 아니라 "motion detectors" 혹은 음성 지각 장치 같은 것이다. "감각 통로"들이 마치 눈이나 귀를 지칭하는 것처럼 이 말을 사용하겠다. 우리 눈이 정상적으로 작동할 때, 우리는 우리 눈앞에 있는 것을 본다. 이 말은 우리의 표상적 상태가 (특히 이차 성질들과 관련하여) 유형 (2)의 요인들의 기여와 더불어 유형 (1)의 요인들에 의해 결정된다는 것을 뜻한다. 우리가 유령이나 분홍빛 쥐를 보았다면, 그것은 (3) 유형의 요인 그리고 가능적으로 (4), (5) 유형의 요인들의 개입으로 지각의 정상적인 캡슐화가 이루어지지 못해 객관성이 훼손되었다는 점을 보여준다.

이제 우리는 감정이 기관을 전혀 가지고 있지 않다는 사실의 귀결을 더욱 명백하게 알 수 있게 되었다. 즉 감정들은 (1)에서 (5)까지의 모든 요인들에 대해 민감하다는 점이다. 언뜻 보기에 이 모든 것들은 상대성이라는 의미에서 감정적인 주관성을 옹호하는 것처럼 보인다.

그리고 더욱 곤란한 점이 있다. 감정들이 지각보다 주관적일 뿐만 아니라, 더 나아가 감정들은 믿음과 같이 캡슐화되지 않는 다른 상태들보다도 명백히 더 주관적이라는 것이다. 그 이유는 이미 제1절에서 논의한 생리학에 관한 사실들에까지 거슬러 올라간다.

제1절에서 본 것처럼, 감정이 다른 정신적 상태보다 신체의 현저한 감응과 더 많이 연관되어 있다는 점이 감정의 정의적인 특징이다. 더욱이 연관된 신체적 상태들은 내적 정보 처리 과정의 "빠른" 시스템이라기보다는 "느린" 시스템(즉 신경 섬유라기보다는 호르몬 전달과 관계된 체계)이다. 이 사실은 우리가 지각 체계에서 요구하는 유형 (1)의 속성들과 감정간의 공변에 일종의 장애물로 작동한다. 데카르트가 지적한 것처럼, 신체의 타성은 감정적 반응이 일단 시작되고나면 그 근거들이 소멸되었을

때조차도 멈추기 힘들다. 더 나아가 이유를 전혀 알지 못하면서 어떤 감정을 가질 수도 있다. 예를 들어, 왜 자신이 화를 내고 있는지 알지 못하면서도 계속 화를 낼 수 있다. 이런 상황에서 근거를 마련하고자 하는 유혹을 받을 수도 있다. 이런 방식으로, "생물학적인 것"과 정신적인 것간의 최전선에 있는 감정의 위치로 말미암아 우리는 자기 기만에 빠질 수도 있는 것이다.

이제 순수하게 주관적인 믿음들과 관련해서도 일종의 타성이 존재할 수 있다. 이러한 타성은 몇 가지 형태로 나타날 수 있다. 첫째, "믿음의 그물망(web of belief)"의 거의 중심부에 있는 믿음들은 갈등이 발생할 경우 주변부에 있는 믿음들보다 더욱 견고하다.16) 둘째, 우리는 이미 포기된 믿음들의 귀결들을 계속 믿는 경향이 있다. 셋째, 과학자들조차도 자신들이 이미 고수하고 있는 믿음들에 대한 근거들을 찾으려고 하는 경향이 있다. 즉 한 논증이 시원치 않을 경우, 우리는 동일한 결론을 이끌어내기 위해 다른 논거들을 찾는다. 마지막으로, 우리는 종종 훌륭한 논변과 증빙 자료들이 있음에도 불구하고 우리가 단지 어떤 것을 원하기 때문에 그것을 계속 믿는다. 이것들은 모두 참이다. 그러나 감정과 믿음간의 핵심적인 유비에 결여된 것이 있다. 왜냐 하면 우리로 하여금 손상된 감정을 대체하기 위해 어떤 다른 감정을 두루 찾도록 촉구하는 계속된 감정적 자극(arousal. 각성)과 같은 것이 믿음에는 없기 때문이다. 이것에 대한 이유는 (감정 이론의 토대를 형성한) 특히 신체의 강한 (일반적 자극으로서의) 역할로 추적해 올라갈 수 있다.

감정들과 믿음들간의 차이의 모든 근거들은 지각적 유비를 통해 감당하기에는 지나치게 무거운 짐처럼 보인다. 그럼에도 불구하고 모든 것이 상실된 것은 아니다. 이것을 완화할 수 있는 세 가지 종류의 요인들이 있다.

---

16) Quine, W.V. 1957. "Two Dogmas of Empiricism." In From a Logical Point of View. Cambridge, MA: Harvard University Press.

첫째, 감정이나 믿음의 근거들을 자기 기만적으로 조작하고 있다고 말할 수 있는 것은 우리가 객관성의 어떤 척도를 당연시하고 있다는 점을 시사한다. 만일 그렇지 않다면, 우리는 자기 기만에 대해서 말할 수가 없을 것이다. 둘째, 지각의 캡슐화(encapsulation)는 정도의 문제다. 삼차 속성들은 캡슐화되지 않는다. 그러나 이차 속성들은 어느 정도까지는 캡슐화된다. 즉 어떤 연속이 존재한다. 이 연속에서 명제적 상태들의 위치는 그 상태들의 원인들의 복잡한 다양성에 의존한다. 실제로 우리는 타깃의 내재적인 속성들에 의해 야기된 반응들과 단순히 개인의 특이성과 연관된 반응들간의 차이를 쉽게 구분한다. 캡슐화는 정도의 문제며 바로 이 점이 필자가 주장하는 바다.

이 점에서 우리는 감정과 지각간의 비유사성을 완화하는 제3의 요인으로 나아간다. 즉 심지어 명백하게 모듈적인 지각 장치도 단순 성질들에 관한 정보를 전달할 필요는 없다. 그 좋은 사례가 음성 지각이다. 음성 지각은 말의 순수한 음향 속성들과 완벽하게 공변하는 것으로 해명될 수 없다는 점이 드러났다. 대신 지각된 것은 문제의 음성적 단위들의 의도된 산물이다. 우리의 음성적 지각은, 비록 그 과정이 추론도, 유비로부터의 논변도, 상상력의 노력도—사실상 어떠한 종류의 의식적이거나 의도적인 활동도—포함하지 않지만, 언어를 생산하는 우리의 능력에 의해 핵심적으로 조건화된다.

단순한 지각 모듈에서 이러한 예상하지 못한 복잡성은 우리가 지각된 것으로 기꺼이 생각하고자 하는 속성들의 영역을 확장해야만 할 가능성을 열어준다. 이것이 필자의 가장 중요한 세 번째 통찰이다. 즉 감정의 대상들이 이처럼 복잡할 수 있기 때문에 객관성이 훼손되는 것이라기보다는 유형 (1)에서 분류된 일차 속성들의 공변을 넘어서 있는 요인들의 개입이 실제로는 감정의 객관성의 영역을 풍요롭게 한다.

감정들의 생리학을 살펴볼 때, 우리가 감정들의 수준적인 편재성(level-ubiquity)을 인정하지 않을 경우, 인간 생활에서 감정들의 역할을 이해할 수 없다. 감정적 반응들의 개인적 목록에는 이데올로기적인 요인들에 대한 복잡한 성찰이 자리잡고 있다. 이데올로기적인 요인들은 결정의 다른 수준들과 상호 작용한다. 만일 감정들이 캡슐화되지 않는다면, 감정들이 지각적일 수 없다는 점을 약정하고자 하는 것은 감정들이 포괄하는 실재성의 수준에 얼마나 많은 것이 망라되어 있는가의 문제에 대해 선결 문제 요구의 오류를 범하는 일일 것이다. 만일 감정의 대상들이 다양한 수준의 요인들과 연관되어 있는 복잡한 상황들이라면 지각적 적절성의 등가물은 바로 다양한 수준에 있는 요인들에 의한 감정의 침투 가능성(penetrability)에 있을 것이다. 감정은 특정한 구체적인 방식으로 지각의 캡슐화를 모방한다. 그러나 감정은 지각과 동일한 방식으로 모듈들에 캡슐화되지는 않는다.

■ 관 점

필자는 감정이 지각들보다는 믿음이나 욕구들처럼 보인다는 사실에 주목했으며, 또한 이와는 상반되는 결론을 시사하는 다른 사실들에도 주목했다. 필자는 이제 감정이 태도들의 더욱 포괄적인 집합에 속한다는 점을 주장하고자 한다. 태도들은 믿음들과 마찬가지로 특정 기관을 갖고 있지 않고 그에 따라 캡슐화를 결여하고 있으나 지각과 마찬가지로 어떤 의미에서는 본질적으로 관점적일 수밖에 없다는 특징을 공유하고 있다. (믿음들과는 달리, 그리고 지각과는 마찬가지로) 태도가 가정적으로 선택될 수는 없는 것이다. 태도들과 감정들은 우리가 다시 생각해보면 재미가 사라지고마는 익살과도 같다. 이런 의미에서 모든 태도는 본질적으로 관점적이다.

만일 당신이 공감하고 있지 않은 이유 때문에 매우 성난 사람의 불평을 받는 경우를 생각해보자. 가령 여사장을 위해 일하는 것이 얼마나 굴욕적인가에 대해 말하는 사업가를 생각해보자.

당신은 설사 "그의 이야기"의 다양한 사실적인 전제들의 진리성이 의심스럽더라도 그것들을 단순히 이야기를 나누기 위해서는 쉽게 받아들일 수 있을 것이다. 그러나 당신은 그 이야기가 근거하고 있는 태도들을 실제로 공유할 때만 그의 분노에 공감할 수 있을 것이다. 또한 당신은 이런 태도들을 공유하기 때문에 당신이 분노를 느낀다는 점을 직관적으로 안다. 바로 이 점이 중요하다. 감정들과 태도들간의 관계에 관하여 이와 같은 이차적인 (second-order) 상위 지식이 있을 수 있는 가능성이 없다면, 다른 사람의 감정에 대한 비판은 불가능할 것이다. "어떻게 그 일에 대해 그처럼 화를 낼 수 있느냐?"고 물을 때, 우리는 보통 그 대답도 알고 있다. 즉 너는 그럴 수도 있다. 그러나 나는 그럴 수 없다. 왜냐 하면 너는 나와 다른 어떤 태도를 가지고 있기 때문이다.

이것은 슬픔, 흥분, 놀람 등과 같은 다른 감정들에도 똑같이 적용된다. 어떤 이야기가 슬프다는 것을 알기 위해서는 어떤 것이 슬프다는 말을 듣는 것만으로는 부족하다. 이미 어떤 것을 슬픈 것으로 느낄 수 있는 성향을 가지고 있어야 한다. 이 점은 감정 자체에 있는 본질적으로 관점적인 요소들을 지적하고 있다. 우리는 어떤 감정을 갖든가 혹은 갖지 않든가다. 가정적으로 감정을 경험함과 같은 것은 없다.

이 점을 알 수 있는 한 방식은 심리 치료에서 역할-수행의 중요성을 생각해보는 것이다. 역할-수행의 기능은, 다른 것의 도움을 받지 않은 순수 상상력이 불러일으킬 수 없는 감정들을 유발하는 것이다. 따라서 역할-수행은 감정들의 감정적 실천적 귀결들을 이해하기 위해 필요할 수 있다. 그러나 바로 이 점에서 감정은 믿음과는 본질적으로 대조가 된다. 즉 $p \to q$라는 명제를 믿기 위해 우리가 p를 믿는 역할-수행을 할 필요가 없는 것이다. 그러나 혹자는 믿음 역시 태도라고 생각할 수도 있을 것이다. 그렇다면 결국 감정들과 믿음들간에는 비유사성이 전혀 존재하지 않는다. 이것은 어떤 의미에서는 참이다. 비유사성은 "우리가 가능한 믿음들을 가질(entertain) 때, 우리는 무엇을 하고 있는 것인가?"라는 질문을 제기할 때 나타난다. 그 한 대답은 우리가 명제의 승인(endorsing)을 하고 있다는 것이다. 명제를 승인하는 것은 내가 그 명제를 참으로 간주한다는 것을 뜻한다. 이런 의미에서는 믿음 역시 관점적이다. 그러나 이와 같이 믿음의 경우에는, 우리가 명제의 승인이 아닌 어떤 것을 하고 있다는 또 다른 대답도 가능하다. 그렇다면 가능한 감정을 가진다는 것은 무엇인가? 감정의 승인이 아닌 어떤 것을 한다는 것은 분명 아니다. 왜냐 하면 감정은 믿음과는 달리 승인과 같은 태도가 매개되지 않고는 성립하지 않기 때문이다. 우리는 승인하면서 믿음들을 가질 수도 있으며 승인하지 않으면서 믿음들을 가질 수도 있다. 그러나 승인하지 않은 감정을 가질 수는 없다. 믿음이 문제되는 곳에서 "승인"의 종류는 본질적으로 "진리"의 승인 하나다. 그러나 감정이 문제되는 곳에서 "승인"의 종류는 본질적으로 그 감정이 무슨 감정이냐에 의존한다. 그리고 이것은 감정의 형식적 대상에 의해 결정된다.(믿음은 그것의 형식적 대상이 항상 진리인 까닭에 믿음이다. 그러나 모든 감정은 각기 그것 자체의 형식적 대상을 가지고 있다.)

이 점은 지각과의 유비를 강화한다. 지각과 관련해 어떤 것을 실제로는 보지 않은 채 그것을 보는 것을 상상하는 것이 가능하다 할지라도 이것은 "지각의 승인"으로 기술될 수는 없다. 지각에 대해서건 감정에 대해서건 가정적 믿음에서 수용되는 순수한 명제의 명백한 유비체는 없다.

요약 : 필자는 지금까지 지각의 유비에 기초하여 감정의 객관성의 가능성을 옹호하는 논변을 시도했다. (현상성과 상대성 같은) 감정의 일부 주관적인 측면들은 일정한 정도의 객관성에 대한 기대를 훼손시키지 않는 지각적인 유비에 우호적이다. 투사 및 관점과 관련해서는 그 사례가 덜 분명하다. 그러나 감정들을

관점적 견지에서 다루는 것은 고무적이다. 이제 진리와 객관성의 문제들을 일차적인 것으로 바라보는 입장에서 벗어나 합리성에 대한 대안적인 발상으로 나아가자.

4. 인지적 · 전략적 · 가치론적 합리성

이 절은 합리성을 객관성까지 포괄하는 중심 개념으로 고찰한다. 이를 위해 합리성을 정의하는 몇 가지 원칙들을 설명한다. 만일 감정이 합리적인 것이라는 점을 보이고자 한다면, 이러한 작업은 아마도 이러한 원칙들과 부합하는 방식으로 이루어질 수밖에 없을 것이다.

첫째, 어떠한 합리성 개념이건 그것은 성취(success)의 기준에 기초해야만 한다. 이런 의미에서 성취란 문제되는 상태의 형식적 대상을 획득하는 것으로 정의된다. 예를 들어, 진리는 믿음의 성취이고 좋음은 원함의 성취다. 둘째, 어떤 상태는 일련의 목표들의 견지에서 [합리적인 것, 무관한 것(arational)과는 반대로] 비합리적인(irrational) 것으로 판단된다. 그러나 이때 그 비합리적 상태와 관련하여, 그 기술하에서 그 자신이 (보다 직접적인 목표들의 견지에서) 합리적인 그러한 어떤 기술(description)을 인정할 수밖에 없다. 이것이 **최소 합리성의 원칙**(principle of minimal rationality)이다. 즉 어떠한 비합리적인 상태에서건, 그 상태가 합리적이라고 말할 수 있는 어떤 한정된 실질적인 맥락이 존재한다. 이 점은 세 번째 원칙과 밀접하게 연결되어 있다. 세 번째 원칙은 합리성이 평가되는 모든 상태는 반드시 의식적일 필요는 없을지라도, 정신적 혹은 **지향적**이어야만 한다는 점이다. 넷째, 우리는 보통 성취(가령 진리나 좋음 혹은 행위의 결과)에 직접적으로 접근(access)하지 못한다는 것이다. 따라서 한 상태의 합리성은 전형적으로 그 **기원**(起源)의 견지에서 평가된다. 다섯째, 합리성의 요구들은 일반적으로 긍정적인 요구 사항들이 아니라 제약 사항들이다. 논리학은 전형적으로 "이것을 믿어라."고 말하는 것이 아니라 "너는 이것이나 저것 둘 중의 하나를 믿을 수 있다. 그러나 둘 다 믿을 수 있는 것은 아니다."고 말한다.

마지막으로 이전의 모든 원칙들은 합리적 평가의 두 가지 포괄적인 범주 (전형적으로 믿음에 적용될 수 있는 인지적 범주와 행위와 욕구에 적용 가능한 전략적 범주) 모두에 적용된다. 이 범주들 중 어느 범주가 감정에 적용되는가? 여기서 필자는 감정을 믿음이나 욕구로 환원하려는 것에 반대하는 논변들을 제시한다. Derek Parfit으로부터 영감을 얻은 논변을 통해 필자는 일상적인 욕구들 속에는 단지 귀결의 견지에서만으로는 합당하게 평가될 수 없는 환원 불가능한 감정적 요소가 있다는 점을 입증하고자 한다. 각각의 감정은 그 나름대로의 고유한 종류의 "옳음(rightness)" 혹은 성취의 기준(형식적 대상)을 가지고 있다. 그러나 감정의 형식적 대상들의 집합은 "가치론(axiology)"이라는 명칭으로 분류될 수 있는 하나의 유(類. genus)를 형성한다. 이제 필자는 가능한 모든 종류의 합리성을 평가하는 데 적용될 수 있는 원칙들을 하나하나 좀더 자세히 살펴보겠다. 전략적 합리성과 인지적 합리성을 구분하는 마지막 원칙은 객관성을 추구하는 것조차도 합리성의 일종으로 간주될 수 있다는 사실을 보여준다.

(1)성취(success)

각각의 감정이 그 나름의 형식적 대상을 가지고 있는 근거는 각각의 감정이 은연중에 속성을 타깃(타깃의 포착 속성 혹은 동기화 측면)에 귀속시킨다는 점이다. 그러나 어떤 의미에서 이런 형식적 대상들이 존재하는가? 형식적 대상이 타깃으로 존재하는 것은 분명 아니다. 형식적 대상이 존재한다고 말하는 것은 불일치가 발생할 때 우리가 그것에 관해 이견을 갖는 그러한 어떤 대상이 존재한다는 전제를 말한다. 이런 전제가 옳을 수 있는가?

이 질문에 대답하기 위해 필자는 지향적 상태와 관련하여 성취라는 개념을 도입하겠다.(필자는 이 개념을 명제적 태도의 견지에서만 설명하겠다.) 필자는 성취를 지향적 상태가 그 형식적 대상을 획득하는 것으로 정의한다. 형식적 대상은 어떤 감정, 상태, 활동의 지향점을 설정해준다. 이런 의미에서 믿는 행위의 지향점은 참인 것을 믿는 것이다. 마찬가지로 원하는 행위의 지향점은 좋은 것을 원하는 것이다. 좋음이 원하는 것의 성취며, 진리가 믿음의 성취다.

성취에 대한 이러한 특별한 개념을 통해 우리는 형식적 대상이라는 개념을 합리성의 한 표지로 삼는다. 이것이 바로 제일 원칙의 의미다.

(R1)성취 : 표상적 상태의 형식적 대상은 그 상태의 성취 기준을 정의하며, 그 상태의 합리성은 이러한 기준에서 평가된다.

(2)최소 합리성(minimal rationality)

최소 합리성의 원칙이 요구하는 것은 합리적 비판의 대상이 될 수 있는 모든 지향적 상태가 (그 상태를 합리적인 것으로 만들어주는) 어떤 참인 기술과 맞아야 한다는 점이다.

이 점은 행위에 의거해 가장 쉽게 설명된다. 어떠한 사건도 만일 그 사건이 목적론적인 구조를 가지고 있지 않다면 행위가 아니다. 행위는 원함과 믿음들에 의해 결정된다. 원함은 행위의 목표들을 결정한다. 믿음들은 상황들과 목표를 획득하는 방식과 관계한다. 그리고 만일 행위에 대한 기술이 충분히 한정된다면, 행위의 목적론적인 구조와 그 합리성간에는 어떠한 구별도 있을 수 없다. 비합리성이라는 비난이 성립할 수 있는 것은 우리가 한 맥락을 다른 새로운 믿음들이나 원함들을 포함하는 맥락으로 확대할 때뿐이다.

이 점은 가장 미친 행위에도 (그것이 행위인 한) 적용된다. 가령 어느 겨울날 갑이 호수로 걸어 들어간다고 생각해보자. 그는 몽유병 환자도 아니며 그를 누가 민 것도 아니다. 또한 그의 계획에 비추어보건대 그의 행위는 무의미하며 따라서 그는 미쳤다. 그는 다만 호수로 걸어 들어가기를 원할 뿐이다. 이것은 미친 원함이지만 그 원함에 비추어볼 때 그의 행위는 전적으로 합리적이다. 따라서 원함의 좁은 맥락에서 보자면, 모든 비합리적인 행위들은 그 나름으로는 합리적이다.

아리스토텔레스가 "인간은 합리적 동물"이라고 말할 때, 이 말은 인간이 합리적일 수도 있고 비합리적일 수도 있는 동물 종을 의미한다는 점에서, 범주적인(categorial) 의미로 이해되어야 한다. 범주적인 의미에서, "합리적"이라는 말은 "합리성과 무관하다(nonrational)"는 말과 대조적인 의미며, "비합리적(irrational)"이라는 말에 의해 함축된다. 다른 한편 ("비합리적"이라는 말과 대조가 되는) 평가적인 의미에서 본다면, 아리스토텔레스의 명제는 분명 거짓이다. 평가적인 의미는 범주적 의미를 전제한다. 즉 (평가적으로) "합리적이다" 혹은 "비합리적이다"고 하는 것은 (범주적인 의미에서는 모두) 합리적이다.17) 이런 구분에서 볼 때 최소 합리성의 원칙은 다음과 같다.

(R2)최소 합리성 : 지향적 상태나 사건을 범주적으로 합리적인 것으로 기술 가능하기 위한 필요 조건은 그 상태나 사건이 어떤 참인 진술 아래서 평가적으로 합리적이라고 적절하게 말할 수 있어야 한

---

17) '범주적 합리성'이란 용어는 합리성의 논의가 유의미한 영역—다시 말해, 합리성 술어를 붙일 수 있는 영역—을 하나의 범주로 설정할 수 있다는 데서 고안된 것 같다.

다는 것이다.

최소 합리성 원칙에 대한 두 가지 유명한 사례를 보자. 첫째는 콰인의 원초적 번역에서 관용의 원칙이다. 즉 왜 나는 원주민의 믿음을 'p&−p'의 형태로 번역해서는 안 되는가? 그 이유는 명백한 모순이 참인 것으로 가정될 수 없기 때문이다. 이런 명제는 최소 합리성의 조건을 결여하고 있으며 따라서 믿음의 내용이될 수 없다. 또 다른 예는 기억 착오에 대한 프로이드의 분석이다. 프로이드적인 "실수들(slips)"은 왜 단순한 우발적 사건(accidents)이 아닌가? 그 이유는 이러한 실수들이 최소한의 합리적인 행위의 구조를 가지고 있는 것으로 간주될 수 있기 때문이다. 다시 말해 기억 착오가 발생하는 현실적 상황으로부터 충분한 추상이 가능하며, 믿음들이나 원함들의 특정한 맥락의 존재에 관한 어떤 전제들을 설정할 수 있다면, 사건은 맥락에 적절하게 될 수 있으며 따라서 한 행위를 규정하는 최소의 합리적인 구조에 귀속될 수 있다. 무의식적인 정신이라는 맥락에서 합리적일 수 있으므로 보다 광범위한 맥락에서 행위가 비합리적이라고 하는 것은 문제가 되지 않는다.

(3)지향성(intentionality)

성취의 목표나 기준의 견지에서의 적합성이 합리성의 충분 조건은 아니다. 제1절에서 본 것처럼 두 가지 유형의 목적론(적응적 목적론, 지향적 목적론)이 있다. 만일 동물이 생존하기를 바라는 신이 존재한다면, 신이 동물들에게 심장과 폐를 부여하는 것은 합리적이다. 그러나 이로 말미암아 심장이나 폐의 기능이 합리적으로 되는 것은 아니며, 유기체들이 이런 신체 기관을 갖는 것이 합리적이 되는 것도 아니다. 적어도 지향성의 중간 수준 혹은 '정신적' 수준을 드러내는 상태들과 관련해서, 합리성에 대한 평가 대상이 되는 것은 일차적으로는 바로 (인간) 개체들이다. 이런 이유 때문에 비일관성이 언어를 사용하지 않는 동물들에게 글자 그대로 귀속될 수는 없는 것이다. 이것이 합리성의 세 번째 측면이다.

(R3)지향성 : 합리성에 내재하는 목적론은 오직 지향적 행위(혹은 지향적 상태)에만 적용된다.

이 원칙은 합리성의 평가에서 생물학적으로 결정된 '목표들'을 우리가 어느 정도로 활용할 수 있는가에 제한을 가한다.

(4)기원들(origins)

합리성은 결과적 성취를 획득하는 데 있어서 필요하지도 충분하지도 않다. 합리적 믿음이 거짓일 수도 있고, 참인 믿음이 비합리적일 수도 있다. 합리적인 행위가 결과적으로 실패할 수도 있으며, 비합리적인 행위가 결과적 성취를 거둘 수도 있다. 합리성이 결과적 성취와 이렇게 부분적으로 독립되어 있다는 사실에서 다음과 같은 원칙이 나온다.

(R4)기원들 : 어떤 행위나 믿음에 대한 합리성 평가는 미래 지향적으로는 논리적 인과적 귀결들에 의존하며, 과거 지향적으로는 기원들에 의존한다.

미래 지향적 전망은 성취의 표준적 특징들의 견지에서 그 귀결들을 평가한다. 한 행위에 있어서 이 기준은 현실적인 목표가 될 수 있다. 믿음의 경우 그 기준은 진리며, 원함의 경우 그 기준은 좋음이다. 어느 감정에서건, 성취의 기준은 그 감정의 개별적인 형식적 대상에 의해 명시될 것이다.

신은 합리적인 방법을 전혀 사용하지 않는다. 전능성, 전지성, 자비심이 어느 순간이고 결과적 성취를 보장할 것이기 때문이다. 그러나 우리의 경우 (미래의) 귀결들을 직접적으로 아는 것은 불가능하다. 왜냐 하면 이런 귀결들은 형이상학적으로 접근 불가능하거나 혹은 단지 미래에 있다는 이유 때문이다. 바로 이러한 이유 때문에 우리는 어쩔 수 없이 기원들에 관심을 갖게 되는 것이다. 이런 의미에서 기원은 차선이다.

(5)제약 사항들(constraints)

만일 당신이 당신의 마음 상태 전체가 비일관적이라는 점을 입증한다면, 당신이 입증한 것은 정의상 당신이 입증한 내용이 적어도 부분적으로는 실패했다는 점을 보여주는 것이라는 점은 명백하다. 바로 이 때문에 비일관성은 비합리적인 것이다. 그러나 당신이 어떤 비일관성을 발견했다면, 당신은 무엇인가가 잘못되었다는 점을 알았을 뿐, 실제로 잘못된 점이 무엇인지는 모른다. 이때 당신은 비일관적인 믿음들로 이끈 길들을 다시 한 번 검토하게 될 것이다. 이점은 합리적인 행위에도 똑같이 적용된다. 다시 말해 성취의 경우에 있어서는 우리는 기껏해야 성취를 예견하고 그 결과를 기다릴 수 있을 뿐이다. 그러나 우리는 정합성이나 (차이가 나지 않음에도 불구하고 구별을 하는 것과 같은) 자의성 등은 더욱 직접적으로 조사할 수 있다.

간단히 말해, 합리성은 우리가 피해야 할 것, 우리가 하지 말아야 할 것을 알려준다. 합리성은 비일관성 및 자의적인 구분을 금지한다. 즉 합리성은 일관성 및 비자의성이라는 기준의 견지에서 정의되는 제약 사항들을 부과한다. 우리는 제약 사항들이라는 아이디어를 다음과 같이 정식화할 수 있다.

(R5)제약 사항들 : 합리성은 직접적인 처방을 하는 일은 결코 없

으며, 다만 비일관성 및 자의적인 구분을 배제함으로써 제한을 할 뿐이다.

⑹인지적 합리성(cognitive rationality)과 전략적 합리성(strategic rationality)

합리성은 항상 목적론적인 개념이며, (R1)에 따르면 그 목적은 성취의 기준에 의해 명시된다. 한 행위가 행위자의 궁극적인 목표를 좌절시키는 경향이 있다면 그 행위는 비합리적이다. 어떤 원함은 무엇이 좋은가를 명시하는 계층 구조(hierarchy)에서 우선성을 주장하는 다른 원함들에 비추어(유용성이 낮아) 비합리적일 수도 있다. 믿음은 그 믿음에 도달되는 길에서 참일 가능성을 별로 볼 수 없다면 비합리적인 믿음이 된다.

믿음에 관한 정식화는 우리가 인지적 유용성(cognitive utility)과 같은 것을 이해할 수 있다는 점을 전제한다. 그리고 우리는 이와 같은 것의 견지에서 판단들이 마치 행위인 것처럼 판단들의 합리성을 평가한다. 이것은 많이 연구되어온 유용한 관점이다. 그러나 이것이 '인지적 목적들'에 대한 일정량의 자율성과 양립 불가능한 것은 아니다. 일반적으로 호기심의 가치(인지적 유용성)가 덜 추상적인 생물학적 목적들에 비해 부차적이라는 점은 분명하다. 그러나 우리는 호기심이 유용하지 않을 때조차도 호기심이 그 나름의 힘(momentum)을 가지고 있다고 기대해야 한다. 호기심의 이러한 상대적인 자율성은 두 가지 종류의 합리성(판단들이나 믿음들에 직접 적용 가능한 인지적 합리성과 주로 행위나 원함들에 적용 가능한 전략적 합리성)을 구분함으로써 나타내질 수 있을 것이다.

합리성의 두 기준들은 전략적인 용어로 정의될 수 있다. 그렇기 때문에 실용주의가 매력적인 것이다. 실용적인 견해에서 보자면, 진리는 믿음 성취의 목표 혹은 기준일 뿐이다. 그러나 우리는 실용적인 개념이 더욱 근본적인 개념이라는 추론을 해서는 안 된다. 우리는 인지적 목표의 근본적인 아이디어, 즉 합치(matching)라는 개념의 견지에서 성취적인 행위에 대해 생각해 볼 수 있다.(바로 이 때문에 진리, 객관성, 합리성이라는 세 가지 개념들 중 가장 근본적인 개념을 찾으려는 시도가 가위, 바위, 보와 비슷한 것이다.) 전략적 합리성과 인지적 합리성간의 차이가 단순히 맞음(fit)의 방향 문제로 간주될 수도 있다. 즉 인지적 합리성은 마음을 세계에 맞추는 것을 목표로 하며, 전략적 합리성은 세계를 마음에 맞추는 것을 목적으로 한다.18)

이러한 두 가지 합리성이 따로 나타날 수도 있다. 어떤 것을 믿는 것이 전략적으로는 합리적일 수 있으나 인지적으로는 비합리적인 경우도 종종 있다. 이것이 바로 파스칼 도박의 근거다.

신 앙 \ 내 세	○	X
○	천 당	사소한 손실
X	지 옥	사소한 이득

이러한 추론은 인지적으로는 비합리적이라 할지라도 전략적으로는 건전하다. 이러한 파스칼의 사례들에서 절대적으로 합리적인 것에 대한 기준이 있는가? 오히려 이 문제를 다음과 같은 방식으로 고쳐볼 수 있다.

① "믿어야 하는가? 믿지 말아야 하는가?"
   →"믿는 것이 유익하면 믿어라."
② "어느 것을 진리로, 어느 것을 거짓으로 간주해야 하는가?"
   →"참일 가능성이 매우 낮으면 믿지 말아라."
이제 합리성의 두 패러다임간의 차이는 다음과 같이 정리된다.

---

18) Searle, John. 1983. Intentionality. Cambridge: Cambridge University Press. 7ff 참조.

(R6)인지적 합리성과 전략적 합리성 : 표상적 상태는 (인과적인 의미에서) 표상적 상태의 개연적인 결과(효과)들의 가치라는 견지에서 평가될 수 있다. 이것은 전략적 합리성 혹은 유용성을 평가하는 것이다. 이에 반해, 어떤 상태는 그 상태가 표상하고자 하는 세계의 어떤 실제 상태에 개연적으로 적합한 방식으로 그 상태에 도달하였을 때 인지적으로 합리적이다.

원칙 (R1)~(R6)이 합리성에 대한 완벽한 성격 규정을 의도하는 것은 아니다. 그러나 이 원칙들은 필자의 핵심 문제(감정의 합리성에 대한 평가와 관련하여 무엇이 합리성의 본성인가)를 틀 지우기에는 충분하다.

(R1)~(R5)는 전략적 합리성과 인지적 합리성 양자 모두에 대해 합당하다. 그러나 (R6)에서의 구분은 감정의 합리성이라는 핵심 문제에 대해 세 가지 대답을 가능케 해준다. 그 대답은 감정의 합리성이 전략적일 수도 있고 인지적일 수도 있으며 혹은 그 자체적인 것일 수도 있다는 점이다. 세 번째 경우에는 (R1)~(R5)가 합리성의 유(類. genus)를 정의한다고 가정하는 것이 바람직한 것처럼 보인다. 따라서 이 원칙들은 감정의 합리성에도 적용된다. 그러나 만일 감정들이 현재의 기준들의 지배를 받는다면, 감정이 이 두 가지 주요 유형의 합성물 이상의 어떤 것일 것이라고 믿을 만한 근거가 있는가?

(7)감정의 환원 불가능성 : 가치론적 합리성(axiological rationality)

만일 감정이 오직 믿음과 원함의 조합일 뿐이라면, 감정의 합리성을 규제하는 원칙들은 아마도 인지적 합리성과 전략적 합리성에 의해서만 전적으로 설명될 것이다. 필자는 이러한 환원론적인 입장에 반대하는 두 가지 논변을 제시하였다. 즉 가정적인 태도의 문제 때문에 감정들이 단순히 믿음들이 될 수는 없다는 논변과 감정들의 형식적 대상들의 다양성 때문에 감정들이 믿음들이나 원함들과 동일시될 수는 없다는 논변을 제시하였다.

합리적 행위에 요구되는 것은 욕구가 아니라 그보다 약한 어떤 것이다. 이것을 일단 기능적 원함(functional want)이라고 하자. 이것은 오직 유사 지향성의 조건들을 만족시키기 위해 필요하다. 만일 특정한 목표를 추구하며, 그 목적에 맞는 수단들을 모색하도록 입력된 컴퓨터가 있다면, 그 컴퓨터에는 기능적 원함이 주어져 있다. 그러나 기능적 원함들은 완전한 총체적인 욕구들이 아니다.

이 점을 알아보기 위해 Parfit의 직관을 살펴보자. 만일 어떤 사람이 "이런 태도는 당신에게 나쁘기 때문에 비합리적이다."는 말을 한다면 어떨까? Parfit은 "어떤 태도가 우리에게 나쁘다는 사실이 곧 그 태도는 비합리적이라는 점을 보여주는 것은 아니다. 이것은 기껏해야 우리가 이런 태도를 고치려고 노력해야 한다는 점을 보여줄 뿐이다. ……슬픔이 불행을 가져온다는 단순한 이유에서 슬픔이 비합리적인 것은 아니다."고 말한다. 만일 우리가 이런 직관을 공유한다면, 여기서 문제되는 것은 원함보다 더욱 근본적인 것이다. Parfit이 욕구에 관해 무엇인가를 보여주기 위해 슬픔을 이용하고 있다는 사실은 그가 감정과 적절하게 일치될 수 있는 **종류**의 욕구에 관심을 두고 있다는 점을 보여준다. 만일 감정을 합리적이다(혹은 비합리적이다)고 말하는 것이 적절하다면, 우리는 감정(혹은 행위)의 귀결들과는 상관없이 그렇게 할 수 있다. 행위의 합리성(전략적 합리성)은 욕구의 합리성을 결정하는 충분한 요인이 아니다. 여기서 필자의 목적은 우리가 합리성이라는 개념 및 유용성과 무관한 욕구라는 개념을 이해할 수 있다는 점을 지적하고자 하는 것이다. 우리가 유용성과 무관한 욕구로서 **현상적** 혹은 **감정적** 욕구라는 개념을 필요로 한다는 점을 뒷받침하기 위해 한 가지 논증을 살펴보자. 이 논증은 과거에 대한 욕구들을 가질 수 있는가의 문제에서 시작한다. Parfit은 "이것은 개념을 변경하는 것이며, 따라서 바람

(wish)이라고 부르는 것이 자연스럽다."고 주장하면서도 그 가능성은 인정한다. 필자는 미래로 향해진 것만이 논리적으로 원함(want)의 대상이 될 수 있다고 생각한다. 필자의 어법에서 볼 때 바람(wish)은 행위에로 이끄는 측면이 없는 욕구의 현상적 요소(component)와 같은 것을 가지고 있다. 욕구의 현상적 요소는 욕구에서 기능적 원함을 뺀 것이다.(역으로 말하면 기능적 원함이란 욕구에서 현상적 요소를 뺀 것이다.) 그러나 Parfit의 직관은 여하튼 필자의 주장을 지지한다. 왜냐 하면 과거에 대한 욕구들은 행위와 이런 욕구들간의 관계가 간접적이라는 점을 인정할 때만 의미 있기 때문이다.

우리는 두 가지 문제, 즉 첫째로 불가능한 것을 욕구하는 것은 비합리적인가? 둘째로 만일 그렇다면 이와 같은 욕구의 귀속은 최소 합리성의 경계를 넘어설 정도로 비합리적인가? 즉 그 자체로 합리성과 무관한가라는 문제를 구분해야만 한다. 필자의 직관은 스스로 불가능한 것으로 믿거나 알고 있는 것을 욕구하는 것은 불합리하다는 것이다. 하지만 성취와 (실천적 목적들의) 만족간의 구분을 생각해볼 때, 가치 있는 것과 획득 가능한 것이 외연상 동치가 아니라는 점 역시 중요하다. 왜냐 하면 행위와 상반되는 상태들, 성취 그리고 합리성은 실천적 목적들의 만족이 아니라 형식적 대상들과 관계하기 때문이다. 욕구들의 합리성은 믿음들의 합리성과 마찬가지로 실천적 행위의 합리성으로부터 어느 정도의 자율성을 인정받아야만 한다.19)

---

19) 이 글에서 '성취(success)'라는 용어의 다의적 사용에 유의하는 것이 중요하다. 이 용어는 그 포괄하는 정도의 차이에 있어서 세 가지 다른 의미로 쓰이고 있다. 우선 가장 넓게 쓰이는 경우, 성취는 만족(satisfaction)과 합치(matching)를 모두 포괄하고 있으며, 따라서 성취는 모든 합리성(인지적, 전략적, 가치론적 합리성)을 포괄하는 한 표지가 된다. 이것이 성취(R1)의 원칙이 뜻하는 바다.

둘째로 가장 좁게 쓰이는 경우, 성취는 만족과 합치 양자 모두와 대비되는 개념으로 쓰인다. 이 경우 성취는 가치론적 합리성의 표지가 되고, 만족은 전략적 합리성의 표지가 되고, 합치는 인지적 합리성의 표지가 된다. 여기에서 논의되는 성취와 만족간의 구분에서의 성취는 바로 이런 좁은 의미에서의 성취인 것이다. 믿음

반복하자면, 필자는 기능적 원함에 대한 합리성 기준이 아니라 감정적, 현상적 욕구들에 적용될 수 있는 기준들에 관심을 가지고 있다. 또한 필자의 논변은 그 적절한 기준들이 전략적 합리성이나 인지적 합리성으로 환원될 수 없다는 점에 맞추어져 있었다. 그렇다면 그 기준들은 무엇인가? 그것은 가치론적인 합리성이라고 말할 수 있을 것이다. 윤리학 고전들은 윤리학적인 담론에서 볼 수 있는 가치론적인 수준들과 의무론적인 수준들을 구분한다. 가치론은 무엇이 가치있는가에 대한 이론이다. 반면 의무론은 해야 할 바가 무엇인가에 대한 이론이다. 이 양자가 서로 관련이 있으면서도 논리적으로 구분될 수 있다는 점은 분명하다. 만일 우리가 의무론적인 견지에서 욕구의 합리성을 생각하는 대신 문제를 가치론에 대한 것으로 간주한다면, 그 나름의 발전을 기대해볼 수 있을 것이다.

　이것은 쉽게 시작할 수 있는 일이 아니다. 오직 가치론적으로만 접근하는 방식은 욕구에 대한 적절한 (완전한) 이론이 될 수는 없다. 왜냐 하면 욕구와 행위간의 일반적인 관계는 본질적이라는 점이 분명하기 때문이다. 직관적으로 보자면, 욕구는 순수한 가치론적 방향과 적절한 행위라는 두 가지 방향으로 향하고 있다. 필자가 검토하고 있는 전제는 행위에 대한 합리성의 기준

(합치), 원함(만족), 감정(성취)이 가장 잘 구별되는 것은 바로 이러한 좁은 의미로 사용되는 맥락에서다.

　끝으로 이것들의 중간에 위치하는 경우로, 성취가 만족은 포괄하나 합치와는 대비되는 개념으로 쓰인다. 전략적인 것과 인지적인 것을 대비시킬 때 이 중간적 의미의 성취가 사용된다.

　그리고 '합치'라는 용어도 두 가지 의미로 사용되고 있다. 우선 바로 위에서 언급된 바와 같이 좁게는 인지적 합리성의 표지로서의 의미이고 넓게는 객관성의 표지로서의 의미다. 감정이 객관적이라 말할 경우, 감정에 넓은 의미의 합치 개념은 적용될 수 있으나, 감정은 인지적 합리성은 가지지 않으므로, 감정에 좁은 의미의 합치 개념은 적용될 수 없다. "감정의 객관성은 감정이 발생한 문제 상황과 패러다임 시나리오 사이의 합치 관계에 의해 측정된다."고 할 때, 이 합치 개념은 넓은 의미의 합치 개념이다.

이 부분적으로는 욕구로 향하고 있는 것과 꼭 마찬가지로 욕구에 대한 합리성 기준들 역시 적어도 부분적으로는 가치로 향하고 있다는 점이다. 이것이 욕구의 감정적인 면이다.

5. 감정의 가치론적 합리성

어떻게 우리는 감정적 또는 "가치론적" 합리성을 이해해야만 하는가?

제3절에서 필자는 객관성, 참, 합리성 사이의 다소 복잡한 관계를 그렸다. 만약 우리가 다소 포괄적인 어떤 노선을 허용한다면 3가지는 한 쌍(2가지-객관성/참 그리고 합리성)으로 환원될 수 있다. 어떤 관점에서 합치라는 중요한 은유로 이해되는 객관성과 참은 합리성을 의미 있게 하기 위해서 필수적이다. 다른 정반대 관점에서 성취(success)라는 핵심적인 은유로 설명되는 합리성은 인지적인 성취라는 그 자신의 상표에 의해서 정의되는 단지 특별한 경우들로서의 객관성과 참을 포괄한다.

이러한 복합성에 직면해서, 필자의 전략은 두 전선에서 번갈아가며 진행해왔다. 합치라는 은유의 견지에서, 필자는 감정이 적어도 어느 정도 지각의 모형에 근거해서 때때로 객관성을 의미 있게 평가받을 수 있다고 주장해왔다. 필자는 감정의 객관성을 참과 일치시키는 것에 반대해왔다: 감정은 믿음이 아니기 때문이다. 성취라는 은유의 견지에서 필자는 각 감정이 참과 동종인 감정 자신의 형식적인 대상을 갖는다고 주장했지만 성취의 특정한 표준을 표상할 때는 참과 좋음이 서로 다른 것과 마찬가지로 참이나 좋음과 감정의 형식적 대상은 서로 구분된다.

감정적 욕구에 관한 여러 직관들을 배경으로 인지적인 모형과 전략적인 모형을 검토하면서 감정적 욕구와 인지적, 전략적 모형들간의 유비를 추구하였다. 두 유비 모두 각각 실패하지만 두 모형 모두 가치론적 합리성 이해에 도움이 된다.

이러한 논의의 토대 위에서 우리는 어떻게 감정적 또는 "가치론적" 합리성을 보다 적극적으로 이해할 수 있을까? 객관적인 욕구는 인지와 비슷하게 실재 세계와 상응하려 하는 반면에 주관적인 욕구는 잠재적으로 투사적인 것 같다. 그래서 우리는 실재 세계와의 상응을 뜻하는 "합치(matching)"라는 인지주의자의 은유를 필요로 한다.

가치론에 이 합치라는 아이디어를 적용하여 필자는 감정이 "패러다임 시나리오들"로부터 유래한 의미론을 갖는다고 제안한다. 그 패러다임 시나리오의 견지에서 우리의 감정적 레퍼토리가 습득되고 그리고 우리 감정의 형식적 대상이 고정된다. 이것은 어떻게 우리의 감정 능력이 계발되는가에 관해 알려진 사실들과 잘 들어맞는다. 그리고 합리성의 일반적인 원칙들과도 일치할 수 있다.

이런 견해가 가진 문제는 그것이 감정의 변화와 관련해서 불가피하게 보수적인 것처럼 보인다는 것이다. 그러나 이러한 반론은 다음과 같이 해소될 수 있다: 합리적이지 않으면서 감정은 최소 합리적(minimally rational)일 수 있다. "감정 절제(continence)"의 원칙은 주어진 상황에 관한 다른 시나리오들이라는 요구들을 적용함으로써 감정에 관한 반성을 유도한다. 이 원칙은 우리가 가능한 시나리오들의 가장 넓은 집합의 견지에서 상황을 해석하도록 한다. 그러나 그 원칙의 실제적인 적용은 어렵다. 왜냐 하면 감정들의 형식적인 대상들의 다양성은 감정들을 평가의 다른 차원에 위치시키기 때문이다.

이 절의 후반부에서 필자는 합리성의 측면으로 되돌아온다. 필자는 어떻게 감정이 믿음, 욕구 그리고 행동의 합리성에 기여하는가를 묻는다. 지향성을 보이는 충분하게 복합적인 유기체 안에서 순수 이성—그것이 인지적이건 전략적이건—은 보완물을 필요로 한다는 것이 주된 생각이다. 특별히 치명적인 문제는

"철학자들의 틀 문제(philosophers' frame problem)"다: 우리는 우리의 막대한 저장고로부터 어떤 무관한 정보는 검색하지 말아야 할 때를 알 필요가 있다. 그러나 우리가 이미 그것을 검색하지 않았다면 우리는 어떻게 그것이 무관하다라는 것을 알 수 있는가? 필자는 매우 일반적인 생물학적 가설을 제안한다: 감정은 우리에게 지각과 추리의 면모들의 현저성을 조정함으로써 이런 곤경에 의해서 유발되는 마비 현상을 방지한다. 감정은 일시적으로 지각의 정보적 캡슐화를 흉내냄으로써 우리의 실제적이고 인지적인 선택지들을 한정한다. 이런 아이디어는 가치론적 수준의 비환원성을 확증한다. 감정은 믿음에 의해서도 욕구에 의해서도 수행될 수 없는 역할을 수행한다: 가장 주목할 만하게, 감정은 상치하는 동기 유발적 구조들 사이의 균형을 어느 한쪽으로 기울게 하지만 그것들은 단순하게 기계적인 방식에서도 아니고 좀더 이성적인 것을 부가함으로써도 아니다.

어떻게 패러다임 시나리오들에 의해 감정적 "성취"의 기준을 결정하는 것은 현저성의 결정 인자로서의 감정의 역할과 양립 가능한가? 이런 두 가지 기능은 Euthyphro 질문에 대해 상반되는 답을 제안한다. 그러나 만약 우리가 몇 가지 유형의 주관성이 있다는 것을 기억한다면 이런 문제는 해결된다. 그것이 구제 불능일 정도로 투사적이지 않은 채로 현저성의 유형들은 어떤 의미에서 주관적일 수 있다. 그러나 그것의 견지에서 감정에 대한 합리성이 판단될 수 있는 그러한 개별적인 정상성(normality)의 개념을 필요로 한다. 따라서 올바른 가치론적 평가(assesment)는 정상적인 시나리오에 의한 현저성의 통제다. 이제 이것들을 하나하나 좀더 자세히 살펴보자.

(1)패러다임 시나리오

우리는 감정을 패러다임 시나리오들과 연계시킴으로써 감정의 어휘들과 친숙해진다. 패러다임 시나리오들은 맨 먼저 어린 시절에 우리의 일상적인 삶으로부터 이끌어지고, 나중에는 우리가 접하는 이야기, 예술 그리고 문화에 의해서 강화된다. 그리고 문자 문화에서는 패러다임 시나리오들이 문학에 의해서 보충되어지고 세련화된다. 패러다임 시나리오들은 두 가지 측면을 가진다: 첫째, 특정한 감정-유형의 특징적인 대상들(여기서 대상들은 제2절에서 논의된 다양한 종류의 것을 말한다.)을 제공하는 상황 유형(situation-type). 둘째, 상황에 대한 일련의 특징적이거나 "정상적인" 반응. 여기서 정상성은 처음에는 생물학적인 문제였지만 매우 빠르게 문화적인 것으로 된다. 감정이 일반적으로 동기 부여를 한다고 주장되는 것은 많은 부분 시나리오를 구성하고 있는 반응에 의해서다. 그러나 이것은 어떤 점에서 앞뒤가 뒤바뀐 것이다. 왜냐 하면 감정은 종종 반응의 성향으로부터 이름을 얻고 그런 뒤에야 그 감정이 그 반응을 일으켰다고 가정되기 때문이다.

아이들은 어떤 패러다임 시나리오들의 상황적인 구성 요소들에 특정한 방식으로 반응하도록 유전적으로 프로그램화되어 있다. 그러나 어떤 상황적인 구성 요소들이 식별될 수 있느냐 하는 것은 아이들의 발달 수준에 달려 있다. 교육의 핵심적인 부분은 반응들을 식별해내고, 시나리오의 맥락 안에서 그 반응들에 대한 이름을 알려주고, 그럼으로써 특정한 감정을 경험하고 있다는 것을 가르치는 것이다. 그러한 것들이 부분적으로 바로 옳은 감정들을 느끼는 것을 배우는 것 속에 포함된 것이다. 아리스토텔레스가 알았던 것처럼 옳은 감정을 느끼는 것을 배우는 것이 도덕 교육의 중심적인 부분이다.

반응하는 성향으로부터 감정이 구성되는 과정은 생후 첫 몇 개월 후부터 관찰 될 수 있다. 단순한 피드백 고리들은 시나리오들로 생각될 수 있는 복잡한 상호 작용들에 자리를 양보한다. 제일 먼저, 6 내지 9개월 사이에 아기들에게 웃어보임으로써 아기들을 웃게 만들 수 있다. 그리고 찡그림으로써 울거나 찡그리도록 만들 수 있다. "대리적인 공명(vicarious resonance)"이 있지만 지향성은 없다. 다음 단계에서, 보호자의 표현들은 보호자가 무엇을 행하고 느낄 것으로 아기가 기대할 수 있는가에 관한 신호가 된다. 9개월 후부터 이것은 무엇을 보고 그것에 관해 어떻게 느낄 것인가에 관한 안내를 위하여 보호자에게 의존하는 것을 포함한다. 그 유아는 보호자의 응시에 따를 것이며, 더욱 중요한 것은 어떻게 반응하는가를 배우기 위해서 보호자에게 의존할 것이라는 사실이다. 두 살 후반에 아기들은 이미 다른 사람의 존재에 대한 감각을 가지고 있는 것 같다. 아기들은 같은 장면에 속한 다른 참여자들이 참여자들의 서로 다른 역할들에 의해서 서로 서로 다르게 느낄 것이라는 것을 의식하기 시작한다. 우리가 기대하는 것처럼 만약 패러다임 시나리오들이 실로 우리 감정의 바로 그 성격을 정의한다면, 우리는 지각과 같은 다른 정신적 상태들의 기원들에 관해 이야기할 수 있는 것보다도 더 일찍 패러다임 시나리오들을 산출하는 이야기들의 견지에서 감정에 관해 이야기할 수 있는 능력을 획득한 것이다. 세 살 전에 아이들은 어떤 사람의 행동이 다른 사람을 고통으로 이끌 수 있다는 것과 어떤 유형의 사건이 전형적으로 어떤 감정을 유발한다는 것을 이해한다. 아이들은 사람들이 실제 느끼지 않고 있는 감정을 연기하거나 "척하기"를 할 수 있다는 것 또한 안다. 그리고 아이들이 네댓살이 될 때까지는 무슨 종류의 이야기가 무슨 단순한 감정을 유발하는지에 대한 매우 훌륭한 식별력을 가지게 된다. 그러나 감정적 레퍼토리가 더욱 복잡해짐에 따라 이 시나리오들을 배우는 것은 무한히 계속된다.(죄책감과 책임감은 일반적으로 여섯 살이 될 때까지는 충분히 잘 이해되지 못한다.)

제3절에서 필자는 가치론적(axiological) 속성에 대한 인지적-지각적 유비에 관한 옹호를 제시하였다. 이 견해에서는 패러다임 시나리오들이 특징적인 느낌들을 결정하고, 제시된 상황과

패러다임 시나리오들 사이의 합치의 견지에서 감정의 본래적인 합리성—일종의 옳음과 그름(correctness and incorrectness)—이 평가될 수 있다. 이런 견해는 Euthyphro 질문에 대한 객관주의적인 답을 제안한다: 감정(적어도 객관적인 것)은 단순한 투사가 아니라 세계 안에 존재하는 실재 속성에 대한 감지(apprehen-sion)다.

(2)합리성의 원칙들의 적용

간략히 말하자면, 감정과 관련하여 패러다임 시나리오들의 역할은 보통 명사의 예시적 정의(ostensive definition)와 유사하다.20) 패러다임 시나리오들의 역할은 제4절에서 설명된 합리성의 원칙들과 연결시켜 설명함으로써 더 명료해질 것이다.

성취의 원칙(R1)에 따르면, 형식적인 대상은 상태의 성취 기준을 정의한다. 상태가 감정일 때 그것의 형식적 대상은 패러다임 시나리오에 의해서 고정되고 형식적 대상은 가치론적인 성질을 정의한다. 감정은 문제가 되는 성질이 실재 세계에 정당하게 귀속되어 있느냐 또는 단순히 투사된 것이냐에 따라 객관적, 자

---

20) 보통명사가 세계 속의 적절한 대상을 지칭하였을 때, 그 보통명사의 사용은 성공적이다. 그리고 감정이 세계 속의 적절한 가치론적 속성을 감지하였을 때, 그 감정의 사용은 성공적이다. 이러한 사용을 확보하여주는 것이 보통명사의 경우에는 예시적 정의이고, 감정의 경우에는 패러다임 시나리오다. 예시적 정의가 직접적인 방식으로 적절한 대상이 무엇인지를 알려주듯이, 패러다임 시나리오도 직접적인 방식으로 적절한 가치론적 속성이 무엇인지를 알려준다. 다시 말해, 패러다임 시나리오는 어떤 상황—유형에서 어떤 감정의 발생이 세계 속의 적절한 가치론적 속성을 감지하는 것인지를 직접적인 방식으로 알려준다. 그것은 패러다임 시나리오 속에는 그 시나리오에서 문제가 되고 있는 감정—유형이 무엇인지 이미 명시되어 있기 때문이다.

만일 감정이 발생한 문제 상황과 그 감정-유형을 규정하고 있는 패러다임 시나리오가 서로 합치된다면 그 감정은 객관성을 확보한 것이다. 따라서 감정의 객관성은 감정이 발생한 문제 상황과 패러다임 시나리오 사이의 합치 관계에 의해 측정된다.

기 관련적, 또는 주관적인 것이 된다. 형식적인 대상의 본질적으로 드라마적인 구조는 평가의 인지적 그리고 전략적 층위들과는 별도로 가치론적 층위를 정하는 데 도움이 된다. 그러나 그것이 가치론적인 속성의 현상적인 측면을 막는 것은 아니다: 모든 시나리오는 그것 자체의 느낌을 가지고 있다.

감정의 형식적 대상의 드라마적인 구조는 다른 중요한 결과를 갖는다. 어떤 의미에서 우리는 감정의 형식적 대상을 감정의 적절성의 양태로 특징지을 수 있을 것이다. 그러나 그것은 (모든 믿음들이 참을, 그리고 모든 원함들이 좋음을 그 형식적 대상으로 갖듯이) 모든 감정들이 단일한 하나의 특정한 형식적 대상을 갖는다는 오해를 일으킨다. 적절성은 감정의 형식적인 대상의 유(類) 개념이다. 그러나 이 유 개념은 참과 좋음을 또한 포함한다. 그것은 감정에만 적용되는 성취 조건들의 종차에 관해서는 아무것도 이야기해주는 바가 없다. 필자는 가치론이 인지적 합리성 및 전략적 합리성과 각각 어떤 면모들을 공유하고 있다고 주장했다. 그러나 결국 가치론적인 성취조차도 어떤 유 개념일 뿐이다. 감정은 그 감정의 패러다임 시나리오의 특유한 성질(격분하게 하는, 매력적인, 불길한, 부끄러운 등등) 속에서 그것 자체의 특정한 형식적 대상을 발견해야만 한다. 이것은 감정들과 도덕적 언어 사이에 고도로 일반적인 관계가 왜 거의 없는지에 대한 이유를 설명한다.

패러다임 시나리오들과 관련하여 최소 합리성의 원칙(R2)은 아래와 같이 작동한다. 감정은 패러다임 시나리오들에 의해 학습되는 것이기 때문에 만약 감정이 적절하게 유사한 상황에 대한 반응 속에서 일어났다면, 적어도 주어진 사회적 맥락 안에서는, 그 감정은 부적절하다고 비판될 수 없다. 여기서 우리는 감정 자체와 시나리오가 포함하고 있는 행동적 반응을 조심스럽게 구분해야만 한다: 어떤 감정의 행동적 반응이 합리적이라는 것은 그 감정 자체의 합리성으로부터 따라나오지 않는다. 반응이 행동 또는 전략인 경우에 반응은 그것 자체의 견지에서 평가될 필요가 있다. 행동의 최소 합리성을 보장받기에 앞서 맥락을 더욱 좁히는 것이 요구된다고 할 수 있다. 어떤 사람이 다른 사람과 침대에 같이 있는 자신의 연인을 보았다면 그 사람은 질투와 분노의 반응을 보일 것이다. 우리의 문화에서 이런 상황은 중요한 신체적 주목을 다른 사람에게 빼앗긴 것과 같은 유아 시절에 처음 경험된 어떤 일차적 상황과 연결된다. 그것은 질투에 대한 패러다임 시나리오가 되며 그것에 의해 일으켜진 감정은 적절한 것으로 간주되어야 한다.(일부다처제를 채택하고 있는 다른 문화에서는 유아의 질투심이 좀더 다른 상황들에 의해서 재현될 것이다.) 그러나 비록 본래의 원형 시나리오가 살인적인 공격성을 행동적 반응으로 포함하고 있다 할지라도, 이것이 필연적으로 살인을 합리적으로 만들지는 않을 것이다. 그 행동은 복수의 극단적인 행동으로서 그것 자체의 최소 합리성을 가질 것이다. 그러나 시나리오의 존재만으로는 극단적인 복수가 합리적인지의 여부는 결정되지 않을 것이다.

지향성의 원칙(R3)은 (범주적인) 합리성이 지향적인 상태에만 적용되도록 약정했다. 지향적인 상태가 있기 전에 반응이 있을 수 있다. 그러나 반응이 (아이들로 하여금 다른 가능한 역할들의 의미를 이해할 수 있도록 하여주는) 지향적인 구조 안에 통합될 수 있을 때까지는 시나리오도 없으며 따라서 감정도 없다.

네 번째와 다섯 번째 원칙이 내포하는 바는 그것들을 함께 고려함으로써 가장 잘 이해된다. 기원들의 원칙(R4)의 의미에서, 제약 사항들은 상태들 사이의 전이(transition)와 상태들의 공존(coexistence)에 적용할 때 가장 쉽게 이해된다. 예를 들어 우리가 그것의 참을 직접적으로 평가할 수 있는 것과 같은 드문 경우를 제외하고는 우리는 보통 믿음을 고립시켜 판단하지 않는다. 따라서 기원들에 대한 강조는 제약 사항들의 원칙(R5)에 의해서 규정된다. 두 가지 이유 때문에 합리성 평가에서 기원들의 중요성은 가치론적 영역에 대해 특별한 힘을 가진다. 첫번째 이유는 전이와 정합성에 대한 판단들은 감정의 영역에서 불확실한 경향이 있다는 것이다.(한 예는 같은 것이 희극적이면서 동시에 비극적일 수 있는가에 관한 질문이다.) 두 번째 이유는 믿음에 있어서는 기원들이 단순히 형식적인 대상의 획득 가능성에 대한 단서가 될 뿐이나 감정에 있어서는 기원들이 바로 (패러다임 시나리오의 형태로) 형식적 대상의 정의를 구성한다는 것이다.

(3)몇 가지 반론

이런 설명에 의해서 발생되는 문제는 아래와 같다. 감정의 합리성이 사회화 과정에서 감정의 기원들에 의해 교정 불가능하게 고정된다는 것과, 만일 상황이 패러다임에 잘 들어맞는다면 어떠한 것도 감정의 적절성에 영향을 미칠 수 없다는 것을 제시하는 것처럼 보인다는 것이다. 그렇다면 우리가 "감정적으로 성숙하는 것"이라고 부르는 감정적 성향의 변화란 무엇인가? 보다 큰 감정적 합리성을 추구하는 가능성은 무엇인가? 예를 들어 남녀 차별주의적이나 인종 차별주의적인 감정을 제거하려는 노력에서와 같이 우리는 어떤 시나리오를 전적으로 거부할 수 없다는 말인가?

주어진 맥락에서 어떤 개념을 배운다는 것은 그 개념이 수정될 수 없고 세련화될 수 없다는 것을 의미하지는 않는다. 그리고 개념이 패러다임 자체에 적절한지 아닌지를 아무런 모순도 범하지 않고 물어볼 수 있는 지점까지 우리의 개념 이해가 깊어질 수 없다는 것을 의미하지도 않는다.

패러다임은 보다 넓은 범위에서 고려되었을 때 항상 도전 받을 수 있다. 그것은 주어진 상황에 적용 가능한 경쟁적인 패러다임들의 견지에서 수정될 수 있다. 그러나 만일 감정이 그것 자체의 가장 좁은 적절한 시나리오의 견지에서 파악될 수 있다면 감정은 그것의 기본적인 이해 가능성(그것의 최소 합리성)을 유지할 것이다. 더 나아가 어떤 시나리오는 완전히 힘을 잃거나 쓸모없이 될 수도 있다.

이것은 아래와 같은 원칙을 제안한다.

(PEC)감정 절제(continence)의 원칙 : 너의 감정을 가능한 시나리오들의 가장 넓은 가능성의 범위에 대해서 적절하게 하라.

(PEC)가 실제로 의미하는 것을 수행하는 것의 복잡함은 어마어마하다. 왜냐 하면 합리성의 감정적 층위는 가장 깊고 가장 포괄적이기 때문이다. 그러나 감정을 개선하려는 시도는 감정 절제의 원칙과 같은 어떤 것에 기초를 둔다.

그렇다면 어떤 의미에서 우리는 한 패러다임이 다른 패러다임에 의해 대체되는 과정이 합리적이라는 주장을 할 수 있는가? 그리고 여기에 객관성이 있다고 주장할 수 있는 범위는 어디까지인가? 소위 "게스탈트" 변화로 이끄는 것은 합리성을 넘어서 있는 것이기 때문에 필자는 태도, 성향 그리고 습관이 설명 불가능하게 바뀔 수 있다고 말하고 있는 것이 아닌가? 감정은 변화 전과 마찬가지로 그와 같은 변화 후에도 주관적인 것으로 남는 것이 아닌가?

대답은 "아니다"이다. 모든 마음의 변화가 동등하게 주관적이거나 비이성적인 것은 아니다. 그럼에도 불구하고 다르게 생각하려는 경향은 믿음 변화의 합리성에 대한 비실재적 그림과 그리고 "객관성"에 대한 잘못된 표준들로부터 발생한다. 필자는 어떤 상황이 적합한 패러다임 시나리오와 적절히 유사한 경우 그리고 오직 그 경우에만 감정이 주어진 상황에서 적절하다(또는 최소한으로 적절하다)고 말했다. 무엇이 주어진 시나리오와 유사한 것으로 여겨질 수 있느냐 하는 것은 어느 정도 융통성의 여지를 허용한다. 그러나 모든 것이 다 통용되는 것은 아니다. 감정의 진정한 비합리성은 객관적으로 닮지 않은 시나리오의 견지에서 상황을 지각하는 것과 연계되어 있다. 마음의 변화는 한 상황을 다른 상황으로 바꾸는 무의식적 연결들과 변형 규칙들에 의존한다. 감정적 비합리성은 뒤섞인 시나리오들의 문제다: 극심해진 노이로제와 극단적인 정신병으로 인한 실재성의 상실. 그러한 감정의 최소한의 합리성은 무의식적으로 불러일으켜진 시나리오의 견지에서 찾아져야만 한다. 정신병 치료는 전형적으로 변형의 단서를 자유 연상에서 찾는다. 그리고 부적절하게 불러일으켜진 감정이 최소 합리적인 것으로 설명되어질 때까지는 원형 시나리오를 계속해서 찾아 들어가는 것이 치료의 건전한 원칙이다.

두 가지 복잡성이 합리성의 질문에 대한 어떠한 간단한 답도 실제 적용에 있어서는 허용하지 않는다. 첫번째 복잡성은 주어진 상황과 반응이 다수의 충돌하는 시나리오들을 불러일으킬 수 있다는 사실로부터 유래한다. 감정들이 모두 동등하게 적절할 때조차도 감정들이 필연적으로 양립 가능한 것은 아니다.(지각 유비는 어떻게 이것이 가능한가를 보는 데 도움이 될 것이다: 당신이 Necker cube나 오리-토끼 그림을 보고 있을 때 당신은 두 육면체 또는 두 동물을 동시에 볼 수는 없다.) 어떤 경우에는 감정은 다양한 비율로 섞인다; 다른 경우에는 지각적 게스탈트 변환처럼 하나의 감정은 다른 감정이 발생하지 못하게 한다. 이런 현상들을 지배하는 규칙들은 (R5)에 의해 요구되는 가치론적 합리성의 "제약 사항들" 가운데 있다. 그러나 불행하게도 필자는 그 규칙들이 구체적으로 무엇인지를 모른다.

그러한 작동하는 제약 사항들의 명쾌한 예들을 발견하는 것에 대한 두 번째 장애는 형식적 대상들의 다양성이다. 합리적 공존은 양립 가능성(compatibility)의 문제가 아니라 일관성(consistency)의 문제다. 양립 가능성이 동시적 만족에 관한 것인 반면에 일관성은 동시적 성취에 관한 것이다. 두 개는 믿음의 경우에는 일치하기 때문에 쉽게 혼돈된다. 그러나 그것들은 좋음이나 가치론적 적절성에 대해서는 일치하지 않는다. 원함들의 대상들이 모두 함께 참이 될 수 있는 경우가 아니라 그것들이 모두 함께 좋을 수 있는 경우에 원함들은 일관적이다.[21] 유사하게 감정들에 대한 일관성의 조건은 감정들의 타깃들, 동기 부여 측면들 또는 명제적 대상들이 양립 가능한가의 여부에 의해서가 아니라 감정들의 형식적 대상들이 논리적으로 일관적인가의 여부에 의해서 규정된다. 그리고 만약 각각의 감정이 그것 자체의 형식적 대상을 갖는다면 일관성의 제약 사항들은 적용 기회를 상대적으로 거의 갖지 못할 것이다.

중요한 결론을 반복하자면, 가치론의 객관성은 단일한 가치론적 "옳음(correctness)"이 있어야만 한다는 것을 함축하지 않는다. 가치의 다차원성(multidimensionality)에 해당하는 이 사실은 윤리적 삶에 대한 감정의 기여를 살펴보면 더 명확히 드러난다. 결과적으로 필자는 패러다임 시나리오들이 문자 그대로 우리의 감정들의 의미를 제공한다고 주장한다.

⑷현저성과 패러다임 시나리오 : Euthyphro 문제 재고찰

필자는 우리의 감정은 우리의 이성적 과정의 기초가 된다는 것을 주장해왔다. 이 주장은 생물학적인 의미와 관련하여 감정의 적절한 대상에 어느 정도의 객관성이 있다는 것을 합당하게 만들기 위해 도입되었다. 그러나 어떤 문제점을 이야기해야 할 시점이 왔다.

감정의 객관성과 합리성에 대한 필자의 패러다임 시나리오 이론에 따르면, 패러다임 시나리오들이 특징적인 느낌들을 결정하고, 또 제시된 상황과 패러다임 시나리오들 사이의 유사성의 견

---

21) 여기서의 만족 개념은 "실천적 목적들의 만족" 개념이 아니라 "인지적 상태들의 만족" 개념이다. 따라서 단어 '만족'도 다의적으로 쓰이고 있음을 알 수 있다.

지에서 감정의 본래적인 합리성이 평가된다. 이런 견해는 Euthyphro 질문에 대한 객관주의적인 답을 제안한다: 감정(적어도 객관적인 것)은 단순한 투사가 아니라 세계 안에 존재하는 실재 속성에 대한 감지(apprehension)다.

그러나 감정이 현저성을 조정함으로써 이성의 불충분성의 문제를 해소한다는 필자의 입론에 의해 제시된 Euthyphro 질문에 대한 답은 주관주의적인 것처럼 보인다. 왜냐 하면 현저성은 새로운 것들을 발견해내는 것이라기보다는 이미 거기 있는 것들을 재배치하는 문제인 것처럼 보이기 때문이다.

만약 그 두 입론이 Euthyphro 질문에 대하여 상반되는 답들을 제공하는 것처럼 보인다면 어떻게 이 두 입론을 조화시킬 수 있겠는가?

제3절에서 제시된 여러 종류의 서로 다른 주관성들 사이의 구분에 대한 주의 깊은 고찰에 그 답이 놓여 있다: 현상성, 상대성, 투사 그리고 관점. 현상성은 실재 속성에 대응하는 것을 막지 않는다. 실로 현상성은 보통 그와 같은 대응을 보여준다. 일정 정도의 상대성은 지각과의 유비를 진지하게 고려하는 것으로부터 우리가 예견할 수 있는 바일 뿐이라고 필자는 논변하였다. 만약 세계가 실재한다면 우리가 움직임에 따라 세계가 다르게 보일 것이다. 패러다임 시나리오가 그 자신을 현재 상황에 대한 해석으로 제시할 때, 패러다임 시나리오는 인간 경험의 어떤 실재 모습(configuration)의 견지에서 우리의 지각적, 인지적 그리고 추론적 성향을 배열 또는 재배열한다. 관점(perspective)은 우리가 인식하는 것이 무엇이건간에 인식의 어떤 지평에서 그것이 감지되어져야만 한다는 신비한 사실이다: 그것은 우리가 받아들인 것이 실제로 거기에 있는가 없는가와는 무관한 것이다.

투사는 Euthyphro 문제에서 남아 있는 주관성의 유일한 의미다. 그러므로 우리는 감정에 의한 현저성의 조정이 투사와 같은 것인지의 여부를 물어볼 필요가 있다.

그 대답의 요지는 간단하다. 투사는 그것이 부적절할 때는 객관성을 방해하지만 그것이 적절할 때는 그렇지 않다. 그러나 이런 답은 너무 평이해서 도움이 되지 않는다. 만약 우리가 투사의 개념에 관련하여 정신 분석학적 맥락으로 돌아가 생각한다면 그 대답은 실질적인 어떤 것을 획득할 것이다.

정신분석학자는 대부분 환자의 조건에 관해서 추론을 형성함으로써 정신 분석을 수행한다. 그러나 그와 같은 추론은 두 가지 방식으로 만들어질 수 있다. 하나는 그럴 듯한 시나리오('예를 들어 외디푸스적 문제') 안에 환자의 조건을 적용하는 것이다. 즉 그 환자가 삶의 실재 상태에서 어떻게 느끼는지에 관하여 "책에 의해서" 추론하는 것이다. 또 다른 방법은 추론의 부가적인 근원으로서 치료자 자신의 느낌을 포함하는 것이다. "역전이(countertransference)를 가지고 수행하는 것"으로 불리는 후자의 방법은 좋은 분석가에게는 가치 있는 도구다. 그러나 명백하게 그것은 치료사의 느낌이 엄밀한 의미에서 객관성을 가로막는 단순한 투사일 수 있는 위험이 포함된다. 어떤 경우에 분석가 안에 불러일으켜진 느낌은 분석가를 환자의 실제적인 시나리오 안으로 들어갈 수 있게 할 것이며, 그러한 시나리오는 좀더 분석적인 경로를 거쳐서 드러나기에는 오랜 시간이 걸릴 수 있는 면모들을 읽어낼 수 있게 할 것이다. 여기서 우리는 "투사"를 합법칙적인 것으로 간주한다. 그렇지 않은 경우 시나리오는 실제로는 환자의 것이 아니라 분석가로부터만 일어난 것이다. 그것은 그러므로 환자에 관해서 유용한 아무것도 분석가에게 말해줄 수 없다.

치료적 환경 밖에서도 그 조건은 흡사하다. 현저성을 조정함으로써 패러다임 시나리오들은 지각의 캡슐 씌우기를 흉내낸다. 이것은 어떤 지각과 추론을 금지하고 다른 것을 배양한다. 그러나 만약 결과한 패턴이 상황에 적절하다면 그것은 비합법적인 투사를 구성하지 않는다.

그러나 우리는 여기서 포함된 적절성에 대한 개념의 해석을 어떻게 해야만 하는가? 두 개의 가능한 경로가 있다. 하나는 인간 천성에 의해서 조정된 표준적인 시나리오가 될 수 있는 것에 대한 어떤 통찰을 찾는 것이다. 이런 관점에서 감정들이 인간 천성에서 표준적으로 기원한 시나리오에 상응할 때 오직 그때만 감정은 객관적으로 옳을 것이다. 이것은 다소 아리스토텔레스적인 경로다. 그러나 단순하게 인간 천성에 관한 생각에 실체를 주는 것의 어려움 때문에 그것이 실제에서 호소력을 갖는 것은 아니다. 그러나 그렇게 제한적으로만 생각할 이유는 없다. 포함된 표준성의 기준은 생물학적인 것뿐만 아니라 사회적인 것까지 될 수 있다. 더 나아가 필자는 개별적인 표준성의 개념을 위한 여지가 있다고 믿는다.

표준성은 궁극적으로 항상 어떤 통계적인 사실들을 지목해야만 한다고 가정하는 사람들에게서는 이것이 자기 모순적인 것으로 들릴 수 있다. 그러나 두 종류의 고려는 그것을 지지한다. 하나는 생물학적 사실 중 어떤 부분에 주목할 필요가 있다. 우리는 개별적 변수가 생물학적으로 기본적인 사실임을 알고 있다. 필자는 유아의 감정의 레퍼토리를 정의하는 패러다임 시나리오들의 사회적 발생이 적어도 부분적으로 개별적인 기질에 의해서 통제될 수 있음을 제안하는 감정적 계발에 관한 어떤 사실을 또한 이야기하고 싶다. 이와 같은 이유, 즉 개별적인 기질에 의해서 단지 부분적으로 형성된 어떤 것이기 때문에 만약 어떤 사회적 그룹에 대한 표준성에 관하여 말하는 것이 의미 있게 되려면 하나의 개별자의 표준성에 관하여 이야기하는 것 또한 의미 있어야 할 것이다.

제3절에서 시작된 이런 논증들은 합리성의 귀속을 위한 조건에 관한 그럴 듯한 입론들로 필자가 간주하는 것들을 제공했다. 이 절에서 필자는 이것들이 어떻게 감정에 적용될 수 있는가를 보여주려고 했다. 필자가 주장해온 것에 대한 주된 결론은 가치

론적인 합리성은 인지적인 것과 전략적인 종류의 합리성 둘 다로부터 구분된다는 것이다.(그것이 둘 다와 교훈적인 유비 관계를 갖지만.) 감정의 주관성에 대한 익숙한 주장에도 불구하고 필자는 Euthyphro 질문에 대한 객관주의자의 답은 때때로 지지될수 있다고 주장해왔다: 감정은 실재 세계에 관한 어떤 것을 우리에게 말한다. 확실히 객관성에 관한 감정들의 양상은 인간의 특징적인 성향과 반응 그리고 개인적인 천성에 따라 상대적이다. 감정을 복합적 지향적인 유기체(개미 또는 천사와 다르게 단순한 결정론에 굴복하지 않는 유기체)에게 필수 불가결한 것으로 만드는 생물학적 기능은 철학자들의 틀 문제와 관계하는 것 같다: 주목의 대상들, 연구의 노선 그리고 선호되는 추론 양식들 사이에서 현저성을 조정함으로써 판단과 욕구에 관한 합리적 결정에서의 틈을 메우는 일. 이런 방식에서 감정은 그것 자체 독자적인 것으로 남는다: 감정을 지배하는 합리성의 원칙들은 판단 또는 지각 또는 기능적인 욕구를 지배하는 것과 동일한 것이 아니다. 그 대신에 그것들의 존재는 그런 좀더 인습적인 수준에서 합리성의 바로 그 가능성을 수립한다.22) ■

---

22) 이 논문은 1996년도 서울대학교 발전기금 대우 학술 연구비 지원에 의해서 이루어진 것이다.

수사적 합리성

김 혜 련

(연세대학교)

명석하고 판별적인 관념의 신화는 무너졌지만 철학자들은 다른 맥락에서 그리고 다른 방식으로 명석함과 판별성을 옹호하고 있는 것으로 보인다. 예를 들어, 그들은 언어적 표현의 애매성을 지양하고 수사적 표현을 꺼린다. 철학자의 주장이나 글이 수사적이라고 불린다면 그것은 일종의 모욕으로 받아들여진다. 로크는 수사적 표현을 상상력에 기원을 둔 일종의 거짓말처럼 다루었다. 물론 거짓된 주장과 거짓말은 다른 것이지만, 수사적 표현이 얻게 된 오명은 아예 주장으로서의 자격조차 없다는 것이다. 수사적 표현들은 의미의 맞음이나 진리값을 측정할 수 있는 기준을 처음부터 도외시하는 것처럼 보인다. 일상 생활에서나 전문가들의 이론적 무기고에 실제로 수사적 함의들을 갖는 개념들이 가득하지만, 그러한 사실은 이론가들의 주목을 얻지 못한다.

이 글은 수사학이 아리스토텔레스에 의해 처음으로 구상되었을 때 다양한 현상들의 상이성에 적합한 상이한 탐구 방법들 중의 하나로 구상되었다는 점을 상기하면서, 오늘날의 이론적 탐구와 대중의 일상적인 삶 속에서 수사학이 갖는 인지적/미학적/

윤리적 중요성들을 검토하려는 시도다. 철학적 탐구의 한 방법으로서의 수사학은 단순한 표현 기술을 넘어서, 변화하는 현상들을 특수자로서 이해하고 설명하려는 목적에 기여하는 합리적인 탐구 방식으로 조명될 것이다.

1. 탐구 방법으로서의 수사학

수사학이란 무엇인가? 수사학은 전형적으로 말을 잘하기 위한 기술을 연구하고 그 목적은 청중을 설득시키기 위한 것으로 이해된다. 물론 이렇게 수사학을 특징짓는 것이 수사학의 본질에서 크게 벗어나는 것은 아니다. 그러나 말을 잘한다는 것이 무엇을 의미하는지, 왜 말을 잘하는 것이 중요한지, 그리고 말을 잘함으로써 우리가 얻는 이익이 무엇인지에 대해 철학자들은 크게 관심을 쏟아온 것 같지는 않다. 형식적으로 말하면, 수사학은 특수한 청중을 고려하면서 결정과 판단을 서술하고 인도하는 종합적인 기술이다. 관찰에 이론이 개입한다고 주장하는 것은 소위 순수한 관찰은 없다고 말하는 것 외에 달리 충분히 정보적이지 못하다. 실제로 탐구자는 이론이나 가설을 설득력 있는 것으로 보여주기 위해 관찰에서 무엇인가 단서를 구하는 것이라고 말하는 것이 더 정확한 말일 것이다. 그 과정에서 어떤 개별 현상이 문제의 이론에 적합한 증거로서 기능할 것인지 여부는 탐구자의 판단에 달려 있다. 이 판단은 특수한 현상에 관한 것이고, 그 현상에 대한 기술이 일반화될 수 있는가를 판단하는 것은 탐구자의 결정에 달려 있다. 수사학은 탐구자의 이러한 판단과 결정에 의해, 현재의 경험에 대한 설명뿐만 아니라 미래를 설계하는 상황에서, 그리고 무엇보다도 구체적 관심과 욕구를 성취하기 원하는 특수한 청중을 대상으로 삼을 때 성립한다.

진리를 중심으로 하는 유형의 형이상학과 인식론의 관점에서 볼 때 수사가는 이등 시민으로 전락한다. 왜냐 하면 진리는 현전하는 것이며 확실성을 동반하는 직관이나 자연 연역의 형식적 증명에 의해 밝혀지는 것이기 때문이다. 타당한 형식적 증명이 주어졌을 때 독자나 청자가 결론에 대한 확신을 갖지 못한다면 그것은 그들이 인식적 의무를 게을리한 탓이지 진리에 책임 전가를 할 수 없다. 로고스 중심적인 합리성의 개념은 탐구자들의 집단에게 이견(異見)의 가능성을 허용하지 않는다. 이견이 발생할 때 그것은 증명상의 오류가 있거나 탐구자 자신이 내적 혹은 외적으로 인식적 장애를 겪고 있기 때문인 것으로 간주된다. 그렇기 때문에 진리의 순수성은 탐구자 개인이 가질 수 있는 사사로운 욕구나 판단에 의해 침략당하지 않는 특권적 지위를 누린다. 그리고 진리는 특수한 청중에게만 타당한 것이 아니라 역사적 지평의 한계를 넘어 보편적인 청중에게 항구적으로 타당한 것으로 그려진다.

물론 수사학은 이성적 직관이나 형식적 증명이라는 탐구 방법을 대치할 수 없고 그러한 것을 목표로 삼지도 않는다. 그러나 그러한 탐구 방법들이 가능함에도 불구하고, 성격상 '열등한' 방법이긴 하지만, 청중의 편견이나 취향, 정서적 기본 성향 등을 이용함으로써, 문제의 결론을 받아들이도록 설득하기 위한 우회로로서, 즉 증명에 대한 차선책으로서 택하는 것이 수사법은 아니다. 수사학은 흔히 정치적 주장이나 법정 변론처럼 이미 정해놓은 결론을 수용하게 만들기 위한 기술로서 사용되기 때문에 정당한 탐구 방법으로서 받아들여지지 않았다. 그러나 수사학에 관한 그러한 시각은 수사학이 전성기를 누렸던 고대 희랍 사회에서의 그 기원과 발전으로부터 크게 벗어난 것이다. 실제로 수사학에 대한 그러한 왜곡된 이해는 서구에서 중세 이후, 특히 근대에 들어와 계몽주의적 합리론과 경험론이 득세하게 된 지성사적 상황에서 비롯된 것이다. 이 시기에 수사가는 허풍쟁이, 거짓말쟁이, 소음을 만드는 사람 또는 장황설을 늘어놓는 사람 등으로 평가절하되었다. 이러한 편견을 부추긴 것은 의미와 언술간의 이원론적 가정 그리고 실재의 투명한 표상으로서의 언술이라는 인식론적 이상에의 추구다. 그러나 오해의 보다 근본적인 원인은 수사학이 왜 필요했는가 하는 물음에 대한 반성이 충분하지 못했기 때문이다.

아리스토텔레스가 형식 논리학의 체계를 구성했음에도 불구하고 『변증론(Topics)』을 필요로 했던 것은, 실제로 우리가 당면하는 인식적 상황이 항상 구체적이고 탐구 대상들도 특수자들로서 늘 변화하는 것들이라는 사실을 깨달았기 때문이다. 일반적으로 변증법이 대화적 구조를 갖고 보편적 긍정이나 부정을 목표로 했던 반면, 수사학은 변증법의 한 종(種)으로서 특수한 것을 특수한 것 그 자체로서 수용하거나 비판하는 것을 목표로 한다는 점에서 변증법과는 구별된다. 적어도 아리스토텔레스의 체계 안에서 수사학은 열등한 인지 과정 또는 참 지식의 생성 과정의 전반부에 관여하는 것이다. 플라톤의 시인추방론 등을 통해 볼 수 있듯이, 수사학의 중요성을 낮게 보려는 시도에 대해 수사학이 할 수 있는 반박은 대체로 다음과 같다—우주론적인 사변은 살아 있는 인간의 삶의 조건과는 연관성을 갖지 않는다는 것, 그리고 그와 동시에 수사가가 인간사에 활발하게 참여하는 것은 시인의 공상이나 시의 허구성과 구별되어야 한다는 것을 보여주는 것이다. 수사가가 제도적으로 확립된 언어들을 사용하여, 다시 말해서, 이미 우리가 상식적으로 알고 있는 지식들을 활용하여 어떤 견해를 뒷받침하거나 반박하는 논증을 구성한다는 것은 지식 획득이 개인의 특수한 심리적 상태를 동반한다는 것, 그리고 특수한 것을 동일시할 때 인간적인 판단과 정서적인 개입이 필수적이라는 것을 일찍이 지적한 것이라고 볼 수 있다.1) 수사

---

1) 키케로 같은 수사학가들은 사변적이고 관조적으로 우주의 질서를 인식한다는 생각을 실제의 인간과는 거리가 멀 뿐만 아니라 훌륭한 웅변과 지혜를 분리시키는 것은 사실상 오류라고 생각했다. K. Gilbert and H. Kuhn, A History of Esthetics

적 지혜가 철학이나 과학의 지식보다 평가절하되었던 이유는 수사학이 언어적 표현들의 구성에 지대하게 의존하기 때문이라기보다는, 수사적 수단들이 근본적으로 심리적 측면들을 갖는다는 것, 즉 청중의 심리적 상태의 강화나 변화를 요건으로 한다는 사실에 있다고 생각된다. 아리스토텔레스가 추론의 형태들을 구분한 대목을 살펴보기로 하자:

추론이란 무엇인지, 나아가 그 종차 [추론의 여러 형태]에는 어떤 것이 있는지를 설명해야만 한다. ……그런데 추론이란 이미 규정된 어떤 것으로부터 그것과 다른 무엇이 그것을 통하여 필연적으로 따라나오는 로고스(logos)다. 추론이 출발하는 전제들이 참이고 원초적일 경우 혹은 그 전제들에 대한 우리의 지식이 원초적이고 참인 전제들을 통하여 애초부터 소유하게 되는 그러한 경우에 증명(demonstration)이라 부른다. 반면에 통념으로부터의 추론을 변증법적(dialectical) 추론이라 한다. 다른 어떤 것들에 의해서가 아니라, 그것 자체로 정당성을 가질 수 있는 것들은 참이고 원초적인 것이다. 왜냐 하면 학(學)의 제일 원리에 관련해서 '무엇에 의해서'(어떤 이유에 의해서)라는 것 이상으로 탐구하는 것은 필요한 일이 아니며, 제일 원리들 각각은 그 자체로 믿어질 수 있기 때문이다. 이와는 달리 통념이라고 하는 것은 모든 사람 혹은 대다수의 사람 혹은 현명한 사람들, 요컨대 모든 사람에 의해서 그럼직한 것으로 받아들여질 수 있는 것이다. 또 쟁론적 추론(contentious reasonings)은 외견적으로만 통념인 것처럼 보이지만 실상은 그렇지 않은 통념으로부터 출발하는 추론이다. 그리고 통념에서 혹은 외견적으로만 통념인 것처럼 보이는 통념에서 만들어진 외견상의 추론도 쟁론적 추론이다. 왜냐 하면 통념이라고 볼 수 있는 모든 견해들이 실제로 수용될 수 있는 것이 아니기 때문이다. 쟁론적 논의의 원리에서 흔히 나타난 것처럼, 이른바 통념의 어느 것도 완전히 그 표면적인 표상을 갖고 있지 않기 때문이다. 이 논의에 있어서 허위의 본성은 아주 적은 인지 능력만을 지니고 있는 사람들에게조차 즉각적으로 그리고 대개

(Dover: New York), 1939 & 1959, pp.101-104 참조.

의 경우 아주 명백하기 때문이다. 따라서 방금 언급한 쟁론적 추론 중에서, 전자는 실제로 추론이라고 부를 만하지만, 남은 다른 추론은 쟁론적 추론이라고 불려지지만 실은 추론이 아니다. 그것은 추론인 것처럼 보이지만, 실은 추론하고 있지 않기 때문이다."(Topics, Book I, 100a25-101a6)

『변증론(Topics)』은 알려진 진리로부터 출발하는 증명을 다루는 것이 아니라, 통념(endoxa)으로부터 출발하는 추론을 다룬다. 아리스토텔레스에게 있어서 그러한 추론도 진정한 추론이다. 그러나 그것은 증명적이 아니라 변증법적이다. 변증론은 일반적으로 받아들여진 통념들로부터 추론하는데, 그 통념들은 그 자체의 정당한 증거의 힘에 의해 참된 것으로 추론자가 인지하고 있지 않은 견해들을 말한다. 변증론 자체는 엄밀한 의미에서 지식을 산출하지는 않지만, 그것은 지식 획득에 있어서 그리고 각각 나름대로의 근거 위에 서 있는 다른 사람들과 교류하기 위해 대단히 중요한 것이다. 변증론은 지적 훈련을 위해 유익할 뿐만 아니라, 모든 증명이 출발하는 증명 불가능한 제일 원리들에게 사람들의 주목을 모으게 하기 위해서도 필요하다. 이러한 증명 불가능한 원리들은 결코 변증법적 추론의 결론은 아니다. 오히려 그것은 변증법적 탐구가 진척됨에 따라, 그 자신의 고유한 증거에 의해, 사람의 마음에 분명하게 인지되는 것이다.

사람들의 마음을 제일 원리의 명증적 진리성에 주목할 수 있도록 돕는 까닭에, 변증론은 모든 학문의 제일 원리들에게로 인도하는 길을 포함하는 것으로 말할 수 있다. 그러므로 변증론은 여러 학문에서 사용되는 제일 원리들의 궁극적 토대와 연관하여 필수불가결한 것으로서 기능한다.

"왜냐 하면 문제의 특수 학문에 고유한 원리들로부터 출발하여 논의하는 것은 불가능한 일이기 때문이다. 그 원리들을 다른 모든 것의 우선적(prius)인 것으로 보면서: 이 원리들이 논의되어야 하는 것은 특수한 점들에 있어서 일반적으로 받아들여진 통념들을 통해서며, 그러므로 이 과제는 적절하게 또는 가장 적절하게, 변증론에 속한다; 왜냐 하면 변증법은 모든 탐구의 원리들에게로 나아가는 길인 비판의 과정이기 때문이다."(Topics, I 2, 101a36-b4.)

그러므로 변증론의 절차는 아리스토텔레스에게 있어서 탐구의 가장 중요한 역할을 맡는다. 과학적 증명의 증명 불가능한 제일 원리들을 깨달을 수 있게 하는 것은 바로 그러한 논의 과정이다. 그러한 논의는 그 자체로 지식을 낳는 것은 아니지만, 지식을 추구하는 과정에서 필수적인 단계다. 이것은 아리스토텔레스가 학문의 출발점들이 경험의 복잡성에 얼마나 깊이 개입되어 있는가 하는 것을 보여준다. 따라서 『변증론』은 다양한 변증법적 과정들을 보여주며, 탐구 중인 대상들의 정의, 속성, 유 그리고 우연적 속성들에 도달하는데 필요한 변증법적 토론의 기술을 설명한다.2)

아리스토텔레스는 비판적 토론을 가능하게 하는 사고 과정을 의식적으로 주목했던 것 같다. 인간의 사고에 대한 이러한 반성적 분석은 새로운 학문—논리학—을 낳게 된다. 학문을 위한 예비 훈련으로서 논리학은 다른 모든 학문들의 엄밀하고 질서정연한 절차들에게로 안내한다. 그러므로 배움의 순서에 있어서 논리학은 철학적 학문의 첫번째 것이다. 그러나 논리학은 다른 학문들의 대상들을 그 자체의 창의적인 활동과는 독립되는 것으로 다루기 때문에 학문의 질서에 있어서는 으뜸이 아니다. 논리학은 그러한 대상들을 전혀 산출하지 못한다. 논리학은 대상들을 탐구하는 인간의 마음의 과정을 파악하고 인도하는 것에 있는 작업의 산물들을 기다리고 있는 것으로 볼 수 있다. 논리학은 "logoi"(추론의 형식들)를 다룰 뿐 구체적인 사물들을 다루고 있지 않기 않기 때문에.3) 논리학의 역할은 그 자체의 힘으로 지식

---

2) Topics, I, 5ff: VI 6, 143a29ff; 10, 148a14-22 참조.

을 제시하는 것이 아니라, 다만 구체적인 사물들을 다루는 학문들에 의해 제공된 지식을 획득하기 위한 훈련으로서 그려져 있다.

그러면 수사가가 하는 일은 무엇인가? 수사학은 변증론의 유사물로서 보여지는데, 아리스토텔레스의 10범주들 중에서 유, 정의(본질), 속성 그리고 우연에 관한 동의나 불일치에 초점이 모아진다. 이 범주들과 연관한 우리의 판단은 장소(topoi)를 표상하는 연속체의 운동성에 관한 것이다. 즉 우리는 보편과 특수 또는 우연과 본질을 잠재적으로 연결지으면서 토론을 시작한다. 수사적 물음은 명목상의 물음일 뿐이며 답은 이미 청중에게 알려져 있다고 말할 때, 여기서 청중이 하는 일은 수사가의 언어적 표현의 힘을 빌어 모순적으로까지 보이는 현상의 다양한 특수성들에게 통일성을 부여하는 것이다. 실제로 청중은 추론에 필요한 정보들을 완전히 구비하고 있지 않다. 수사가는 판단과 결정이라는 실제적 문제에 당면한 청중들을 위해 범주들의 창조적인 변형(inventional transformation)을 모색한다.4) 왜냐 하면 현상들의 특수성이 보여주는 차이들은 보편 범주로 해소되지 않기 때문이다. 그러나 수사가는 항상 자신의 새로운 창안물을 사용할 필요가 있는 것은 아니다. 그럼에도 불구하고 수사가가 알려진 답을 향해 청중들을 인도하는 것으로 말하는 것은 오도적일 수 있다. 어쨌거나 아리스토텔레스에게 있어서, 수사가는 주어진 청중이 공유하는 견해들과 정서들을 고려하면서 보편 명제나 특수 명제로 인도하기 위해 생략 논법(enthymeme)을 구성한다. 훌륭한 웅변은 생략 논법에 다름아니다.5) 수사가는 인간의 행동과 선택을 다루는 종류의 논법을 사용해야 한다. 수사가는 널리 알려진 통념들을 전제로 삼는 까닭에 수사적 논변을 확장된 격

---

3) Rhetoric, I, 1359b16 참조.
4) Topics, 101b10-15 참조.
5) Rhetoric, 1394a.

언이라고 부를 수도 있다. 예를 들면, "영원한 분노를 품지 말라, 당신은 죽을 운명인 존재이기 때문이다." 같은 것이다.[6] 그밖에도 아리스토텔레스는 수사가 자신의 인품과 청중의 정서적 경향들로부터의 '증명'도 수사법에서 필수적인 것으로 보았지만, 훌륭한 비극의 가치가 플롯의 미학적 가치에 있는 것처럼, 훌륭한 수사적 논변의 핵심부는 생략 논법으로서의 형식에 있다고 보았다. 물론 아리스토텔레스의 수사가는 엄밀한 의미에서 논변가는 아니다. 그의 논변은 실제로 논변이 아니기 때문이다. 그러므로 아리스토텔레스에게서 수사법은 열등한 또는 결함 있는 논변으로 그려져 있는 까닭에 논리학의 형식적 증명의 열등한 유사물로 생각된다.

논리학의 열등한 유사물로서의 수사학에 반대하여 보완적인 수사학의 개념을 제시하는 입장은 아래에서 살펴보게 될 것이다. 이 시점에서 중요한 것은 수사법이 현상을 보는 방식을 지시하며, 그 방식은 개인의 사고와 관심, 그리고 '장소'로 대표되는 시공간적 우연성을 표상한다는 점이다. 그리고 수사학이 '주어진' 청중이 이미 갖고 있는 통념과 편견들을 전제—형식적 증명에서 전제들 바깥에 있는 것—로 사용하여 그들을 특정한 종류의 심리적 상태로 인도하려 한다는 사실이다. 그 목적을 위해 수사가는 구체적이고 명확한 사례들을 구성하여 제시한다. 여기서 청중은 이상적 인지자로서의 인식적 의무를 수행하는 것이라기보다는 제시된 수사적 논변의 질적 특성과 정련도의 실증적 효과로서 그러한 심리적 상태, 즉 확신이나 설득된 상태에 도달한다. 더 나아가서 수사학은 방법으로서 선험적으로 주제와 방법을 결정할 수 없다. 왜냐 하면 수사적 청중이 사물을 보는 방식은 즉각적으로 다가오는 것이 아니라 그 방식을 획득하기 위해서는 시간과 노력이 들어가기 때문이다.[7] 수사법은 획득된 수행

---

6) 같은 책, 1394b.
7) Thomas B. Farrell, Norms of Rhetorical Culture (Yale University Press: New

능력(acquired competence)으로서 설득과 확신, 실제의 수행 그리고 판단을 위한 가능성을 계발하는 사고 방식이다. 그것은 발전되고 정련되며 그리고 또한 비판되고 향상될 수 있는 것이다.

2. 규범적 실천으로서의 수사학

수사가의 '테크네'가 순수한 수행 능력을 넘어서 윤리적으로 유의미하다고 말할 때 그것은 무엇을 의미하는가? 기술은 목적의 성취를 위해 창안되는 것이며 다른 사람의 존재를 필요 조건으로 갖지 않는다. 다른 동물들도 먹이를 잘게 부수어 먹기 좋은 크기로 만드는 기술을 발전시킨다. 필요하다면 나무막대나 돌멩이를 사용하기도 한다. 그러나 기술이 어떤 종류의 규범을 갖게 되려면 나 아닌 다른 사람의 존재를 필요로 하고 공동의 목적을 위해 또는 상황에 따라 상이한 목적을 위해 수단과 방법을 모색하는 반성적 과정을 포함해야 한다. 기술이 그러한 성격을 갖게 될 때 필연적으로 모종의 규약이 창안되고 그 규약의 존재가 이해 당사자들간에 인식되어야 한다.

루이스(David Lewis)는 규약의 근본적 특징을 규칙성(regula-rity)에 둔다. 규약의 규칙성은 단순한 반복이라기보다는 교류 당사자들이 택할 수 있는 선택지들간의 조정을 토대로 하는 상보적 관계 위에서의 반복이라고 볼 수 있다. 이러한 반복적 패턴은 서로의 목적을 성취할 때 유의미한 것이다. 그는 이러한 상황을 상호 조정 문제(coordination problem)라고 부르며 그 사례들

Haven and London), 1993, pp.16-17. 파렐은 이것을 '방법의 역설'이라 부른다. 가다머는 다른 맥락에서 진리와 방법간의 상보성을 피력한 적이 있다. 그에게서 진리는 방법과 결렬될 수 없는 것이다. 그런 점에서 해석학과 수사학은 단순한 '테크네'가 아닌 '뒤나미스'로서 재조명되어야 한다. Truth and Method, Second Revised Edition, translation revised by Joel Weinsheimer and Donald G. Marshall (Continuum: New York), 1993, pp.568-570.

을 열거한다. 그가 들고 있는 단순한 사례 하나를 예로 들어보자. 이 예는 실제로 흄이 그의 『인성론』에서 예시하고 있는 것이다. 두 사람이 배를 타고 함께 노를 젓는다고 상상해보자. 우리가 리듬에 맞춰 노를 젓는다면 배는 부드럽게 앞으로 나갈 것이다. 그렇지 않을 경우, 배는 느리게 움직이거나 잘못된 길로 들어설 수도 있다. 우리는 항상 노를 좀더 빨리 저을 것인지 더 느리게 저을 것인지를 결정해야 한다. 우리 각자가 어떤 속도로 노를 젓는지는 문제가 안 된다. 서로 상대방의 속도에 적응하려고 노력하면서 동시에 상대방도 그러하리라는 것을 기대할 뿐이다.8) 서로 바람직한 상태의 리듬을 유지할 수 있을 때 두 사람이 각기 택한 속도의 쌍을 평형적 조합(equilibrium combination)이라고 부를 수 있을 것이다. 상호 조정 문제가 주어진 상황에서 특정한 평형적 조합이 반드시 이해 당사자 모두에게 최선의 결과를 낳는 것은 아니다. 그러나 한 사람이 전혀 다르게 행동한 반면 나머지 모든 사람들이 똑같이 행동할 경우 그 사람이 더 이익을 얻는 것은 불가능하다. 상호 조정 문제가 시사하는 중요한 점은, 최소한의 공통된 이익에 관심을 가진 두 사람 이상의 행위자들이 있을 때, 그리고 둘 이상의 평형적 조합이 가능한 경우, 각 행위자들의 독립된 결정에 의해 해당의 문제가 해결된다는 사실이다. 그리고 조정 문제의 상황은 행동들의 분류 방식에 상대적으로 행위자들이 여러 선택지들 중 하나를 택하려는 공통된 관심을 갖는 상황이라는 점이다.9)

그러면 행동 패턴의 어떤 평형적 조합이 규약이 되는가? 이해 당사자들이 원하는 목적을 상보적 협력을 통해 성취했고 그 결과에 만족했을 때, 그때의 평형적 조합은 선례로서 그것의 두드러진 특징들은 우리의 미래의 행동 결정을 위한 중요한 자료가

---

8) David K. Lewis, Convention (Harvard University Press: Cambridge, MA), 1969, pp.5-6.
9) 같은 책, pp.8-24 참조.

된다. 우리는 선례의 행동 패턴과 달리 행동해야 할 강한 이유가 없을 때 똑같은 행동 패턴을 반복할 수도 있다. 그러나 우리가 일생 생활에서 선례에서 경험했던 것과 똑같은 문제를 당면하거나 똑같은 상황에 처하는 일은 없다. 그럼에도 불구하고 우리는 두 문제(선례와 현재의 문제)간의 두드러진 유사성을 기초로 하여 유사한 유형의 행동 방식을 선택한다. 이렇게 함으로써 우리의 일련의 행동들은 규칙성을 보여준다. 이미 암시되었듯이, 행동 방식의 규칙성은 참여자들이 당면한 문제가 과거의 선례와 두드러진 유사성을 갖는다는 것을 인지하는 것, 서로 어떤 특정한 행동 방식들을 기대하는 것, 최소한의 공통된 이익에 관심을 갖는 것, 그리고 다른 사람들이 기대에 부응하리라는 것을 조건으로 내가 기꺼이 암묵적 또는 명시적인 규칙에 따른다는 것을 함축한다. 조정 문제에 있어서 이러한 요소들은 참여자들간에 공통된 지식 또는 합의를 구성하는 것으로 볼 수 있다.

그러나 합의된 행동 방식이 항상 자동적으로 규약이 되는 것은 아니다. 위에 든 노젓는 두 사람의 예에서 보듯이, 두 사람은 서로 암묵적으로 또는 명시적으로 규칙적인 행동 방식에 대해 합의할 수 있다. 그러나 문제의 두 사람이 합의한 행동 방식이 그 두 사람 외에 그들과 면식이 없는 다른 사람들에게 전이되어 규칙이 준수될 때 그 행동 방식은 규약이 된다. 루이스는 합의의 직접적 영향력이 사라질 수 있을 만큼 시간이 경과된 후에야 규약이 성립하는 것으로 정의한다.10) 그리고 합의가 규약으로 발전하기 위해서는 어떤 행동이 수행되어야 하는지에 관한 강한 추정적 이유(presumptive reasons)가 통념으로서 인지되어야 하며, 규약 준수적인 행동의 개연적인 결과들(probable conse-quences)에 관한 통념을 사람들은 공통 지식으로 갖고 있어야 한다. 그러므로 규약이 규약으로서 존재하고 준수될 수 있으려면, 어떤 행동이 수행되어야 한다는 강한 추정적 이유와 기대된

---

10) 같은 책, p.84.

결과에 대한 개연적인 이유가 견지되어야 한다. 이 두 이유들이 규약의 필요 조건이 되는 까닭은 그 자체로 중요한 것이기 때문에 고려되는 것이 아니라 규약은 근본적으로 일반적인 것이기 때문이다. 이러한 고찰을 토대로 할 때, 규약은 어떤 그룹의 일원이 따라야 하는 어떤 추정적 이유를 갖는 규범이다. 그리고 이 규범은 사회적으로 집행되는 규범이다. 이것을 루이스가 정식화한 것을 축약하면 다음과 같다: 상황 S에서 나와 관련된 그룹 P의 대부분의 구성원들은, 나의 규약 준수적 행동이 그들의 선호도에 부합할 것이라는 것과 그들이 내가 규약을 준수할 것으로 기대하고 있다는 것을 내가 믿을 만한 이유를 갖고 있다고 믿을 만한 이유를 갖는다.11) 이런 의미에서 모든 규약은 규범적이다.12)

지금까지 루이스의 조정 문제라는 프리즘을 통해 규약의 일반적 특징을 살펴보았다. 그러면 수사학은 어떤 의미에서 규범적인가? 물론 수사학이 근본적으로 언어적이라는 사실에 호소함으로써 그 규범적 성격을 쉽게 설명할 수 있다. 그러나 필자는 수사학의 규범성을 사회 구성원들이 사회적 교류를 통해 성취하려 하는 보다 근본적인 욕구와 자아의 미래 실현에 대한 계획의 견지에서 살펴보고자 한다. 가려운 것을 긁는 것 같은 것은 사회

---

11) 같은 책, pp.97-100.
12) 최근의 논문에서 마머(A. Marmor)는 일반적으로 받아들여지는 규약의 추정적 이유를 받아들이는 것 자체는 반드시 규약적이지 않을 수도 있다는 점을 지적한다. 그리고 모든 규약이 루이스가 서술하고 있듯이 반복적인 조정 문제의 해결을 목적으로 하는 것은 아니라고 주장한다. 그는 조정 문제 같은 것과는 무관한 단순한 규약들의 예를 들고 있는데, 에티켓, 체스나 축구의 규칙들이 그것이다. 그는 이러한 유형의 규약들을 자율적 실천(autonomous practices)이라고 분류하면서, 철학자들이 규약과 조정 문제를 지나치게 연결짓는다고 비판한다. 그러나 필자는 자율적이고 자기 완결적으로 보이는 사회적 실천들은 훨씬 더 복잡한 종류의 조정 문제들—예를 들면, 종족의 보존이나 문화적 동일성의 유지 등—의 해결을 위해 마련된 것이라고 생각한다. Andrei Marmor, "On Convention", Synthese 107(1996), pp.349-371.

적 실천이 아니다. 아무리 효과적인 방법을 고안해낸다고 해도 그 점은 마찬가지다. 수사학은 언어를 매개로 하지만, 언어 또는 기호의 사용 자체가 그 사용을 사회적 실천으로 만드는 것이 아니라 공동체의 구성원들이 계속 사용함으로써 언어 사용과 관련된 규범들을 협력적으로 수행해야 한다.

수사학을 규범적 실천으로 특징짓는 것은 현재의 문제를 위해 이미 알고 있는 것을 이용하는 반성적 실천이기 때문이다. 사회적 실천에 참여하는 사람들은 규범을 어길 수도 있다는 것을 알며, 또 규범이 수정될 수 있다는 것도 안다. 그리고 실제로 규범은 매번 즉흥 연주처럼 수행자 개인의 판단과 조율에 따라 의식적으로 또는 거의 습관적으로 수행된다. 규범적 실천을 즉흥 연주와 비교하는 것은 지나친 과장인 것처럼 들릴 수 있지만, 규범의 준수나 위반이 윌리암즈나 너스바움이 말하는 도덕적 운에 어느 정도 달려 있다는 것을 수용하기 위한 것일 뿐이다. 도덕적 문제 상황에서 도덕적 명령을 선포하고 인준할 수 있는 능력 자체는 우호적인 주변 상황에 의존한다. 자연의 영역과 규범의 영역이 일치하지 않을 때 우리는 판단의 중립성 또는 무사 공평성의 신화를 상실할 것이다. 이것은 칸트주의적 도덕론자들에게는 불행일 수도 있지만 수사적 문화와 수사적 규범의 전개를 위해서는 필수불가결한 발판이다. 분명한 것은 도덕적 판단과 수사적 실천은 특수한 것을 향해 굴절되어 있는(inflected) 편향적인 것이라는 점이다. 너스바움은 이 점을 간명하게 지적하고 있다: "특수한 것은 반복 가능하기도 하며 또 반복 불가능한 특징들로 구성되어 있다; 그것은 일반적 용어들의 구조에 의해 윤곽지워지거나, 또는 그것은 우리가 사랑하는 고유한 이미지들을 갖고 있다. 일반적인 것은, 구체적인 이미지로 실현되지 않으면, 어둡고 소통되지 않는다; 그러나 구체적인 이미지는, 그것이 일반적 용어들을 포함하지 않을 경우, 불명료하고 심지어 제멋대로일 것이다. 특수한 것은 이성에 선행하며 우리가 말했던 방식들을 방해한다; 연관성 있는 반복 불가능한 속성들이 있다; 얼마간의 수정 가능성이 있다. 결국 일반적인 것은 구체적인 것을 정확히 분별하는 역할을 하는 한 유효한 것이다. 그러나 특수한 인간적 맥락들은, 잘 관찰해보면, 그 구성 요소들에 따라 완전히 고유한 경우는 없으며, 책무들로 가득한 과거로부터 단절될 수 없다. 그리고 그러한 것들에 충실하는 것은, 인간성의 표지로서, 지각의 가장 중요한 가치들 중의 하나다."13)

필자는 수사학의 경우, 확장된 의미의 도덕적 운뿐만 아니라 '미학적 운(aesthetic luck)'도 개입할 수 있다고 생각한다. 일반적으로 도덕적 운을 거론할 필요가 있는 것은 소위 자연(physis)과 규범(nomos)의 영역이 일치되지 않고 흔히 갈등 관계에 있다는 것을 주지할 때부터다. 당사자들간의 언어가 통약 불가능하거나 또는 상호 소통이 어려울 때 규범들은 위반되기 일쑤이고 그럼으로써 규범이 실천된다는 역설적인 상황이 전개된다. 특수한 상황에서 내가 '대체로' 합리적인 판단에 도달하기 위해서 나는 특수한 상황을 파악하는 지각 능력을 예민하게 만들어야 한다. 그럼으로써 나의 실천적인 참여의 수준도 향상될 것이다. 그러나 이렇게 나의 지각 능력을 계발하기 위해서는 이미 내게 주어진 것을 문화적으로 갖추는 것 외에 달리 방법이 있는가? 이것이 수사학의 전통과 교육이 필요하게 된 이유일 것이다. 필자가 염두에 두고 있는 미학적 운의 가능한 원천은 세 가지다.14) 첫째로, 수사가는 특정한 명제나 주장을 청중들에게 확신시키기 위해 이용 가능한 범주들과 주어진 문화적 자료들을 적절히 구

---

13) Martha Nussbaum, Love's Knowledge: Essays on Philosophy and Literature (Princeton University Press: Princeton), 1990, p.95.

14) 핵버그는 특히 예술 표현론자들이 가정하는 창조의 모델들을 비판한다. 예를 들면, 예술 작품을 '말할 수 없는 것의 언어', '번역', '심상의 가시화'로서 보는 것이다. 그는 예술 작품을 예술가의 의도가 물리적으로 체현된 결과로 보는, 창작 의도와 산물간의 투명한 관계가 성립할 수 없는 요소로서 미학적 운을 언급한다. G. L. Hagberg, Art as Language(Cornell University Press: Ithaca), 1995, ch.1-5 참조.

성한다. 이때 예술가들이 때때로 경험하듯이, 수사가는 의도했던 것보다 더 나은 혹은 더 못한 인공물로서의 표현들을 얻을 수 있다. 의도주의 비평(Intentionalist criticism)에서 저자가 텍스트의 의미와 미학적 가치를 결정하는 것으로 가정하는 것과는 달리, 수사가는 만들어지는 언어적 구성물의 의미와 미학적 가치를 결정짓는 특권적 위치에 있지 않다. 그것은 수사가 자신의 언어적 무기고에 현재의 목적을 위한 최선의 무기가 갖춰져 있지 않을 수 있기 때문이며, 그러므로 새로운 창안물을 만들어낼 경우에도 그 효용성은 청중의 판단에 의해 시험되어야 하기 때문이다. 그런 의미에서 수사가의 기술은 늘 실험대를 피할 수 없는, 근본적으로 미완성적인 기술이다.

수사학에서 미학적 운의 두 번째 원천은 청중들에게서 발견된다. 청중은 수사가의 논변을 수동적으로 수용하는 입장에 있지 않다. 일반적인 청중이란 없으며, 청중은 항상 특수한 사람들의 집단이다. 그들이 어떤 해석의 원리들을 적용할 것인지 그리고 수사가의 논변 전체 또는 일부를 주어진 문제와 연관되는 것으로 판단할 것인지를 수사가는 미리 예측할 수 없다. 또한 확신시키기(convincing)와 설득(persuading)을 구분한다면—확신은 수사가의 결론을 참된 것으로 인지하는 것이며, 설득은 청중이 확신을 행동으로 발전시키는 것까지 포함한다—청중은 수사가의 결론에 확신을 갖더라도 실제로 그에 따라 행동에 옮기기까지 시간을 필요로 할 수 있다. 다시 말해서, 결론을 참된 명제로 받아들이는 것이 곧 확신 있는 행동을 함축하는 것은 아니다. 예를 들면, 금연 운동가들이 제시하는 강력한 논변들이 많이 있음에도 불구하고, 그리고 특정한 수사적 논변의 타당성과 결론의 진리성에 확신하면서도, 금연하지 않는 사람들이 있다. 확신과 설득 간의 간격이 항상 가능한 이유는 수사가의 논변과 결론은 근본적으로 특수성을 갖기 때문이다. 청중은 수사가가 제시한 결론과는 모순되거나 결론을 의심하게 만드는 다른 특수한 명제에 노출되어 있으며, 또한 수사가의 결론은 변증법적 과정이 도달하는 것과 같은 일반 명제들이 아니기 때문이다. 그리고 수사가가 기술을 획득하기까지 시간이 경과했던 것처럼 청중이 확신을 갖고 결론을 받아들이기까지 어느 정도 시간이 필요할 수 있다. 그러므로 친숙한 청중들의 경우, 수사가는 미학적 운에 희생될 가능성이 적을 것이다.

수사학과 관계된 세 번째 미학적 운은 수사가가 특정 언어의 전통 안에 위치할 수밖에 없는 사실에서 발견된다. 예를 들면, 영어의 "sweet words"는 긍정적인 의미를 갖는다. 그러나 중국어나 한글에서 "달콤한 말"은 부정적인 의미를 가질 수 있으며, 많은 경우 그 말은 "거짓말"에 가깝다. "달콤한"과 "말"이 각각 속한 지시체의 영역은 영어의 경우와 일치함에도 불구하고, 두 낱말이 결합된 "sweet words"와 "달콤한 말"은 매우 상이한 함의를 갖는다. 이러한 결과를 초래하는 것은 문화적 우연성이다. 언어적 실천의 규범 자체가 우연의 산물이지만, 위의 사례에서 볼 수 있는 우연성은 특정 언어가 사용되는 공동체의 구성원들의 일상적 삶의 맥락에서 연유한 것이고, 또 특정한 시기에 청중과 수사가가 은유적 표현의 의미 생성에 협력적으로 참여한 결과라는 것을 함의한다. 다시 말해서, 그러한 은유적 의미는 특정한 맥락에서 제시된, 특정 언어를 구사하는 수사가의 텍스트에서 기원하는 것이다.

은유뿐만 아니라 특정 언어와 연관된 수사적 텍스트의 미학적 운은 조크에서 두드러지게 나타난다. 모국어가 아닌 언어로 씌어진 조크를 모국어로 에둘러 번역할 수는 있다. 조크의 초점이 무엇인지 이해하는 것은 어렵지 않다. 그러나 기대된 웃음의 효과를 얻는다는 보장은 없다. 그것은 왜냐 하면 조크의 실증적 효과로서의 웃음—미소든 폭소든간에—은 특수한 인지적 과정의 산물이기 때문이다. "Why did the fly fly? Because the spider spied'er." 이 조크는 번역이 가능하지만, 번역될 경우 웃음을 낳을 수 있는 인지적 상태에 도달하기 어렵다. 은유나 조크는 그것을 구성하는 낱말들의 명시적 의미(ostensive meaning)에 기초하기는 하지만, 기대하는 인지적 효과에 더 중요한 역할을 하는 것은 공동체의 일상사에서, 역사적인 어떤 사건들에서, 그리고 텍스트들을 접하고 수사적 실천에 참여함으로써 원래의 낱말이 갖지 않았던 의미들을 이용하는 것으로 볼 수 있다. 그렇다면 어떤 낱말이나 문장의 명시적 의미는 이후에 발생하는 의미들의 집합의 원형적 모형으로 기능한다. 전통적 모형에서 발견되는 두드러진 특징들을 토대로 어떤 낱말이나 문장에 새로운 가족 유사적 관계를 귀속시킴으로써 그 낱말이나 문장은 새로운 의미를 획득한다. 이러한 의미의 생성은 근본적으로 우연적이고 자의적이지만, 수사가와 청중이 유사한 인지적 경험을 나눌 수 있다는 조건 아래서만 의미가 확정된다는 의미에서 의미의 발생은 반성적이고 실천적이다.

수사학과 연관된 규약이 실제의 특수한 상황에 수정적으로 적용될 때, 우리는 과거의 규약이 쇄락을 겪고 있는 것인지 아니면 발전하고 있는 것인지를 물을 수 있다. 그 답은 보는 시각에 따라 상대적이다. 그러나 현재의 수사가와 청중이 전통을 기반으로 적극적으로 삶의 새로운 국면들을 기술하고 문제들에 대처하는 것으로 본다면, 필자는 수사적 텍스트의 존재가 우리의 경험과 삶의 질을 높이고 보다 풍부하게 만들 것이라고 낙관한다. 물론 모든 수사적 텍스트가 훌륭한 것은 아니다. 사실상 좋은 수사적 텍스트나 해로운 수사적 텍스트를 실험하는 것은 청중이므로 모든 것은 청중들에게 내맡겨져 있다. 그런 점에서 필자가 서술하고 있는 수사학의 청중은 힘을 가진 대중(empowerment of people)이며 대중 민주주의의 구심점이다. 그러나 대중의 힘은 자신들의 물리적인 힘에서 나오는 것이 아니라 수사적 텍스트의 구성과 실행, 그리고 실증적 효과에 모두 관여하는, 해석자와 비평가로서 갖는 판단력으로서의 합리성의 힘이다.

수사적 전통 자체 또는 그 전통에 대한 어떤 해석에는 내재적으로 가치 있는 학습적인 특질들이 있다. 타산적 지혜 또는 실천적 이성과의 제휴 없이 수사적 이론의 전통들이 오랫동안 어떻게 살아남았는지는 상상할 수 없는 일이다. 판단은, 이성만의 형식적 속성들 이상의 것을 요구하기 때문에, 간명하게 말할 수 없는 것이다. 판단은 마음과 양심 그리고 반성적 비전의 활동이다. 그것은 결코 주관성으로부터 해방될 수 없지만, 미학, 윤리학, 정치학 그리고 역사 등 지속적으로 스스로를 만들어나가고 있는 것들에게서 핵심적인 것이다. 로고스-중심적 이성은 판단을 함축하고 포함하는 모든 것에 있어서 결코 충분하지 못하다. 그러나 판단을 이성으로부터 단절된 것으로 보는 것은 두 낱말 자체를 완전히 무의미한 것으로 만들어버리는 결과를 초래한다.

어떤 문화나 공공 생활이든지 어떤 형태의 수사적 실천, 협력적인 대중의 행동 방식을 보존하는 어떤 정합적이고도 상징적인 방식이 없이는 오래 생존할 수 없다는 것이 분명하다. 커뮤니케이션 학자인 파렐은 이렇게 말한다: "모든 문화에 적용되는 번역 가능한 보편자가 있든지 또는 없든지, 적어도 특수성의 포괄적 법칙(the covering law of particularity)이 있다. 즉 모든 문화는 자기의 동일성, 성취 그리고 필요들을 표현하고, 그 표현에 의거하여 필요들을 설명하는 어떤 통로를 필요로 한다. 그리고 그 통로의 지속적인 활성화로서 수사적 실천을 필요로 한다."15) 그리고 그는 구체적인 청중으로부터 실천적 이성의 능력을 환기시킬 수 있는 유일한 기술이 곧 수사학이라고 단언한다.

3. 합리성의 수사적 구조

위의 글에서 이미 시사되었듯이, 수사학을 둘러싼 논의들은

---

15) Thomas B. Farrell, 앞의 책, p.9.

판단력이나 판단의 정위와 관계된 것이다. 그러나 판단은 선천적 능력의 수행이 아니라 습관과 문화적 교육에 의해 실천되는 것이며, 이 실천은 일차적으로는 모국어, 그 다음으로는 다양한 종류의 기호체계들을 접하고 배우며 연마하는 등의 매개를 필요로 한다. 과학이나 예술에 쓰이는 상이한 기호체계들은 반드시 실재의 모사물인 것이 아니며, 오히려 실재를 조직하는 방식들이라고 볼 수 있다. 우리에게 있어서 특수한 현상들은 해석으로 채색된 렌즈를 통해 보여지는 것이고 그 렌즈들은 바로 다양한 기호 체계들이다. '표현'은 어떤 것의 표현으로 이해되기 쉽지만, '표현'을 자동적(intransitive) 용어로 다루는 것이 의미와 표현의 이원론적 설명의 난점을 극복하는데에 더 전략적이다.16) '표현'을 자동적 용어로 다루는 것은 수사적 논변의 힘이 수사가의 의지나 의도에 있지 않고 수사적 텍스트의 구조 자체에 있다는 사실을 받아들이지 않을 수 없게 만든다. 다른 인공물들과 마찬가지로 수사적 텍스트도 훌륭한 모범의 창안을 통해 배울 가치가 있는 장점들이 알려진다. 인간의 합리성은 선천적 능력의 계발을 통해 삶의 과업들을 성취한다기보다는 탁월한 수사적 텍스트들을 이용가능하게 만듦으로써 스스로를 생성하고 정련시키는 능력이다. 그러한 능력은 무엇을 위함인가? 보다 나은 수사적 인공물들의 창안을 위해, 그리고 우리 자신을 계몽하여 확장된 비견을 획득함으로써 삶의 질을 높이기 위해서다. 그러므로 수사적 테스트의 발명 능력과 사용 능력, 대상과 상황의 특수성을 지각하고 판단하는 능력, 그리고 그러한 판단에 기초한 행동 수행 능력으로서의 합리성은 윤리적/미학적 차원을 동시에 갖는다.

그러므로 문화적 개체로서 인간의 합리성은 비평적 가치들을

---

16) 굿먼(N. Goodman)과 엘긴(C. Elgin)은 기호들을 일항적 구조를 갖는 술어로 다룬다. P를 주어진 실재의 자명한 측면으로 보지 않을 경우, 'x represents P'라는 친숙한 문장의 논리적 구조는 'x-description' 또는 'x-as-representing-P'로 대치된다. 굿먼의 Languages of Art와 엘긴의 Reference to Reference 참조.

산출하고 또 동일시하는 데에 있다. 아리스토텔레스 자신이 『수사학』이나 『시학』에서 수사가와 극작가에게 텍스트 구성과 실연에 필요한 조언들을 주고 있지만, 여기서는 파렐의 제안을 따라, 기본적인 비평적 가치들의 거주지로 정합성(coherence), 수행 능력(competence), 수행(performance), 거리(distance)를 개괄적으로 고찰해보겠다.17) 그밖에도 수사적 전통과 장르에 따라 다른 비평적 가치들이 발견될 수 있을 것이다. 파렐은 이러한 것들을 비평적 가치로 명시적으로 동일시하고 있지는 않고 다만 수사적 규범들이 중점적으로 만들어지는 수사적 범주 같은 것으로 보고 있는 듯하다. 필자는 이것들을 미학적 시각에서 서술하는 것도 수사학과 합리성을 융합하는 또 하나의 방식일 것이라고 생각한다. 정합성은 소위 미적 현상으로서의 형식(form)이나 형태(con-figuration)로 해석될 수 있는데, 이것들은 공시적으로 또는 시간적 계기를 따라 반성적으로 감지되는 것이다. 수행 능력은 수사가가 문제의 현상과 구체적 청중의 자질들을 고려하면서 수사학의 전통적 규범들을 임기응변적으로 또는 즉흥 연주를 하듯이 적용할 수 있는 능력이다. 이 능력의 정련화는 소위 계몽된, 적극적이고 반성적으로 비판하는, 청중들을 확보하는 미학적 운에 어느 정도 좌우된다. 수행은 실제로 수사적 텍스트를 구성하고 실연에 옮기는 것을 가리키는데, 이것은 예술 작품의 경우 물리적 매체를 이용한 구성이 필수적이듯이, 실제의 청중 앞에 서 있는 수사가의 소위 연기력에 연관된 여러 요소들을 지시한다. 수사가의 수행적 요소들은 천부적인 것과 교육에 의해 획득된 것들이 서로 혼연해 있다. 거리는 수사적 텍스트의 중층적 구조, 텍스처, 수사가의 태도나 암시 등이 잠재적으로 내재되어 있는 텍스트의 특질들을 가리킨다.18) 우리가 비합리적인 힘의 영향을

---

17) Farell, 앞의 책, p.11.
18) 리쾨르는 '글쓰기'가 저자와 텍스트 사이에, 그리고 저자와 독자간에 형성하는 어떤 거리화(distanciation)에 대해 말한 적이 있다. Paul Ricouer, Hermeneutics

덜 받을 수 있기 위해서는 수사적 텍스트들의 미학적 모범들을 보존하고 수정하고 발전시키는 것 외에는 달리 방도가 없다. 우리의 수사적 전통은 결국 수사적 텍스트들이기 때문이다.

모든 사회적 규범들은 창안되고 암시되고 남용되며 또는 수사적 실천의 기호학적 성격에 의해 대치된다. 사실상 전통적 '문화'는 가면을 쓴 이성의 술책일 뿐이다. 우연히 마련된 언어 공동체의 틀을 통해 우리는 다른 사람들과의 공적 관계에 참여할 수 있다. 실천을 통해 옹호할 만한 가치가 있는 것이라면 가치들은 항상 충돌하기 마련이다. 중요한 점은 오직 자격을 갖춘 특수한 청중만이 가치의 충돌의 성격을 이해하고, 특정한 주장을 '특별하게(ad hoc)' 정당화하려는 작업에 참여하고, 그럼으로써 스스로 배운다는 사실이다.

창조적 이성을 전면에 부각시키기 위해 페렐망(C. Peleman)은 '새로운 수사학'을 제안한다. 그의 새로운 수사학이 비판의 표적으로 삼는 것은 수사학의 방법을 형식 논리학의 방법의 열등하고 비합리적인 유사물로 보는 견해다. 이러한 오해는 아리스토텔레스가 수사학을 생략 논법으로 특징지은 것에서 연유하는 것으로 보인다. 수사가의 논변이 완전한 논변의 축약적 형식을 취할 뿐이라면 논변으로서 불완전하다고 말할 수 있을 것이다. 그리고 만일 수사학이 단지 형식 논리학의 비합리적인 유사물이라면, 수사학의 기준은 개연성이거나 박진성(verisimilitude)일 것이다. 그러나 역시 아리스토텔레스의 서술에 포함된 것이지만, 수사학의 기준은 그런 것들이 아니라 청중의 지지(adherence)다.

---

and the Human Sciences, John B. Thomson 옮김/엮음(Cambridge University Press: Cambridge), 1981, 182-193쪽 참조. 결국 그 거리는 '글쓰기'라는 사회적 행위가 의미의 현전성 대신 문화적 규범의 타성(inertia)에 의존하기 때문에 형성되는 것이라고 생각된다. 우리의 논의에서 거리는 문화적 실천의 규범이 갖는 타성의 문제라기보다는, 수사적 텍스트는 그 현란함이나 섬세한 텍스처나 톤을 청중이 반성적으로 평가함으로써―실제로는 확신이나 설득에 도달함으로써―완결되기 때문에 발생하는 것으로 보인다.

청중의 마음이 결론의 정립에 결정적인 역할을 하는 것이다. 청중의 지지가 심리적 측면들을 가짐에도 불구하고 그러한 지지는 수사적 텍스트의 구성적 특질에 의해 환기되는 것이기 때문에 새로운 수사학은 감정의 문제를 별도로 다루지 않는다.

페렐망은 수사적 논변이 논리학의 형식적 증명에 의해 대치되거나 그것에 종속한다는 견해를 부적절한 것으로 보고 일종의 보완 논제(the complement thesis)를 제시한다. 형식적 증명은 전제와 그것으로부터 필연적으로 도출되는 명제들이 이루는 형식적 구조를 근간으로 하고, 그 구조의 인식은 이성적 직관과 추론에 의존한다. 그 반면에 새 수사학은 전제로 기능하는 명제들이 흔히 가정(supposition)이거나 심지어는 허구라는 사실에 주목한다. 그 가정이나 허구는 청중이 그럴 듯한 것으로 지지할 수 있는 명제로서 사회적 피류 안에서 싹튼 것이다. 보완 논제는 철학적 탐구 자체에도 많은 것을 시사한다. 수사학이 청중의 판단과 결정을 목표로 한다고 해서 철학의 특권적 지위에 위해를 가하는 결과를 낳는 것은 아니다. 예를 들면, 존재론은 정당화적 추론에 의해 가장 잘 옹호될 수 있다. 존재론이나 형이상학은 실재에 대한 객관적 관찰과 결정에 의해 부여된 구조물이 아니며 청중에게 제시된 제안일 뿐이다. 어떤 제안이 유익할 것인지는 실제의 경험에 통일성을 주고 평가하는 방법을 제시할 수 있는가에 달려 있다. 청중은 어느 시각을 택할 것인지를 결정한다. 그런 의미에서 철학은 실제적이다.

형식적인 것, 이론적인 것, 그리고 실제적인 것 등의 구분은 인간의 이성을 구획화하는 것일 뿐이다. 페렐망은 흔히 철학자들이 내려온 합리적인 것[또는 이성적인 것(the rational)]과 합당한 것(the reasonable)의 구별에 대해 논평한다.19) 이 합리적인 것은 이론적 영역에 적용되고 명증적 진리나 불가변적 진리의

---

19) Chim Perelman, The New Rhetoric and the Humanities (D. Reidel; Dordrecht), 1979, pp.117-123.

인식의 특징인 반면, 합당한 것은 결정이나 판단을 위한 그럴듯한 이유들을 선택해내는 판단의 특징이라고 구분짓는 것은 무해한 듯이 보인다. 그러나 이론들이 서로 충돌할 때 우리는 현실로 하강하지 않을 수 없다. 합당하다고 생각되는 이유들을 탐색하여 어느 이론이 우리의 경험을 더 잘 조직하는지 가늠할 수밖에 없다. 따라서 인간의 합리성은 주제에 따라 연역이나 귀납의 어느 한편의 방법을 택하는 능력이 아니라, 굳이 말하자면 양자의 상호 작용을 촉진함으로써 획득하는 인지적 적응 능력이라고 볼 수 있다.

4. 맺는말

이제까지 필자는 수사학이 단순한 표현 양식이나 정서적 효과를 환기시키기 위한 수단으로 그치는 것이 아니라 탐구를 위한 중요한 방법들 중의 하나라는 것을 보이려 했다. 그 목적을 위해 아리스토텔레스의 수사학이 형식논리학과 변증론과 갖는 관계를 살펴보면서, 그에게 있어서 수사학은 형식적으로는 열등하나 청중을 설득으로 이끄는 인지적 효과를 갖는 생략 논법으로 그려져 있는 점에 주목하였다. 수사학의 인지적 효능에 관해 필자가 부각시키고자 한 것은 수사가의 결론이 특수한 언술이며 그 결론의 정당성은 청중의 인준에 해당되는 설득력과 그에 기초한 실천에 달려 있다는 것이다. 그렇게 볼 때 수사학은 형식적 증명에 비해 열등한 종류의 추론이 아니라 그 자체로 고유한 목적을 갖고 그 목적에 적합한 논증 형태를 구성하는 전략적 추론이라고 볼 수 있다. 방법과 효과를 모색하기 위한 근거로서 수사가는 수사학의 전통에 의존할 수 없으며, 특수한 청중과 특수한 목적의 성취를 위해 즉흥 연주가처럼 상황에 적응하면서 자신의 수행 능력을 시험하고 그럼으로써 수사학의 전통에 기여한다. 역사적 전통을 규준으로 삼는다는 점에서 수사학은 규범적이며 실천적이다. 근본적으로 수사학이 상황적 요소를 고려하면서 부단한 실험과 수사적 표현의 창안을 필요로 한다는 점에서 필자는 인간의 합리성이 주류 견해와는 대조적으로 수사적 구조를 갖는 것으로 주장하였다. ■

● ● ● 제3부 ● ● ●
행위와 합리성

●
●
●
●
●

도덕적 입장의 설득 가능성에 대하여

서 정 신
(이화여자대학교)

1. 들어가는 말

철학자의 편견일지 모르겠으나 사회를 구성하는 대부분의 사람들이 비합리적인 사회보다는 합리적인 사회가 더 낫다고 생각한다고 믿어진다. 또한 도덕이라는 측면을 사회 평가의 한 요소로 인정하는 이상 우리가 속한 이 사회가 도덕적으로 합리적인 사회이기를 바란다고도 생각된다. 만일 이러한 전제가 받아들여질 수 있다면 그 다음으로 우리는 도덕적으로 합리적인 사회란 어떤 사회일까?라는 질문을 하게 될 것이다.

'도덕적으로 합리적인 사회'라는 표현은 애매한 표현이다. 왜냐 하면 그 표현은 '합리적인 도덕 규범의 체계를 갖춘 사회'라는 도덕 내용 위주의 해석과, '도덕 문제에 관한한 합리적인 토론과 대화가 가능한 사회'라는 도덕적 의견 수렴 과정 위주의 해석을 가능케 하기 때문이다. 또한 이 두 가지의 해석 방식이 상호 연관적이라는 것 역시 인정될 수 있다. 도덕적 의견 사이의 수렴 과정이 합리적이면 합리적일수록 내용상으로도 합리적인 도덕 체계에 접근할 수 있을 것이고, 그 사회의 도덕 규범이 합리적이라면 혹시 있을 수도 있는 의견 불일치의 경우 이를 해소할 수 있는 의견 수렴 과정을 가능하게 하리라고 생각되기 때문이다.

도덕적으로 합리적 사회를 도덕 문제에 관한한 합리적인 토론과 대화가 가능한 사회로 해석하는 관점에서 필자는 도덕적 설득이라는 국면에 주목하고자 한다. 도덕 문제에 대한 합리적인 토론과 대화의 조건으로 요구되는 것은 어떤 사람이 갖고 있는 도덕적 입장에 대해 이견을 갖고 있는 상대방을 설득하는 것이 가능해야 할 것이기 때문이다. 설득당하지도 않고 설득할 수도 없는 이견을 갖고 있는 두 사람 사이의 대화나 토론은 진정한 의미의 대화도 토론도 될 수 없기 때문이다. 하지만 도덕적 입장의 설득이 실제로 불가능하다는 윤리학적 입장들이 있어왔다. 에이어(A.J.Ayer)의 정의론(情意論)은 그 대표적 경우며 계급 이론과 같은 사회적 집단 이해론적 입장과 문화적 상대주의는 비록 다른 갈래이긴 하지만 의식 교육화된 가치 체계의 상대성과 그에 따른 가치 판단의 논쟁 불가능성을 지지한다는 면에서 정의론처럼 도덕적 설득 가능성에 대해 회의적이다. 본 논문의 전반부에서는 정의론의 틀을 받아들이면서도 에이어와 같이 극단적인 결론에 이르지 않고 도덕적 이견의 합리적 수렴 가능성을 제시한 스티븐슨(C. L. Stevenson)의 도덕적 설득의 모델을 살펴보고 그 문제점을 지적하겠다. 또 논문의 후반부에서는 '나와 나 사이'의 자기 설득 모델이 스티븐슨 모델의 단점을 극복할 수 있는 가능성에 대하여 논의하겠다.

2. 정의론(情意論. Emotivism)의 논의

정의론에 의하면 "A는 옳다."와 같은 도덕적 판단은 명제적이지 않다. 즉, 참, 거짓의 대상이 아니며 오로지 화자의 승인

(approval)이나 거부(disapproval)를 나타낼 뿐이다. 예를 들어 "남의 돈을 훔치는 것은 옳지 않다."는 진술은 사실적 의미를 갖지 않으며 "남의 돈을 훔치다니!!"와 같은 강한 감정적 반응 이외의 아무것도 아니라는 것이다.[1] 도덕적 용어는 화자의 감정 표현 이외에도 상대방의 감정을 도발하거나 행동을 유발시키는 기능도 갖고 있는데 "진실대로 말하는 것이 당신의 의무다."라는 경우 역시 "진실대로 말하라."는 권유나 명령으로 해석되지만 어떠한 종류의 진술도 아니다.

따라서 정의론의 구조 안에서는 도덕적 입장이 다른 두 사람 사이의 논쟁(moral disputes)은 가능하지 않게 된다. "남의 돈을 훔치는 것은 옳지 않다."고 말하는 김씨는 "남의 돈을 훔치는 것은 옳다."라고 말하는 최씨와 도덕적인 논쟁을 벌이고 있는 것이 아닌데, 그것은 정의론의 입장에서 볼 때 김씨나 최씨나 어떠한 사실에 대한 진술[2]도 하고 있지 않으며, 다만 각자의 감정을 표현하고 있기 때문이라는 것이다. 감정 표현 자체는 논쟁을 성립시키지 않기 때문이다.

정의론의 관점에서 인정할 수 있는 논쟁이란 그러므로 가치 판단에 대한 논쟁이 아니라 대상 인물의 행위나 의도 등이 어떤 유형의 행위이고 의도였는지에 대한, 즉 문제의 박씨가 실제로 돈을 훔쳤는지 아닌지와 같은 사실 판단에 있어서의 의견 불일치에 불과하다고 에이어는 말하고 있다. 사실 판단에 있어 합의가 이루어지면 도덕적 사회화 과정이 동일한 경우 같은 도덕적 태도(moral attitude)를 보이는 것이 당연히 기대되지만, 상대방의 반응이 그렇지 않은 경우 에이어는 우리가 상대방의 도덕감

---

1) A.J. Ayer, Language, Truth and Logic, chapter 6, 107쪽, Dover Publication, NewYork, 1952.
2) 그러므로 김씨가 "인내는 덕목이다."라고 한 경우 김씨의 감정이 표현된 것으로 보는 것은 옳지만 김씨가 "나는 '인내가 덕목이라는 것'을 승인한다."라고 진술한 것은 아니기 때문에 최씨가 "당신은 그것을 승인하지 않는다."라고 한다고 해서 김씨를 논리적으로 반박하는 것은 아니라는 것이다. Ayer, 앞의 책, 109면.

(moral sense)이 "왜곡되어 있거나 개발되어 있지 못하기 때문에 그 사람과 논의하는 것이 불가능하다."[3]고 주장하게 된다고 관찰한다. 다시 말해 도덕적인 평가의 대상이 되는 박씨의 행위가 남의 돈을 훔치는 사실로 김씨나 최씨에게 동일하게 판단되면 도덕적 의식화 과정이 우리에게 심어놓은 가치 체계에 의해 자동적으로 김씨와 최씨에게 동일한 가치 판단, 다시 말해 동일한 감정 표현으로 이어져야 하는데, 그렇지 않은 경우 김씨와 최씨 사이에서 더 이상의 논쟁은 의미가 없다는 이야기가 된다. 동일한 가치 체계에 의존하고 있는 그룹은 자신들의 가치 체계가 우월하다고 느끼고 그래서 도덕적으로 이견을 보이는 상대방의 가치 체계를 비하해서 말하게 되지만, 그럼에도 불구하고 자신들의 가치 체계가 실제로 우월한지를 논증하지는 못하므로 상대방에 대한 불공정한 비난에 그치고 만다는 것이다.

3. 스티븐슨과 설득의 방법들

스티븐슨(Charles L. Stevenson)은 에이어와 같이 정의론의 입장을 취하고 있어서 가치 판단이란 그 대상에 대한 화자의 승인과 거부(approval and disapproval)에 다름이 아니라고 보고 있다. 또 에이어가 도덕적 의견 불일치는 사실 판단의 차원에서만 조정이 가능하다고 보고 있는 것과 일관되게 스티븐슨도 도덕적 의견 불일치를 믿음상의 의견 불일치(disagreements in beliefs)와 태도상의 의견 불일치(disagreements in attitudes)로 구분하고 전자의 경우에만 합리적 의견 조정이 가능하다고 주장한다. 그런데 우리가 스티븐슨에게 주목해야 할 점은 그가 정의론의 기본 입장인 '도덕 판단=개인의 승인과 거부'라는 틀에 동의하면서도 거기에만 머물지 않고 도덕적 의견 불일치의 합리적

---

3) 앞의 책, 111면.

해소 방식에 몰두하고 있다는 것이다. 그는 도덕 판단의 분석을 위한 모델을 제시하면서 다음과 같이 말한다. "……중요한 문제는 사람들이 무엇을 원하는가에 있지 않다; 왜냐 하면 사람들은 자신들이 확실히 명확한 표현을 할수 없는 것을 원하고 또 늘 원해왔고 뿐만 아니라 말도 안 되는 것까지도 원하고 있을지 모르기 때문이다. [정말] 중요한 문제는 바로 사람들이 좀더 확실하게 생각한다면 무엇을 원하게 될까 하는 것이다."4) 에이어식 정의론의 주관주의에 대한 비판의식이 엿보이는 지적이라 하겠다.

그는 믿음의 합리적 변화가 태도의 합리적 변화를 야기시킬 수 있다고 보고 있는데, 이 점에서 우리는 그를 단순한 정의론자가 아닌 도덕적 합리주의자로 분류할 수 있을 것 같다. 스티븐슨은 믿음상의 의견 불일치가 조정되면서 그에 따라 태도상의 의견 불일치가 해소될 수 있는 양태를 크게 두 가지로 나누고 있다. 그 첫째 양태는 화자가 도덕 판단의 근거를 구체적으로 제시해가면서 청자의 도덕적 태도에 영양을 끼치려고 시도하는 경우다. 그 예는 다음과 같다.

김씨 : "회창이는 근본적으로 좋은 사람이야."
이 판단은 첫째, 김씨가 회창이를 승인한다고 확언하는 것이며, 둘째, 청자인 박씨에게 유사한 태도를 가질 것을 요구하다시피 하고 있다.
박씨 : "왜 그렇게 말하는데?"
박씨는 회창이에 대한 승인에 동의하는 데에 있어서 주저하며 별로 내켜하지 않는다.
김씨 : "그 사람의 무자비해보이는 모습은 그저 겉모습이지. 속으로는 친절하기 짝이없는 마음을 가졌지."
박씨가 모르는 회창이의 특성을 기술함으로써 이유를 말하는데 이로써 박씨의 호감이 아마도 유발될 것이다.
박씨 : "만약 사실이라면 흥미롭구만. 그런데 그 사람이 그 친절한

---

4) C. L. Stevenson, Ethics and Language, Yale University Press, 1975. 81면.

마음을 행동으로 표현하는 적이 있나?"

주어진 이유가 적절한 것으로 인정하지만 그 진위를 의심하고 있다. 믿음상의 의견 불일치가 이제 논의에서 중요한 역할을 하게 된다. 이는 앞에 제시된 태도상의 의견 불일치와 밀접하게 연관되어 있다. 만약 김씨와 박씨가 회창이의 친절함에 대하여 의견이 일치하게 되면 회창이를 승인할지에 대해서도 의견 일치를 보게 될 것이기 때문이다.

김씨 : "그럼. 그의 오래된 가정부가 말하기를 회창이는 한 번도 자신에게 거친 소리를 한 적이 없고 최근에는 후한 장려금까지 주었다는군. 또 그런 비슷한 일들이 한두 가지가 아니라네. 또 내가 직접 목격한 것은……."

여기서 김씨는 자신이 처음 내린 판단에 대해 직접 증명은 아니지만 경험적 증명을 제공한다.

박씨 : "그렇다면 내가 그 사람을 잘 모른다고 고백하지. 아마 그는 좋은 사람이겠군."

박씨는 이 시점에서 자신 역시 [회창이를] 승인한다고 밝힘으로써 김씨의 처음 판단에 의해 요구되다시피한 바에 부응한다. 김씨가 잘 증명된 이유를 들고 나오자 박씨는 애초에 내켜하지 않았던 태도를 바꾼다. 믿음상의 의견 일치가 태도상의 의견 일치를 야기시켰다.[5]

이 첫번째 방식에서는 화자 혹은 청자가 자신의 도덕 판단에 상대방이 수긍할 수 있도록 하기 위해서 자신의 도덕 판단을 지지하고 상대방의 도덕 판단을 손상시키는 객관적 근거를 최대한 제공하는 방식이 사용되고 있다. 이 방식은 도덕적 입장이 일치하지 않는 두 사람간의 일상적인 토론에서 쉽게 쓰이는 방식이기 때문에 스티븐슨 자신도 이 방식에 대한 설명이 '피상적 (superficial)인' 것으로 받아들여질 수 있는 가능성을 인정한다.

도덕적 의견 불일치가 해소되는 스티븐슨의 두 번째의 방식에는 이른바 '좋은', '옳은'과 같은 도덕 용어에 대한 설득적 정의

---

5) 앞의 책, 30면.

(定義. persuasive definition)의 사용이 개입된다. 스티븐슨은 도덕 용어의 의미를 화자의 승인, 거부, 찬양과 같은 감정적 의미(emotive meaning)와 대상의 속성, 관계성을 규정하는 기술적 의미(descriptive meaning)의 결합으로 상정하는데 과학, 논리학, 수학의 경우와는 달리 윤리학에서의 정의는 정의 내용의 선택시 감정적 의미가 우선적으로 고려된 뒤에 기술된 내용(descriptions)이 이차적으로 고려될 뿐이라고 지적한다. 설득적 정의는 강렬한 감정적 의미와 함께 기술적 의미를 포함하고 있는 기존의 용어를 다시 재정의하는 것으로서 그 용어가 기존으로 갖고 있던 모호성의 범위 안에서 그 기술적 내용을 정밀화하는 것이다. '좋은', '옳은', '의무'처럼 확실하게 윤리 용어는 아니지만 약간은 윤리적 성향을 띠는 '교양'이라는 용어에 대한 설득적 정의의 예는 다음과 같다.

김씨 : 대화를 해보면 금세 알 수 있듯이 그 사람은 정식 교육은 거의 못 받은 사람이다. 그가 쓰는 문장은 종종 허술하게 구성되고 역사와 문화에 대한 그의 인용은 너무 빤한 것이며, 사고에 있어서는 훈련된 지성의 징표인 은근함과 세련됨이 부족하다. 그는 분명히 교양이 부족한 사람이다.

박씨 : 당신의 말은 대부분 옳다. 하지만 나는 그래도 그 사람을 교양인이라고 부르겠다.

김씨 : 내가 언급한 속성들은 교양이라는 용어의 의미에 모순되는 반대 개념이 아닌가?

박씨 : 전혀 그렇지 않다. 당신은 교양의 껍데기에 불과한 외적 유형만 강조하고 있다. 하지만 그 교양이라는 용어의 더 풍부하고 올바른 뜻에 비추어보면 '교양'은 창의적인 감수성과 독창성을 의미한다. 그는 이런 속성들을 갖추고 있다; 그래서 나는 감히 그보다 우월한 교육의 혜택을 누린 우리들 대부분보다 훨씬 심오한 교양을 갖춘 사람이라고 말하겠다.6)

---

6) 앞의 책, 211면.

이 예에서 박씨는 '교양'이라는 용어가 대상을 찬양하는 성격, 즉 감정적 의미는 손상시키지 않으면서 기술적 의미의 변화를 시도하는 설득적 정의를 내리고 있다. 그는 이를 통해 김씨가 이전에 사용하고 있는 교양의 외부적 조건에 대한 기술적 의미를 폐기하도록 설득하고 있고, 이에 따라 평가되고 있는 인물에 대한 김씨의 태도를 바꾸려 하고 있는 것이다.

그러나 만약 김씨가 박씨의 설득적 정의에 동의하지 않는다면 어떻게 될까? 박씨가 '교양'의 새로운 기술적 의미로 내세운 창의적 감수성이나 독창성은 문법에 맞는 문장 구성력이나 역사적 사실을 인용해내는 능력에 비해 더 적합한 기준 같아 보이긴 하지만, 김씨가 계속 자신의 기준 X, Y를 고집해 '그사람이 교양이 없다.'라고 하고 박씨는 새로운 기준 W, Z에 의거해서 '그 사람이 교양이 있다.'라고 주장한다면 두사람의 태도상의 의견 불일치를 해소할 수 없게 된다. 새로운 기준의 합리적 우월성이 최소한에 그치고 월등하게 인정되지 않는 경우에 새 기준의 선택 자체를 설득하는 합리적 방법이 없는 한 설득적 정의는 하나의 시도로 그칠 가능성이 크다.

스티븐슨의 두 가지 설득 방식에 있어 더 기본적인 문제는 상대방의 태도를 바꾸려는 의도를 가진 사람이 항상 객관적인, 그리고 합리적으로 수긍이 가능한 근거만을 설득의 수단으로 사용한다고 확신할 수는 없다는 데에 있다. 해어(R. M. Hare)[7]는 설득의 목적은 상대방의 태도 변화 그 자체이기 때문에 수사학적 기술이나 선동, 지루한 나열, 협박, 회유, 고문, 조롱, 보호의 약속 등이 동원되고 효과를 보게 될 가능성이 무시될 수 없다고 경고하고 있다. 해어에 의하면 설득은 "이제 어떻게 해야 하나?(What shall I do?)"라든가 "사실은 어떤 것일까?(What are the facts?)" 하고 묻고 있는 합리적 주체인 인격체를 향해 이루어지는 일이 아닐 뿐만 아니라 그러한 물음들에 대한 대답도 아니고

7) R. M. Hare, The Language of Morals, Oxford, 1952, 14-15면.

청자가 그러한 질문에 대해 특정한 방식으로 대답하도록 만들려고 하는 시도일 뿐이다.

4. 나에게서 시작하는 설득

자신의 도덕적 입장에로 상대방을 설득하기 위한 과정들이 상대방을 합리적인 주체로서 인정하지 않게 하고 오히려 선동이나 위협의 대상으로 만들 가능성이 있다는 해어의 지적은 합리적 설득의 과정 안에서는 설득의 대상이 되는 상대방이 화자의 목적을 만족시키는 수단으로 전락해서는 안 된다는 교훈을 상기시켜주고 있다. 그렇다면 설득의 합리성을 유지하기 위해, 설득의 대상을 수단화하지 않기 위해 우리가 할 수 있는 일은 무엇일까?

그 중의 하나는 도덕적 설득에 대한 설명을 '나와 타자 사이'라는 문맥에서부터 시작하지 않고 '나와 나 사이'라는 보다 기초적인 문맥으로부터 시작하는 것이다. 스티븐슨이 지적하는 대로 모든 연령과 처지의 사람들은 각자 자기 마음 속에 쉽게 풀어지지 않는 문제들, 예를 들어 어린 학생은 친구들과의 공정한 경쟁에 대해서, 사춘기의 소년 소녀들은 성 도덕에 대하여, 성인 남녀는 서로 다른 책임 사이에서 끊임없이 고민해온 것이 사실이다. 이때 윤리적 결심을 하는 과정이 여러 가지 갈등하는 입장 사이에서 마음을 하나로 정하는 것이다보면 개인과 개인 사이의 입장 차이를 해소하는 과정과 논리적으로 다를 수 없는 것 같다. 스티븐슨은 이 유사성을 이유로 개인의 숙고 과정을 개인과 개인 사이의 도덕적 설득 구조로부터 함축될 수 있는 것으로 처리함으로써 '나와 타자 사이'의 문맥에서의 도덕적 설득을 '나와 나 사이의' 문맥에서보다 더 기본적인 것으로 놓았었다. 하지만 앞에서 지적한 문제점 때문에 결국 '나와 나' 사이의 문맥을 더 기초적인 것으로 놓자는 입장이 대두된 것이다.

5. 심사숙고와 합리적 대화 그리고 설득적 정의

4면에서 어떤 남자의 교양 유무에 대한 김씨와 박씨 사이의 대화와 박씨가 사용한 설득적 정의를 '나와 나 사이'의 문맥으로 옮겨왔다고 가정해보자. 이 경우 우리는 태도상의 의견 불일치를 보이고 있는 김씨와 박씨라는 개인들 대신에 '교양'이라는 용어의 기술적 의미에 대해 비슷하게 설득력을 지닌 두 가지 입장을 정리하지 못하고 있는 나의 자기 토론의 상황으로 옮겨 오게 된다.

> 나1 : 문장을 제대로 구성해 쓰지도 못하고 역사적 사실을 제대로 인용하지도 못하며 세련된 말 솜씨도 없어서 공식 교육의 징표들을 하나도 보이지 못하므로 그 남자가 교양 있다고 보기는 어렵겠다.
> 나2 : 하지만 그 남자는 창조적인 감수성이나 독창성 면에서는 누구보다 뛰어나므로 이 기준에 의하면 교양이 꼭 없다고 말할 수 없다.
> 나3 : 두 기준 중에서 어느 기준을 선택해야 할지 모르겠다.
> 나4 : 후자의 기준을 택하면 일반적 관점에서 벗어나는 기준을 받아들이는 것이지만, 전자의 기준을 선택하면 그 남자의 우수한 장점을 무시하는 것이 된다.(파생되는 결과의 비교)
> 나5 : 대상의 개체성을 무시하고 일반성 위주로 받아들여지는 외부적 기준보다는 개인의 성향을 중시하는 기준이 더 중요하다.(두 가지 기준을 비교하는 새로운 기준의 상정) 그 남자는 교양이 있다.

이 경우 나의 각 단계는 '개인과 개인 사이'의 문맥에서와는 달리 하나의 입장에서 상대의 태도 변화를 목적으로 하는 관계가 아니며 두 개의 기준을 비교 선택하기 위한 새로운 기준까지 도입할 수 있는 합리적인 관계성을 유지한다고 할 수 있다.

그렇다면 ‘나와 나 사이’의 문맥에서 출발하는 도덕적 설득의 과정이 ‘나와 타인 사이의’ 문맥으로 확대된 상태는 스티븐슨의 설득 유형과 어떤 차이점을 보여줄 수 있는가? 첫째로 자기 토론의 모델에 기초한 도덕적 설득의 모델은 정의론(情意論)의 개념 체계에 근거한 스티븐슨의 모델과 달리 승부(勝負)적이지 않다. 설득의 과정과 그에 따른 토론은 단지 더 합리적인 입장으로의 수렴을 위한 과정일 뿐이지 설득하는 편의 태도에 상대편이 편입되는 것으로만 볼 수 없기 때문이다. 둘째로 위의 예에서 보여진 것처럼 합리적 토론을 통한 개별적 선택은 그 선택이 근거한 새로운 상위의 보편 법칙을 상정하게 함으로써 또 다른 선택이 요구되는 유사 상황에 대비하도록 해준다. 해어가 지적한 대로 개별적 선택은 유사한 상황에서의 반복 가능성을 함축하고 있어 보편적이기 때문이다. 예를 들어 내가 이 티코 승용차를 선택했다는 것은 이 특정한 티코차의 개별성이 매력이 되었기 때문이기보다 이 차와 같은 유형의 차에 대해 보편적으로 느끼는 매력과 호감에 근거하고 있기 때문이다. 그렇다면 위의 예에서 ‘그 남자는 창조적인 감수성이나 독창성 면에서는 누구보다 뛰어나므로 이 기준에 의하면 교양이 꼭 없다고 말할 수 없다.’는 판단을 ‘문장을 제대로 구성해 쓰지도 못하고 역사적 사실을 제대로 인용하지도 못하며 세련된 말 솜씨도 없어서 공식 교육의 징표들을 하나도 보이지 못하므로 그 남자가 교양 있다고 보기는 어렵겠다.’는 판단보다 우위에 놓은 것은 창조적 감수성과 독창성을 위주로 하는 특정 기준의 선택뿐만이 아니라 ‘대상의 개체성을 무시하고 일반성 위주로 받아들여지는 외부적 기준보다는 개인의 성향을 중시하는 기준이 더 중요하다.’는 더욱 보편적인 상위 기준에 근거한 것이므로 이 후자의 상위 기준이 적용될 수 있는 다른 유사 상황에서 유사한 판단이 반복될 가능성을 함축하고 있다. 적대적인 타자간의 토론 모델에서는 이기지 않으면 지는 상황의 무게 때문에 두 입장이 근거하고 있는 각각의 구체적인 기준 중 어느 것을 선택하는가의 문제가 중대시된다. 반면 자기 토론의 모델에서는 보다 더 확실한 이해 가능성과 설득력이라는 과제가 우선하기 때문에 두 입장의 기준보다 더 보편적인 기준으로의 이동과 탐구가 가능해진다. 두 기준간의 선택 자체보다 왜 그 기준을 선택해야 하는가?라는 제3의 입장이 가능해지는 것이다.

우리는 종종 어떤 사람의 도덕 판단에 대해 설득을 포기하곤 한다. 구체적 상황에 대한 도덕 판단이 판단자의 취향에 더 관련된 것이기 때문에 그 판단을 후퇴시킬 수 있는 보편덕 기준이 없다고 단정하는 것이다. 예를 들어 어떤 사람 A가 다른 어떤 사람 B를 동성애자라는 이유로 혐오감을 표시하면서 "B는 우리 지역 친목 회원으로 적절하지 않다."고 주장한다고 하자. 이 경우 A의 의견이 성적 편향성(sexual orientation)에 대한 거부감에서 비롯되었다는 이유 때문에 합리적 설득 가능성을 포기할 수도 있다. 하지만 A가 더 합리적인 사람, 다시 말해 더 자기 반성적인 사람이라면 자신의 이와 같은 판단에 대하여 비판적 평가를 하는 것이 가능해야 한다. 그리고 이런 자기 반성적인 비판적 평가가 가능한 하나의 방식은 바로 더 보편적인 기준을 사용하는 방식이다. 이 경우 A가 "다른 조건은 차이가 없는데 회원 후보의 성적 편향성을 문제 삼는 것이 정당한가?"라든가 "사람의 도덕성이 그 사람의 성적 편향성에 의해 결정될 수 있는가?"라는 보다 보편적인 기준에 의해 자기의 판단 내용을 검토하는 것이 요구되는 것이다. 일반적으로 개인의 성 생활의 내용은 그것이 공적으로 사회에 명백한 해악을 끼치지 않는 한8) 사생활의 영역으로 보호되므로 성적 편향성을 이유로 한 도덕적 공격은 보호되어야 할 사생활의 내용을 이유로 도덕적 공격을 하는 것이 정당한가? 의 문제로까지 확대될 수 있다. 만약 우리 예에서 화자 A가 이렇

---

8) 예를 들어 소위 음란성 아동선호증(pedophilia)의 경우는 분명한 인권 침해의 경우로 범죄화될 수 있지만 그외의 경우는 타인에 대한 해악이 증거되고 있지 않다.

게 보다 보편적인 기준과 원칙에 의해 자기 반성적 사고를 해내 간다면 그는 자신의 처음 판단이 부당하다고 평가할 수 있게도 된다. 보다 보편적인 상위 기준으로 향하는 개방성에 관한 한 자기 토론의 모델이 타자간의 모델에 비해 우위를 점하고 있음을 알 수 있다.

셋째로 자기 토론의 모델에 기초한 도덕적 설득의 모델은 계속적인 추론 과정을 통해 자신이 견지하고 있는 도덕적 입장이 내포할 수도 있는 부정적 전제를 노출시키고 교정할 수 있는 장점을 갖는다. 이는 이 모델이 스티븐슨의 모델과는 달리 한편의 입장이 상대방의 입장을 압도하는 것을 목적으로 하는 승부 위주의 토론 과정이 아니기 때문에 각자의 입장이 함축하는 바를 이론적으로는 무한히 계속 추론할 수 있다. 따라서 과정 중간에 사용된 가치 언어에의 부정적 함축, 예를 들어 '깜둥이', 'Boche' 와 같은 용어가 함축하는 '흑인은 미련하고 미개하며 인간 이하의 대우를 받아 마땅하다.'라든가 '독일인은 다른 유럽인보다 잔인하다.'라는 함축된 판단을 최대한 가려내고 여과시키는 작업이 가능해짐으로써 보다 합리적이고 긍정적인 도덕 판단에 수렴할 수 있으리라 믿어지는 것이다.9)

6. 결 론

정의론(情意論)은 도덕적 판단에 대한 주관적 확신이 가장 극대화된 이론이며 스티븐슨의 이론은 정의론의 설득 구조를 매우 합리적으로 정형화해서 제시한 모델로 인식된다. 이 두 측면에 서 스티븐슨의 모델은 도덕적 입장의 설득 가능성을 논하는 모델로서 많은 장점을 드러내 보여준다. 하지만 정의론이 함축하는 설득의 승부성은 그 설득의 구조를 합리적이게 하는데 걸림

---

9)서정신, "추론적 의미론"를 참조할 것, 『철학 연구』, 1996년 가을, 철학연구회.

돌이 되는 측면이 있고 이는 '개인과 개인 사이'의 설득 모델이 '나와 나 사이의' 설득 모델에 기초할 것을 요구하고 있다. ■

참고 문헌

서정신, "추론적 의미론", 『철학 연구』, 1996년 가을, 철학연구회.

A. J. Ayer, Language, Truth and Logic, chapter 6, Dover Publication, NewYork, 1952.

Phillipa Foot, ed. Theories of Ethics, Oxford, 1979.

William Frankena, Ethics, Prentice-Hall, 1973.

R.M.Hare, The Language of Morals, Oxford, 1952.

C. L. Stevenson, Ethics and Language, Yale University Press, 1975.

수인의 딜레마와 합리성*

이 좌 용

(성균관대학교)

1

무릇 우리의 행동이 합리적이라는 것은 분명해보인다. 우리는 이유 없이 해롭게 하려고 하지 않는다. 자신은 물론이고 타인을 해롭게 하려 하지 않는다. 이런 의미에서 나의 마음과 남의 마음은 같다. 우리는 똑같은 이성적 행위자다. 그래서 우리는 각양각색의 남들을 주의하지 않고 무심코 편안히 길거리를 활보할 수 있다. 나의 마음을 주의하지 않듯이 남의 마음을 주의하지 않는다. 특별히 그럴 만한 이유가 없는 한.

---

* 이 글의 많은 내용은 다음을 참고한 것이다.
1. R. Campbell and Lanning Sowden ed, Paradoxes of Rationality and Cooperation(The University of Britisch Columbia Press, 1985). 특히 Introduction pp.3-44.
2. R. Nozick, The Nature of Rationality(Princeton University, 1993).
3. M. Holis and R.Sugden, "Rationality in Action", in Mind Vol.102, 1993. pp.1-35.
4. R. Jeffery, "Risk and Human Rationality", in The Monist Vol.70, 1987.

마찬가지로 우리는 이유 없이 이롭게 하려고도 하지 않는가? 그렇지 않은 듯하다. 자신을 이롭게 하려는 행동에 무슨 이유가 필요한가. 마찬가지로 타인을 이롭게 하려는 행동에 무슨 이유가 있어야 하는가. 특별히 그러해야 할 이유가 있지 않은 한, 그럴 이유는 없어보인다. 그럼, 자신이나 타인을 이롭게 하려는 행동은 이유 없는, 그러니까 비합리적인 것인가. 그렇지는 않은 것 같다. 그것은 그 자체로 이유 있는 행동인 듯하다. 그러니까 자신이나 타인을 이롭게 하는 것, 바로 그것이 행동을 이유 있게 하는 원리 자체로 보인다. 합리적 행동이 충족시켜야 할 근본 원리로 보인다.

이런 의미의 합리성은 어떤 의미에서 도구적이다. 합리성은 여타의 동물이 갖지 못하는 인간적 특성, 아니 오히려 동물성을 넘어서는 인간성, 바로 그것이라는 전통적 관점과 합리성의 이 도구적 관점은 잘 어울리는가. 헤아리고 셈하고 그리고 따지는 합리적 특성이 자신이나 타인으로 이뤄진 인간을 이롭게 하는 도구적 특성일 뿐인가. 인간은 합리성이라는 독특한 도구를 사용하는 존재로서 여타의 동물과 구별되고 나아가서 동물성을 벗어난다고 볼 수 있는가. 이 의문은 '인간을 이롭게 하는 것'의 의미를 명료화할 필요를 느끼게 한다.

인간이 헤아리고 셈하고 그리고 따지는 것들은 무엇인가. 그것들을 이해 득실이라고 하자. 그럼 그 이해 득실들을 무엇에 비춰 셈하는가. 우리가 소망하는 목표들 또는 욕구들을 얼마만큼 충족시키는가에 따라 셈할 것이다. 이렇게 보면 합리성은 욕구의 도구적 하녀다. 그런데 욕구들을 얼마만큼 충족시키는가를 어떻게 셈할 수 있는가. 그리고 욕구들을 충족시킬 후보 대상들로서 헤아려지는 것은 무엇인가. 그 무엇들을 어떻게 인지하고 어떻게 그 이해 득실을 셈할 수 있는가. 이를 위해서는 세계와 그 속의 우리 자신이 어떠한가를 헤아리는 인식적 믿음이 있어야 한다. 세계 상황이 어떠할까, 그리고 어떤 한 행동이 그 세계 상황에서 어떤 결과를 가져올까를 헤아리려 하며, 나아가서 욕구들을 헤아리면서 그 결과가 이해 득실의 어떤 총합적 가치를 가질 것인가를 셈해야 한다. 충실한 하녀는 주인의 욕구를 잘 헤아려 충족시켜야 한다. 합리성은 욕구의 충실한 하녀여야 하는 셈이다.

그런데 세계를 헤아린 인식적 믿음은 아무리 확실한 느낌을 가질지라도 틀림이 논리적으로 가능하다. 이는 세계의 일부를 이룬 우리 자신의 마음을 헤아린 인식적 믿음에 대해서도 물론 타당하다. 이런 의미에서 세계와 우리 자신에 대한 인식적 믿음은 틀림이 가능한 것을 틀리지 않을 것이라고 믿는, 근본적으로는 하나의 논리적 결단이다. 아무 이유 없이 단지 그렇게 믿은 것이면 그 결단은 비합리적이다.

세상에 관한 합리적 믿음이 틀릴 수 있는 것에 대한 이유 있는 결단이라는 것은 실은 믿고 있는 것이 논리적으로는 가설일 뿐임을 뜻한다. 그렇다면 우리의 행동이 하나의 결단임은 명백하다. 우리의 어떤 신체 운동이 행동으로 불리는 것은 그것이 우리의 마음, 특히 어떤 욕구와 믿음에서 유래한 것으로 보기 때문이다. 행동은 행위자를 전제하며, 행위자는 마음에 따라 작정하고 운동하는 자를 의미하는 것이다. 마음에 좇아 어떤 행동 선택을 결단하고 그 행동을 하려 했으나 외부 요인 때문에 그것이 뜻밖에 불발로 그치거나 엉뚱한 몸짓이 되고 말 경우도 있다. 그런 의외의 물리적 동작은 행동이라고 불리지 않는다. 어떤 욕구와 믿음에 합리적으로 따른 어떤 작정, 결단 내지는 의도와 닿아 있는 동작이 바로 행동이다. 이런 뜻에서 행동은 곧 의도적 행동이라고 볼 수 있겠다. 행동의 합리성은 결국 그것을 행한 선택, 작정, 결단 또는 의도의 합리성인 셈이다.

이런 경우를 생각해보자. 나는 갈증을 느끼고 물과 맥주 중 어느 쪽이 좋을까 숙고한 다음에 맥주를 마시기로 작정하고 냉장고에서 맥주병을 꺼내 한 잔을 부어마셨다. 그런데 뜻밖에도 그

병에는 맥주가 아닌 물이 들어 있었다. 맥주 한 잔을 마시기로 한 작정은 불발로 그치고, 나는 결국 물을 마시는 행동을 한 것일까. 나는 물을 마시기를 행한 것일까. 맥주를 마실 의도에서 잔을 들어 입 속에 붓는 행동을 했지만, 속셈대로 맥주 마시기를 행하지 못한 것은 분명하다. 그렇다고 물 마시기를 행한 것은 아니다. 물 마시기를 작정하지 않았기 때문이다. 결국은 물을 마시는 행동이었지만 물을 마실 결단을 행동에 옮긴 일은 아닌 것이다. 타인에게는 물을 마시는 행동이었지만 자신에게는 물이 흘러 들어간 뜻밖의 일이었을 뿐이다. 그것은 행동, 분명히는 의도적 행동이 아니며, 따라서 비합리적인 것이 아니라 합리성과 무관한 것이다.

이렇게 보면 행동의 합리성은 그 정신의 속성일 뿐이지 세상사와는 무관한 속성처럼 보인다. 그러나 그것은 잘못이다. 인생사도 세상사다. 인생사란 중요한 의미에서 행동사며, 바로 그 행동사는 합리성의 역사에 다르지 않기 때문이다. 우리의 정신적 작정과 결단이 뜻밖에 불발로 그치고 결과적으로 엉뚱한 일이 벌어지기도 하지만, 작정과 결단을 옮긴 일들이 실은 바로 우리의 의미 있는 인생사임을 새삼 되새겨보아야 할 것이다.

2

한 행동을 '작정'하고 '결단'한다는 것의 의미는 이제 분명하다. 작정과 결정은 진지한 숙고 끝에 나온다. 그리고 숙고한다는 것은 선택 가능한 여러 행동 노선을 그 결과와 관련하여 그 가치를 평가하는 일이다. 그런데 그 결과들은 그 행위자가 정확히 예측하거나 통제할 수 없는 상황들에 의해 좌우될 수 있다. 여기서 관련 상황들의 개연도(probability)와 가능한 결과들의 소망도(desirability)에 대한 행위자의 헤아림이 필요하다. 그것은 산수화할 수 있으면 염두에 둔 여러 행동의 소망도가 결정될 수 있다. 그리고 최종적 결단이 행해질 수 있다. 그 결단을 이끈 원리는 그 행위자를 이롭게 하려는 원리다. 그 원리는 이제 최대의 평가 소망도를 갖는 한 행위를 선택하라는 것으로 표현된다. 산수화한 개연도와 소망도는 그 행위자의 현실적 믿음과 욕구 순위, 곧 선호를 드러낸 것일 뿐이다. 그런 의미에서 그 개연도와 소망도는 주관적이다.

이와 같은 산수적 개념망에서 행동의 합리성을 기술하고 설명하는 결단 이론의 논리와 그 합리성의 한계를 성찰해보는 것이 이 글의 목적이다. 이 결단 이론은 개인주의적 합리성에 근거한 시장 사회의 합리성을 설명하고 권장하는 역할을 하는 경영학과 같은 정책 과학 등에서 이미 사용해온 지 꽤 오래됐다. 이 글의 결론은 궁극적인 최고 판결자는 고독한 개인 바로 그 자신이라는 뜻의 개인주의는 결단 이론의 기술적(descriptive) 기능과 규범적(normative) 기능, 어느 쪽도 살리지 못한다는 것이다. 판사의 판결은 선악에 대한 배심원들의 평결을 좇아야 한다. 마찬가지로 한 행동의 소망 또는 가치는 그 행동이 결과들의 소망도만이 아니라 그 행동이 결과들의 소망도를 담아야 한다. 그런데 행동의 의미는 사사롭지 않고 공공적이다. 그것은 협동적인 공공적 실천을 좇아야만 얻어지는 것이다. 수인(囚人)의 역설을 먼저 검토함으로써 그런 결론의 실마리를 찾아보기로 하자.

3

한 동료와 함께 당신이 범죄 혐의로 체포돼 각자 따로 독실에 갇혀 있다고 하자. 둘은 의견을 나눌 길이 전혀 없다. 자백을 유도할 속셈에서 검사가 당신에게 믿을 만한 제안을 한다. "당신들의 유죄를 입증할 충분한 상황적 증거를 갖고 있으므로 당신들은 침묵을 하더라도 둘다 1년형을 받을 것이다. 그러나 당신의 자백 덕분에 당신들의 유죄를 확증할 수 있다면 당신은 즉시 석방되고 동료는 10년형을 받을 것이다. 물론 당신이 침묵하고 동료가 자백하면 그 반대가 될 것이다. 그런데 둘이 모두 자백하면 유감이지만 똑같이 9년형을 받을 것이다."

자백과 침묵의 어느 행위를 결단하기 위하여 당신이 헤아려야 할 결과 행렬은 다음과 같이 요약될 수 있다.

동 료

행 위 ＼ 상 황	침 묵	자 백
당 신 ⎰ 침 묵	1년	10년
자 백	0년	9년

숙고 끝에 당신은, 마찬가지로 같은 처지의 동료는 자백의 길을 선택하는 것이 합리적이라는 결론을 내린다. 그 추론은 이러하다.

(1)다른 동료는 자백하거나 침묵할 것이다.
(2)그가 자백하면, 나는 자백하는 쪽이 더 낫다.
(3)그가 침묵하면, 나는 자백하는 쪽이 더 낫다.

나는 (어느 상황에서도) 자백하는 쪽이 더 낫다.

이 결론은 받아들일 만한가. 전제를 받아들이면 결론을 받아들여야 하는 것은 분명하다. 과연 전제는 받아들일 만한 것인가. 어느 전제도 거짓의 여지가 없다. 그럼 이 결론은 참이다. 그러나 제삼자가 보기에 이 결론은 정말 불행하기 짝이없다. 둘 다

침묵하면 똑같이 1년만 고생할 터인데 9년의 고생길을 선택하다니! 그것도 뻔히 그러할 줄 알 만한 사람들이 말이다. 그렇지만 이 결론을 어떻게 물리칠 수 있단 말인가.

이 딜레머 상황을 형성한 몇 가지 전제를 분명히 할 필요가 있을 것이다. 첫째, 이 상황에서 당신들의 유일한 목표는 가능한 한 자신의 감옥 생활을 줄이는 것이다. 그것 외에는 아무런 걱정도 없다. 둘째, 당신들을 검사가 진실을 말했다고 믿고 있다. 셋째, 당신들은 서로가 똑같은 처지며 똑같은 딜레머에 봉착한다는 것을 알고 있다. 차선을 똑같이 선택할 수 있음에도 똑같이 차악을 선택하는 길이 합리적임을 보여주는 데에 이 딜레머의 특징이 있다. 이 딜레머는 쌍방의 선호 순위가 다음의 특징을 가질 때에 언제나 등장한다.

    갑 : A B C D
    을 : D B C A

갑의 최선 상태는 을의 최악 상태며, 갑의 최악은 을의 최선이다. 그러나 차선과 차악의 상태에 관한 한 갑과 을의 선호는 동일하다. 이런 특성의 선호 순위를 가질 때 쌍방은 똑같이 차선의 길을 갈 수 있음에도 합리적이기에 똑같이 차악의 길을 갈 수밖에 없다는 데에 심각히 생각할 문제가 있는 것이다. 여기서 쌍방의 선택지는 수인의 딜레머처럼(자백, 침묵) 꼭 동일할 필요는 없다. 앞의 선호 순위를 갖는 형식의 선택 상황이라면 똑같은 딜레머에 부딪친다.

갑＼을	Y 행동	~Y 행동
X 행동	B(차선)	D(최악, 최선)
~X 행동	A(최선, 최악)	C(차악)

수인의 경우처럼 한쪽의 행위 선택이 딴 쪽의 행위 선택에 아무런 인과적 영향을 미치지 않으면, 즉 인과적 통로가 차단돼 있으며, 양쪽은 모두 차선(B)의 길을 걷는 행동들(X, Y)보다는 차악(C)의 길을 내닫는 행동들(~X, ~Y)을 합리적으로 선택한다. 각자는 그 행위가 더 이로운 결과를 빚기에 더 낫다고 여겨야 하는 결정적 이유를 갖는다.

수인의 딜레머를 빚은 가정적 상황은 너무 현실적이지 않은 경우라고 볼 수 있다. 이를테면 수인들은 상대방의 처지 개선과 미래의 보복에 대해서 신경을 쓰고 있지 않으며 협동과 신뢰에 아무런 가치도 부여하지 않고 있다. 오로지 수감 기간에만 관심을 갖고 있다. 이는 분명히 현실에 너무 드문 경우일 것이다. 그러나 이런 비현실적 가정은 실은 딜레머 발생에 필요한 조건은 아니다. 필요한 가정은 쌍방의 선호가 앞과 같은 순위를 갖는다는 것뿐이다. 그리고 그런 선호 순위에 대한 가정은 그렇게 현실적이지 않은 것도 아니다. 물물 교환의 경제적 거래를 생각해보자. 한쪽은 소금이 더 필요하고 딴 쪽은 쌀이 더 필요하다고 하자. 운송 시간 때문에 동시 교환은 불가능한 경우다. 양쪽이 같이 합리적이면, 과연 거래가 이루어질까.

나＼상대방	쌀 보냄	안 보냄
소금 보냄	차선, 차선	최악, 최선
안 보냄	최선, 최악	차악,차악

나는 상대방이 쌀을 보내든 말든 소금을 안 보내는 것이 더 낫다. 상대방도 마찬가지로 쌀을 보내지 않는 것이 더 낫다. 그래서 거래는 일어나지 않는다. 결국 차선이 아니라 차악의 선택이 합리적인 셈이다. 합의를 지키는 협동의 길이 아니라 그 합의를

어기는 변절의 길이 합리적인 셈이다.

여기서 이 딜레머의 본질을 재삼 강조해야겠다. 의사 교환의 가능성이 없고 제 자신의 이익에만 관심을 가지며 변절 행위에 대한 여하한 보복이 없다는 식의 수인의 가정은 본질적인 것이 아니다. 의사 교환의 기회가 열려 있고 그래서 합의를 했더라도, 그 모든 것을 고려한 끝에 각자에 주어진 결과들의 선호 순위가 한쪽은 (A, B, C, D)이고 딴 쪽은 (D, B, C, A)이면, 각자는 차선 (B)이 아니라 차악(C)을 취하는 것을 합리적 노선으로 삼는다는 것이 이 문제의 본질이다. 또한 이기주의자, 이타주의자, 사회주의자, 자본주의자 등의 어느 가치관을 갖는가도 이 문제에 본질적이지 않다. 둘 다 이타주의자일지라도 그 둘이 그 네 결과에 대하여 각각 앞의 선호를 보이면 각자는 차선보다는 차악의 결과를 낳는 행위를 합리적으로 선택한다. 그것도 뻔히 그 결과를 내다보면서 말이다. 이를테면, 인류의 파멸 가능성을 걱정한 끝에 두 강대국이 핵무장 해제에 합의했다고 하자. 그런데 사회 이념의 차이 때문에 각자는 상대방 국가의 핵무장 해제만 이뤄진 상태를 최선으로, 그 반대 경우를 최악으로 선호한다. 차선과 차악에 관해서는 동일하다.

A 국가＼B 국가	지　킴	어　김
지　킴	차선, 차선	최악, 최선
어　김	최선, 최악	차악, 차악

상대 국가가 협정을 지키든 어기든 어기는 쪽이 더 낫다는 것이 서로의 결론이다. 그래서 서로 차악의 길을 계속 걷는다.

자신이 하겠다고 약속하거나 동의한 것을 지키는 것은 개인의 도덕적 의무다. 그런데 앞의 개인적 선호에 의거한 합리적 선택은 약속을 깨는 것을 함축한다. 합리적 선택과 도덕적 선택은 상충하는 듯하다. 도덕적 요구는 얼마나 합리적인가? 아니면 합리적 요구는 얼마나 도덕적인가? 개인의 선호들이 도덕적 신념의 영향을 받는다는 것은 의심할 수 없는 사실이다. 그래서 수인의 딜레머와 같은 결단 상황에 봉착하는 경우가 흔하지는 않을 것이다. 그러나 그 사실은 중요하지 않다. 문제는 그런 딜레머에 빠져 있을 때다. 그때에 합리적 인간이 도덕적일 그밖의 무슨 동기를 가질 것인가. 약속을 한 뒤에도 그 행위자의 선호 순위가 수인의 딜레머 구조를 형성한다고 하자. 그리고 여전히 각자는 자신이 약속을 지킬 도덕적 의무를 갖는다는 것을 시인할 수 있다. 문제는 그런 선호 순위를 가질 때 각자 약속을 지키는 것이 과연 합리적인가. 그런데 그런 선호 순위를 갖는 한, 합리적 개인으로서의 각자는 그 약속을 깨뜨릴 더 강력한 이유를 갖는 듯하다.

도덕성과 합리성의 상충을 더 일반화해보자. 약속을 지킬 의무만이 아닌 모든 도덕적 의무를 고려한 다음에, '개인적 선호'를 도덕적으로 동기화하지 않은 선호를 의미하는 것으로 해석하자. 대다수의 사람들은 도덕적 요구들과 개인적 선호의 요구들 사이에는 어떤 정도의 충돌이 있다는 것을 시인할 것이다. 동시에 도덕성과 개인적 선호의 충족간에는 깊은 연관이 있음을 부인하지도 않을 것이다. 그리고 도덕적 요구가 존중되는 사회에서 사는 것이 그렇지 않은 사회에서 사는 것보다 실은 누구에게나 더 나을 것은 명백해보인다. 따라서 도덕적 동기가 아무의 선호도 제한하지 않는 사회보다는 모든 이의 선호를 제한하는 사회에서 사는 것을 선택하는 것은 누구에게나 합리적일 것이다. 그런데 또한, 누구나 남들의 선택들은 모두 그렇게 제한되지만 자신의 것은 제한되지 않는 사회를 더 선호할 것이다. 그렇다면 수인의 딜레머에 처할 구조적 요소를 모두 갖춘 셈이다. 다음의 선택 행렬을 보라.

다른 개인 개 인	다수의 협동	다수의 이탈
협 동	차선 (B)	최악 (D)
이 탈	최선 (A)	차악 (C)

한 개인의 선택이, 협동이든 아니든 다수의 그 선택에 거의 영향이 없다고 하자. 그럼 이런 선호 순위가 주어질 때, 협동적일 용의를 갖는 인물이 합리적으로 행위한다는 구실을 대면서 사실상 그들의 공동 목표를 깨는 짓을 한다. 무임 편승자의 존재를 합리적으로 허용하는 상황이다.

4

수인의 딜레머를 벗어날 또 다른 합리적 길은 없는가. 그 딜레머 상황은 본질적으로는 두 가지 가정 때문에 구성되었다. 하나는 한쪽의 선택 행위가 다른 쪽의 선택 행위에 아무런 원인적 힘을 미치지 않는다는 것이다. 다른 하나는 양쪽이 차선과 차악의 선호를 공유하지만 최악과 최선의 선호를 정반대로 갖는다는 것이다. 이 가정을 버리지 않고도 다른 결론을 갖는 건전한 논변을 만들 길은 없을까.

건전해보이는 또 다른 길은 이렇게 제시될 수 있다. 한쪽의 선택이 다른 쪽의 선택에 어떤 영향을 주지는 않지만, 한쪽의 선택이 경험에 비춰 다른 쪽의 선택을 짐작할 좋은 증거가 된다고 하자. 다시 말해서 양쪽의 선택간에는 인과적 의존 관계는 없지만 증거적 의존 관계는 있다고 가정하자. 이 가정을 이해하는 것은 그리 어렵지 않다. 이를테면 쥐들의 반응을 실험할 때 한 쥐의 반응을 보면서 다음 쥐도 같은 식으로 반응할 것이라고 기대하는 것은 정당할 듯하다. 그러나 한 쥐의 그 반응이 다음 쥐의 같은 반응을 초래한다고 가정하는 것은 정당하지 않다.

이제 수인의 처지에 빠진 쌍방이 자신의 선택을 다른 쪽의 선택에 대한 결정적 증거로 여긴다고 하자. 그래서 이를테면, 자신이 자백할 때에 상대방도 자백할 개연성이 아주 높다고 아니 확실하다고 여긴다. 그럼, 헤아려야 할 결과 상황은 네 개에서 둘로 줄어든다. 둘 다 자백하는 경우와 둘 다 침묵하는 경우다. 그리고 결론은 침묵하는 것이 더 낫다는 것이다. 협동의 길을 합리적으로 선택하는 셈이다.

자신이 자백할 때에 상대방이 자백할 개연성이 아주 높다고 여긴다고 하자. 그리고 그 개연도를 0.9로 셈한다고 하자. 침묵할 때 그 개연도도 마찬가지로 셈한다고 하자. 이때는 가능한 네 결과의 소망도도 셈할 수 있어야 한다. 물론 그 선호 순위에는 아무런 변화가 없어야 한다. 옥살이 할 햇수가 선호도에 그대로 반영된다고 하자.

나 \ 상대방	자 백 (개연도)	침 묵 (개연도)	기대 가치 (효 용)
자 백	−9 (0.9)	0 (0.1)	−8.1
침 묵	−10 (0.1)	1 (0.9)	−0.1

나는 침묵하는 쪽이 더 낫다는 결론을 내린다. 개연도와 소망도 할당이 같다면 상대방도 마찬가지다. 그래서 합리적으로 서로 협동하게 된다. 소망도와 개연도는 여기서 주관적인 것임을 다시 짚고 넘어갈 필요가 있다. 소망도는 그 결과가 행위자의 목표들, 욕구들을 충족하는 정도를 반영한 것이다. 개연도는 행위자가 활용 가능한 증거에 비춰 그 상황의 일어남직한 정도에 대

한 행위자의 믿음을 반영한 것이다. 그래서 행위자가 할당하는 개연도는 그 행위자의 태도적 결단을 의미하는 것이다. 이를테면 한 가설 p의 개연도 pr(p)에 0.9를 부여하는 행위자는 (p이면 100원, p가 아니면 0원)의 내기판에 90원을 거는 선택이 합리적이라고 믿는다. 따라서 소망도와 개연도에 의거해 셈해지는 그 행위의 가치는 행위자의 주관적 기대 가치 또는 기대 효용을 나타낸다.

이제 수인의 딜레머로 돌아가보자. 우리는 상반된 결론에 이를 수 있는 두 추론 방법을 갖고 있다. 수인들의 행위 선택간에 인과적 개연 관계는 없지만 조건적 개연 관계가 있을 때 그런 상충은 생겨날 수 있다. 반면에 인과적 의존 관계가 있고, 인과적 개연도를 셈할 수 있으면 자백만이 합리적 선택으로 추천되지 않을 수도 있다. 다음의 예는 이 점을 잘 드러내준다. 이집트는 이스라엘에 선전 포고 여부를, 이스라엘은 점령 지역에서의 철수 여부를 결단해야 하는 상황이다. 가능한 결과에 대한 이스라엘의 선호는 다음이라고 하자.

이스라엘＼이집트	평 화	전 쟁	인과적 기대 가치
철 수	차 선 (5)0.8	최 악 (−5)0.2	5×0.8+(−5)×0.2=3
주 둔	최 선 (10)0.2	차 악 (−10)0.8	10×0.2+(−10)×0.8=−6

이집트가 전쟁을 걸어오는 경우에 주둔해 있는 것이 더 낫다. 그렇지 않은 경우에도 그렇다. 다른 말로, 이스라엘의 입장에서 주둔 행위는 철수 행위를 어느 경우에도 지배한다. 그래서 이스라엘은 주둔해 있는 것이 합리적인 듯하다. 그러나 이 결단은 이스라엘의 결단이 이집트의 행동에 인과적 영향을 미치지 않는다

는 가정하에서만 타당하다. 주둔하면 전쟁을 일으킬 듯하고 철수하면 평화를 가져올 듯하다면, 차선과 차악의 결과가 평가 저울을 기울게 하는 결정적 역할을 할 것이다. 앞의 행렬에 적힌 수가 그 소망도와 개연도를 나타낸다면 철수 행위가 주둔 행위보다 그 기대 가치가 더 높다. 그래서 철수가 합리적 선택이다. 지배 원리와 기대 효용 최대화 원리의 상반된 결론은 인과적 의존이 없지만 조건적 또는 증거적 의존이 있는 경우에 내려질 수 있다. 증거적 의존 관계도 없는 경우에는 그 두 원리는 동일한 결론을 내린다. 즉, 지배적 행위를 선택하는 것이 합리적이라는 결론을 내린다.

행위 선택과 상황들의 인과적 의존은 없지만 증거적 의존은 있는 결단 상황에서, 지배 원리와 기대 효용 원리가 상반된 선택을 충고한다면 과연 어느 충고를 좇는 것이 합리적인가? 이 상황을 적나라하게 보여준 것은 잘 알려진 뉴콤(Newcomb)의 문제다.

그 문제 상황을 약술하면 이러하다. 당신은 앞의 두 상자를 놓고 가능한 두 행위 중의 하나를 선택해야 한다. 두 상자 중의 한 상자는 투명하며 천불이 들어 있다. 딴 한 상자는 불투명하며 백만 달러가 들어 있을 수도 있고 아예 없을 수도 있다. 당신에게 제시된 선택지는 두 상자를 모두 갖거나 불투명한 한 상자만을 갖는 것이다.

그런데 백발백중의 한 예언가가 당신이 한 상자만을 취할 것을 예측했다면 당신의 선택에 앞서 그 불투명한 상자에 백만 달러를 넣었을 것이고 두 상자를 취할 것을 예측했다면 그것을 빈 상자로 그냥 놓았을 것이다.

당신은 과연 어느 행위를 선택해야 하는가? 다음의 결과 행렬을 놓고 당신은 숙고해야 한다.

행 위 ＼ 상 황	한 상자 예언	두 상자 예언
한 상자	$1M	$0
두 상자	$1M + $1000	$1000

지배 원리는 이렇게 권고한다. 이미 예언했을 터이므로 당신이 어느 행위를 선택하든 그것은 그 예언에 아무런 영향을 주지 않는다. 다시 말해서 백만 달러의 내재 여부는 당신의 선택과 상관없이 이미 결정돼 있다. 따라서 들어 있든 없든간에 두 상자를 갖는 것이 더 낫다. 두 상자를 모두 취하는 것이 합리적 행위다. 그럼에도 증거적 기대 효용 원리는 다른 선택을 권고한다. 그 추론은 이러하다.

(i)당신이 한 상자를 선택하면, 예언가가 그것을 예측하고 그 상자에 $1M을 넣었을 것이 틀림없다. 틀림없이 $1M을 얻을 것이다.

(ii)당신이 두 상자를 선택하면, 예언가가 그것을 예측하고 한 상자를 그냥 비워두었을 것이 틀림없다. 틀림없이 $1000만 얻을 것이다.

(iii)고로, 한 상자만을 취하는 것이 합리적 행위다.

우리는 여기서 수인의 딜레머가 일종의 뉴콤 문제임을 깨닫는다. 문제는 한 행위의 기대 효용, 기대 가치를 결정하는 개연도가 인과적이어야만 하는가, 아니면 증거적인 것일 수도 있는가다. 다시 말해서 한 행위가 그 가능 결과들과 맺고 있는 인과적 연관도만이 그 효용적 가치를 결정하는가, 아니면 증거적 연관도가 그 효용적 가치를 결정하는가의 문제다.

나는 이 문제를 양자택일의 문제로 보지 않는다. 인과적 연관과 증거적 연관이 함께 행위의 기대 가치를 결정한다고 본다. 그런 관점이 일상적 행동과 선택을 기술하고 설명하는 데에 더 적합한 개념망을 제공할 수 있다고 본다. 인과적 기대 가치가 적음에도, 수인적 결단 상황에서 많은 사람들이 무임 편승하지 않으며 침묵을 지키려 하는 사실은 인과적 효용만으로는 그 합리성이 설명되기 어렵다. 한 행위의 효용적 가치가 그것이 빚어내는 가능한 결과들과의 인과적 연관도에 의해 결정된다고 보는 관점은 근본적으로 행동들을 그 행위자의 도구들로서 보는 것에 해당한다. 그런데 행위자와 그 인생이란 행동들의 집합이고 그 연속사에 다름이 아니다.

인생사를 이루는 행동들은 데이빗슨이 잘 지적했듯이 물리적 사건들이기도 하지만 정신적 사건들이기도 하다. t 시각에 나의 입에 물이 들어가는 사건은 물리적 사건이다. 그런데 그것이 물을 마실 의도 또는 작정에서 유래한 사건이면 그것은 동시에 내가 물을 마시는 행동이기도 하다. 한 물리 사건이 동시에 한 행동일 때에 그것은 행위자와 의미적 연관을 갖고 있다. 여기서 원인 관계와 증거 관계의 개념적 차이는 중요한 의미를 띤다. A가 B의 원인이라는 것은 A가 B를 초래한다는 것을 뜻한다. A가 B의 증거라는 것은 A가 B에 대한 기대를 정당화한다는 것을 뜻한다. 인과적 연관은 외연적 관계이지만 증거적 연관은 내포적 관계인 셈이다. 그런데 앞의 예에서 간파할 수 있듯이 행동들이 세상사와 갖는 관계는 외연적이고도 내포적이다. 따라서 행동의 결단적 가치가 오로지 인과적 효용, 곧 도구적 효용에 의해서 결정될 수는 없다.

5

마지막으로 지네 게임의 역설을 성찰하면서 도구적 합리성의 의미를 반성해보자. 갑과 을 앞에 한 움큼의 금화가 놓여 있다. 각자는 차례로 한 번에 금화 두 닢이나 세 닢을 취할 수 있다. 두 닢을 취하면 다음 차례가 온다. 그러나 세 닢을 취하자마자,

또는 한 닢만 남아 있으면, 게임은 종료되며 남아 있던 금화도 치워진다. 이제 9개의 금화를 놓고 벌어진 게임 상황을 다음의 지네 모습으로 보일 수 있다.

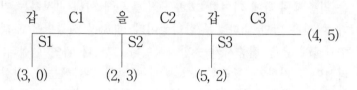

내려간 빗금은 세 닢의 한 가능한 선택을 표시하며 괄호 안의 수들은 갑과 을의 게임에서 취한 결과를 가리킨다. 그래서 갑이 세 닢을 처음부터 취하면 그 결과는 (3, 0)이다. 세 닢을 취해서 게임을 종료시키는 선택들은 "S"로 낙인돼 있다. 두 닢을 취해서 게임을 진행시키는 선택들은 "C"로 낙인돼 있다. 갑과 을 모두 똑같이 이 게임의 구조를 알고 있다. 바로 그 사실도 똑같이 알고 있다. 그리고 둘 다 자신의 이익을 최대화하려 한다는 것을 알고 있다. 그렇다면, 우리는 갑이 S1을 선택할 것임을 증명할 수 있다. 그 이유는 쉽게 밝혀진다. 그 게임의 셋째 마디까지 진행되면 갑은 S3를 선택할 것이다. 그래서 둘째 마디에 이르면 을은 S2를 선택할 것이다. 그러므로 갑은 S1을 선택할 것이다. 끝까지 가서 서로 차선인 (4, 5)를 취하지 않고 제 자신에게 차악에 불과하고 상대방에게는 최악의 결과를 안겨주는 선택을 하고만다. 과연 이 선택이 어떻게 합리적이란 말인가. 그런데 처음에 아무리 많은 금화를 놓고 같은 게임을 벌이더라도 그 결론은 동일할 것임을 우리는 또한 쉽게 증명할 수 있다. 깜짝 놀랄 일이다. 금화 100닢을 놓고 벌이는 지네 게임을 상상해보라. 둘 다 훨씬 더 많은 금화를 취하는 과정을 진행시킬 것이라는 기대 속에서 처음에 갑이 금화 두 닢을 취하는 것이 정말 반합리적인 선택인가. 더 이로운 것을 얻으려는 개인들의 합리적 게임에서, 사회적 활동에서 이런 몰상식한 선택을 권고하는 합리성은 도대체 무엇이 잘못돼 있는 것일까.

지네 게임에 참여한 개인에게 한 행위의 기대 가치는 그것이 초래할 마지막 결과에 비춰 셈해진다. 그것은 한 행위의 합리성을 최종적 수확에 기여한 그 도구적 효용에 의해 결정하는 것이다. 이것은 앞만 내다보는 합리성이다. 합리성 신경망을 도래할 수확물에 온통 집중시키는 합리성이다. 그러나 과연 현실의 합리성이 그러한가. 합리성이 도대체 어떻게 진화했는가. 현실은 합리성의 터전이다. 그것은 협동적 행동들과 제도적 관행을 동력의 원천으로 삼고 있는 언어 게임을 실천하는 역사적 광장이기도 하다. 그 현실은 합리성으로 하여금 뒤를 볼아보게 한다. 실은 뒤를 보지 않고는, 기존의 실천적 역사에 참여하지 않고는 합리적으로 행동하는 개인은 탄생할 수조차 없다는 것이 더 맞는 말이다. 언어를 배우는 일을 상상해보라.

이 마당에서 한 행동이 인과적으로 초래하는, 증거적으로 가리키는 그리고 상징적으로 의미하는 결과들의 효용도를 총괄하여 그것의 결단 가치가 셈해져야 한다는 노직의 제안은 경청할 만하다. 인과적 효용도, 증거적 효용도 그리고 상징적 효용도가 모두 어우러져 있는 효용도에 의해 한 행위의 기대 효용은 산출된다. 효용도에 세 가지 종류가 있다는 것이 아니다. 행위가 그 결과와 맺고 있는 세 종류의 연관 관계가 있다는 것이다. 그래서 한 행위의 결단적 가치는 그것의 인과적 기대 효용과 증거적 기대 효용, 그리고 상징적 기대 효용을 합한 것이다. 그런데 각각의 효용 가치에 어떤 가중치 또는 어떤 비율을 매기는가는 행위자의 또 다른 합리적 결단의 문제일 것이다.

우리는 앞서, 한 행위자가 어느 가설 p에 0.9의 개연도를 부여한다는 것은 그가 (p이면 100원, 아니면 0원)에 90원의 내기 값을 합리적 선택으로 삼는다는 것으로 해석한 적이 있다. 이것이 일종의 결단이듯이 인과적 결단 이론, 증거적 결단 이론, 그리고 상징적 결단 이론에 어떤 개연도를 그 가중치로서 삼는 것도 그 행위자의 결단적 사항이다.

6

왜 우리는 자신을 이롭게 하려 하는가. 여기에 그 어떤 비순환적 이유를 대는 것은 궁색하다. 그 자체가 합리적 행동이 추구하는 원리라고 보아도 무방하다. 마찬가지로 왜 우리가 자신의 욕구와 목표를 가장 경제적이고 효과적인 방식으로 추구해야 하는가에 그 어떤 비순환적 이유를 대는 것도 궁색하게 보인다. 합리성은 도구적 의미를 갖는다. 그것은 받아들여야 한다. 문제는 그것이 합리성의 전부인가다. 한 행동의 인과적 효용은 분명히 그것의 도구적 가치다. 그러나 증거적 효용과 상징적 효용은 도구적 의미를 벗어나 있다. 한 행동이 정당하게 기대하도록 해주는 것은 무엇인가? 그리고 그것이 상징적으로 암시하는 것은 무엇인가? 이 물음은 우리의 언어적 삶과 유리돼서 던져질 수 없는 것이다.

언어 활동은 규칙을 따르는 활동이다. 우리의 합리적 능력은 그런 언어 활동을 떠나서 이해될 수 없다. 그런데 그 언어 활동은 개인들의 고독한 판단과 선택, 그리고 실행을 기반으로 일어나는 것이 아니다. 비트겐슈타인의 다음 말을 귀담아 두어야 할 필요가 있다.

§217. "어떻게 나는 어떤 하나의 규칙을 따를 수 있는가?"—이것이 원인에 관한 물음이 아니라면, 그것은 내가 그 규칙에 따라 그렇게 행동하는 데 대한 정당화의 물음이다.

§219. 나는 규칙을 따를 때, 나는 선택하지 않는다. 나는 규칙을 맹목적으로 따른다.

§202. 그렇기 때문에 '규칙을 따른다.'는 것은 하나의 실천이다. 그리고 규칙을 따른다고 믿 는것은 규칙을 따르는 것이 아니다. 그렇기 때문에 우리는 규칙을 '사적으로' 따를 수 없다.

§224. '일치'라는 낱말과 '규칙'이란 낱말은 서로 근 친 척이다.

§241. 그리고 언 어내에서 사람들은 일치한다. 이것은 의견들의 일치가 아니라, 삶의 형태의 일치다.

처음부터 거두어들일 수확의 앞날만 숙고하는 지네 게임의 참여자는 언어 활동에서 벗어나 있는 추상적 개인이다. 그런 추상적 개인은 인식적 기대를 할 수도 없고 상징적 의미를 이해할 수도 없다. 따라서 지네 게임의 가정, 똑같이 게임 구조를 알고 있으며 바로 그 사실도 알고 있다는 가정은 근본적으로 그 개인에게 적용될 수 있는 가정이 아닌 셈이다.

결단하는 합리적 개개인은 판결로써만 모든 것을 말하는 고독한 판사가 아니다. 유죄와 무죄, 선과 악은 제시된 증거들에 비춰 배심원들의 전원 일치로 결정된다. 그런데 그 증거력은 어디서 오는가. 왜 그것은 일치하는 동의를 요구할 수 있는가. 증거력은 정당한 기대를 갖게 하는 힘이다. 그 힘은 배심원들에게 동일한 기대를 갖게 할 때에만 그 정당화 능력이 확인되기 때문이다. 그런데 바로 이 능력은 언어 게임의 협동적 실천에서만 살아 숨쉬는 문화적 삶의 능력이다.

한 행동의 인과적 기대 효용은 도구적 합리성에 걸맞는 효용이다. 그것만으로 행동의 가치를 셈하는 것, 행동의 증거적 효용과 상징적 효용을 사상해버리는 것은 현실에 사는 문화적 개인을 모범적 행위자로서 보지 않은 것이다. 그것은 마치 배심원의 평결을 결코 믿지 않는 고독한 판사의 관점과 같다. 그런 관점은 결단적 행동을 기술하고 권고할 수 있는 현실적 관점이기에는 너무 인간적이지 않다. ■

비단조 논리적 합리성

정 영 기
(고려대학교)

1. 머리말

합리성 개념은 대개 두 가지 측면에서 문제된다. 첫째는 이론 선택의 측면에서 고려되는 과학의 합리성이다. 과학 이론의 선택에 있어서 여러 이론들을 비교하여 좋은 이론을 선택하기 위한 객관적 기준이 있다고 보는 합리주의자와 그 반대 의견을 주장하는 상대주의자가 있다. 합리주의자는 좋은 이론을 선택함으로서 과학의 발전을 꾀할 수 있다고 주장한다. 두 번째는 의사 결정의 측면에서 고려되는 행위의 합리성이다. 우리는 각자의 목적 실현을 위해 의사 결정을 하며 살아가는데, 많은 행위들 가운데 목적 달성에 가장 효율적인 행위를 합리적인 행위라고 말한다. 필자는 행위의 합리성 문제를 논의하고자 한다.

행위의 합리성을 논의함에 있어서 이제까지 큰 흐름은 기대 효용(expected utility) 이론이었다. 기대 효용 이론에 의하면 합리적 행위는 기대 효용을 극대화하는 행위다. 이 경우 합리적 행위는 확률론에 기초한다. 합리적 행위는 가능한 모든 대안들에 대해 확률 분포를 할당하여 기대 효용을 극대화하는 행위를 말한다. 고전적 합리성 개념의 기초가 되는 기대 효용 이론은 많은 비판을 받고 있으며, 특히 현대 인지심리학에서 매우 실증적인 비판을 제기하고 있다. 기대 효용 이론은 의사 결정자가 고정되고 알려진 대안들 가운데 선택하는 이론인데, 이 경우 각각의 대안에는 알려진 결과가 할당된다. 그러나 의사 결정자와 객관적인 환경 사이에 지각과 인지가 개입하게 되면 기대 효용 모델은 더 이상 적절하지 않게 된다.[1] 체니악(C. Cherniak)은 최근까지도 철학에서는 매우 이상적인 합리성 개념을 무비판적으로 수용하였음을 지적하고 최소 합리성(minimal rationality) 개념을 제시한다.[2] 이상적인 합리적 행위자는 분명히 적절한 모든 행위를 그리고 그것만을 수행할 것이다. 그러나 최소 합리성에 의하면 합리적 행위자는 분명하게 적절한 행위 전부는 꼭 아니지만 일부를 수행할 것이다.[3]

기대 효용 이론에 기초한 고전적 합리성 이론은 앞에서 지적한 문제 이외에도 외적인 문제도 갖고 있다. 외적인 문제란 현대 사회가 정보화 사회라는 점을 고려해볼 때 지적될 수 있는 문제다. 현대 사회는 정보화 사회(information-oriented society)다. 정보화 사회란 정보가 사회 조직의 원리를 제공하고 산업 구조의 기틀이 될 뿐만 아니라 사회 변동의 원동력이 되는 사회를 말한다.[4] 다른 어떤 사회보다 정보화 사회에서는 관련 정보를 전부 소유한다는 것이 불가능하다. 필요한 정보를 선택할 수밖에 없다. 우리는 불완전한 정보에 기초하여 행위할 수밖에 없으며 새로운 정보의 출현에 귀를 기울여야 한다. 따라서 기존 신념을 견지하는 것보다 기존 신념을 새로운 정보에 따라 적절하게 수

1) H. A. Simon(1959), "Theories of decision making in economics and behavioral science", American Economic Review 49, pp.253-283.
2) C. Cherniak,(1992), Minimal Rationality, Cambridge, MA: MIT Press, p.3.
3) C. Cherniak,(1992), p.9.
4) 이초식(1996), "정보 혁명의 선택", 『계간 과학 사상』 제18호, (주)범양사, p.9.

정하는 것이 현명하다. 정보가 완전하게 얻어질 때까지 행위를 하지 않고 기다릴 수도 없다. 상황이 복잡하게 변화하며 언제 어느 때 무슨 정보가 유입될 것이지에 대해 우리는 알 수 없기 때문이다. 어떤 하나의 정보는 일의 성패를 좌우할 정도로 중요하기도 하다. 따라서 우리는 일정한 정보에 기초하여 결론을 내리지만 그 결론이 최종적인 결론이 아니며 새로운 정보가 부가됨에 따라 결론이 수정될 수 있음을 인정하는 태도가 정보 사회에 적응하는 태도일 것이다.

필자는 고전적 합리성 개념의 문제점과 현대 정보화 사회의 특성을 고려하여 새로운 합리성 개념을 제기하고자 하며 그 합리성 개념은 비단조 논리(nonmonotonic logic)에서 찾아볼 수 있다고 주장한다. 우선 고전적 합리성 개념부터 고찰해보자.

2. 고전적 합리성 개념

합리성의 본질을 밝혀보려는 최근의 많은 철학자들은 행동주의적 접근을 버리고 의사 결정 이론적 접근을 시도한다.[5] 새먼(M. H. Salmon)에 의하면, 의사 결정 이론적 합리성은 다음과 같은 가정에 기초한다. 즉 행위자는 다양한 행위 결과와 독립적으로 행위하며 확률적인 지식만을 가진다. 또한 의사 결정 이론적 합리성은 행위자가 신념을 형성할 때 사용 가능한 증거를 훌륭하게 이용한다고 가정하지 않는다. 행위자의 신념이 편견에 기초하더라도 그 행위는 합리적일 수 있다.

의사 결정 이론은 어떤 주어진 목적이 있고 이 목적을 달성하기 위한 하나 이상의 방법이 있을 때 이 목적을 달성하기 위한

---

5) M. H. Salmon(1989), "Explanation in the Social Sciences" in Kitcher, P. and Salmon, W. C. (eds.), (1989), Minnesota Studies in the Philosophy of Science, XⅢ; Scientific Explanation, University of Minnesota Press. p.395.

최적의 방법을 선택하는 과정이다. 의사 결정 상황이란, 한 사람이 (또는 한 그룹이) 선택 가능한 여러 행위에 직면해 있지만 주어진 상황과 각 행위의 결과에 대해 불완전한 정보만을 가지고 있는 경우를 말한다. 문제는 사용 가능한 정보와 관련하여 합리적인 (최적인) 행위나 합리성 (최적성)의 기준에 일치하는 행위를 선택하는 것이다.

의사 결정은 정보를 수집하고 가설을 세우고 문제를 해결하는 과정이며 사용 가능한 정보를 효율적으로 처리하는 과정이다. 의사 결정 과정은 의사 결정의 목적을 정하고 주어진 상태를 나열하고 선택 가능한 행위를 고려하고 각 행위의 결과를 나열하여 각 행위의 결과와 기대 효용을 산출한 다음 최대의 기대 효용을 가진 행위를 최적 행위로 선택한다. 한편, 의사 결정은 모든 가능한 사용 가능한 정보를 고려해서 판단할 때 가능하다. 정보는 가치를 가지고 있다. 여러 가능한 행위 가운데 어떤 행위를 선택하는가 하는 문제는 획득 가능한 정보에 달려 있다. 또한 정보는 일정한 대가를 지불해야만 얻을 수 있으며 정보를 생산하는 데는 비용이 든다. 최소의 비용으로 최대의 효용을 산출해야 하는 의사 결정 이론은 정보 처리 과정으로 이해할 수 있다.

기대 효용 최대화의 이론은 18세기 수학자 베르누이(D. Berno-ulli)와 베이즈(T. Bayes)에 의해 구상되었으므로 기대 효용 최대화 이론에 기초한 합리성을 고전적 합리성 이론이라고 해보자. 헴펠(C. G. Hempel)도 고전적 합리성 개념을 주장하고 있다. 헴펠이 주장하는 합리적인 의사 결정자는 선택에 직면하여 기대 효용을 최대화하는 행위를 선호하는 행위자다.

헴펠은 행위의 합리성을 성향적 성질(dispositional property)로 간주한다.[6] 어떤 사람을 합리적 행위자라고 말하는 것은 그에게 어떤 복합적인 성향을 귀속시키는 것이다. 헴펠에 의하면

---

6) C. G. Hempel(1965), Aspects of Scientific Explanation and Other Essays in the Philosophy of Science, New York, The Free Press, p.472.

행위의 합리성은 주어진 정보에 비추어볼 때, 구체적인 목적을 성취하기 위한 적절한 수단을 선택하는 것으로 이해된다.[7] 헴펠의 의미에서 합리적인 성향이 있다는 것은 행위자의 능력과 신념과 전체적인 목적 외에 방해 요인이 없을 경우 어떤 합리적 행위자든 그 상황에서 성공적으로 행위하는 것을 의미한다.

헴펠은 합리성을 기대 효용 극대화(maximizing expected utility)에 의해 정의한다. 합리성의 기준으로서 기대 효용 극대화를 받아들일 경우, 행위자가 C 형태의 상황에서 합리적으로 행위하는 성향이 있다면 그 행위자가 X를 행할 것이라고 말하는 것은 C 형태의 상황에서 행위 X는 기대 효용을 극대화한다고 말하는 것과 동일한 의미다. 한 행위는 그 행위의 기대치가 다른 대안적인 기대치에 의해 초과되지 않는다는 의미에서 최대일 경우 합리적이다.[8] 한 행위의 기대치는 행위의 가능한 결과 각각에 대해 그 확률과 기대치를 곱하고 그 합을 더하여 결정한다.[9] 예를 들어보자. 외과 의사 박씨는 수술과 불간섭의 두 선택지만을 갖고 있다고 생각해보자. 그리고 환자는 최종 결정을 박씨에게 부탁하였다고 하자. 박씨가 생각하기에 수술은 환자가 낫는 60퍼센트의 확률을 갖고 있으며, 박씨는 그것에 100의 값을 준다. 또한 수술은 환자가 죽는 40퍼센트의 확률을 갖고 있으며, 박씨는 그것에 −75의 값을 준다. 한편, 박씨가 생각하기에 불간섭은 환자가 낫는 50퍼센트의 확률을 갖고 있으며, 환자가 죽는 20퍼센트의 확률을 갖고 있으며, 오랜 후에 부분적으로 환자가 낫는 30퍼센트의 확률을 갖고 있으며, 박씨는 그것에 30의 값을 준다. 결과적으로 수술은 $(.60 \times 100) + (.40 \times -75) = 30$의 기대치를 가지며, 불간섭은 $(.50 \times 100) + (.20 \times -75) + (.30 \times 30) = 44$의 기

---

7) C. G. Hempel(1965), p. 465.
8) C. G. Hempel(1961), "Rational Action" Reprinted in N. Care & C. Landsman (ed.) Readings in the Theory of Action(Indian University Press, 1968). pp.285-6.
9) C. G. Hempel(1961), p. 285.

대치를 갖는다. 따라서 합리적 행위는 불간섭이다.

헴펠의 합리적 행위는 주어진 목적을 성취하기 위해 가장 효과적인 수단을 선택하는 행위다. 그런 의미에서 헴펠의 합리성은 도구적 합리성(instrumental rationality)이다.10) 도구주의자들은 행위의 목적의 성격에 대해서는 관심을 갖지 않는다. 그들의 입장에서 합리적 행위의 중요성은 행위자의 목적을 성취하기 위한 수단으로서 그 행위의 성공 여부다. 합리적 행위의 핵심은 행위할 때 행위자의 목적과의 적절성이다. 한 행위가 합리적인가 하는 문제는, 그 행위가 행위자의 목적을 만족스러운 방식으로 실현하는 것으로 보일 때는 발생하지 않는다. 오디(R. Audi)에 의하면 합리적 행위의 문제는 그 행위가 행위자의 목적 실현에 기여하는가가 분명하지 않을 때 발생한다.11)

헴펠은 기존의 도구주의자의 견해에 한 가지 요건을 부가한다. 그 요건은 합리적 행위는 적절한 신념과 바람에 의해 설명되어야 한다는 요건이다. 헴펠에 의하면 한 행위의 합리성 여부는 그 행위가 성취하고자 하는 목적(또는 바람)과 결정의 시기에 사용 가능한 적절한 경험적 정보에 의존한다. 다시 말하면 주어진 정보에 기초하여 한 행위가 그 목적을 성취하는 최선의 전망을 제공한다면 그 행위를 합리적이라고 부를 수 있다.12) 따라서 헴펠에게서 행위의 합리성은, 주어진 정보에 비추어 구체적인 목적을 성취하기 위한 적절성으로서 상대적인 의미에서 이해된다.13)

헴펠에게서 합리적인 의사 결정자는 선택에 직면하여 기대 효용을 극대화하는 행위를 선호하는 행위자다. 기대 효용 이론에 의하면 합리적 행위는 기대 효용을 극대화하는 행위다. 어느 행

---

10) R. Audi(1985), "Rationality and valuation", in Rationality in action, Moser, P. K.(ed.)(1990), Cambridge University Press. p.416.
11) R. Audi(1985), p.417.
12) C. G. Hempel(1961), p.282.
13) C. G. Hempel(1965), p.463.

위를 선택할 것이냐의 문제는 어떤 사태가 일어날 것인가의 문제에 달려 있으며 또한 그 행위들이 초래할 결과들이 어느 정도 바람직하느냐에 달려 있다. 따라서 행위 결단은 인식 근거에 의거한 사실 판단과 평가 근거에 의거한 가치 판단이 조화를 이루게 될 때 비로소 합리적으로 수행될 수 있다. 이와 같은 의사 결정의 합리적 기준으로 제시된 것이 기대 효용 극대화의 원리다.[14]

사이먼(H. A. Simon)에 의하면 기대 효용 이론은 다음과 같이 네 가지를 전제하고 있다.[15] 첫째, 의사 결정자는 잘 정의된 효용 함수를 갖고 있으며 특정한 사건에 대한 호감의 측정으로서 수치를 할당할 수 있다. 둘째, 의사 결정자는 일련의 대안들에 직면해 있다. 셋째, 의사 결정자는 모든 미래의 사건에 대해 일관된 확률 분포를 할당할 수 있다. 넷째, 의사 결정자는 일련의 사건들의 기대 효용을 극대화하는 대안을 선택할 것이다.

사이먼은 기대 효용 이론이 20세기 전반기의 인상적인 지적 업적 중의 하나라고 말하지만,[16] 기대 효용 극대화 이론을 가장 주도적으로 비판한다. 기대 효용 이론은 의사 결정자가 자신 앞에 놓여 있는 모든 것들을 포괄적으로 이해하고 있으며, 그 순간만이 아니라 미래의 순간에 자신에게 열려져 있는 모든 대안들을 이해하고 있다고 가정한다.

3. 고전적 합리성 개념 비판

앞에서 살펴본 바대로 고전적 합리성은 기대 효용 이론에 기

---

14) 이초식(1985), "의사 결정의 논리", 『논리 연구─현안 김준섭 박사 고희 기념』, 문학과 지성사. p.183.
15) H. A. Simon(1983), "Alternative vision of rationality", In P. K. Moser(ed.) (1990), Rationality in action, Cambridge University Press. p.194.
16) H. A. Simon(1983), p.194.

초하고 있다. 기대 효용 이론은 여러 가지 난점을 지니고 있다. 의사 결정에서 기대 효용 이론은 심리학적 근거에서 도전을 받는다. 기대 효용 이론은 의사 결정자가 고정되고 알려진 대안들 가운데 선택하는 이론인데, 이 경우 각각의 대안에는 알려진 결과가 할당된다. 그러나 의사 결정자와 객관적인 환경 사이에 지각과 인지가 개입하게 되면 기대 효용 모델은 더 이상 적절하지 않게 된다.17) 인지심리학은 의사 결정의 경험적 연구에 많은 영향을 미치고 있다.

개인이 안정적으로 선호하고 그 선호(preference)가 정확하게 측정된다면 그 선호는 동일한 선택 문제에서 불변적일(invariant) 것이다. 그러나 많은 연구들은 그 불변성이 존재하지 않는다는 것을 보여주었다.18) 선호는 선택 문제가 기술되고 구조되는 방식에 따라, 그리고 표현되는 반응 양식에 따라 민감하게 반응한다. 카네만(D. Kahneman)과 트베르스키(A. Tversky)는 이것을 잘 지적하고 있다. 한 가지 예를 들어보자.19)

[문제-1]

미국은 600명이 죽을 것으로 예상되는 이상한 질병을 대비하고 있다. 이 질병에 대응하려는 두 가지 대안이 제시되었다. 그 프로그램의 결과에 대한 과학적인 예상이 다음과 같다고 가정하자.

프로그램 A가 선택되면 200명이 구조될 것이다.

프로그램 B가 선택되면 600명이 구조될 확률은 3분의 1이고 한 사람도 구조되지 못할 확률은 3분의 2다.

---

17) H. A. Simon(1959), "Theories of decision making in economics and behavioral science", American Economic Review 49, pp.253-283.

18) P. Slovic(1990), "Choice", In D. N. Osherson, and E. E. Smith(eds.)(1990), Thinking-An Invitation to Cognitive Science, Volume 3, The MIT Press. p.102.

19) A. Tversky, and D. Kahneman(1981), "The Framing of Decision and the Psychology of Choice", In G. Wright(1985), Behavioral Decision Making, Plenum Press, New York, pp.26-27.

[문제-1]에서 대부분의 선택은 위험 '회피(risk averse)다. 확실하게 200명을 구조한다는 전망은 600명을 구조하는 3분의 1의 확률보다 더 매력적이다.

[문제-2]
동일한 문제에 대해 다음과 같은 결과가 나왔다고 가정하자.
프로그램 C가 선택되면 400명이 죽을 것이다.
프로그램 D가 선택되면 어느 누구도 죽지 않을 확률은 3분의 1이고 600명이 죽을 확률은 3분의 2다.

[문제-2]에서 대부분의 선택은 위험 감수(risk taking)다. 400명의 확실한 죽음은 600명이 죽을 3분의 2의 확률보다 덜 매력적이다. [문제-1]과 [문제-2]에 대한 선호는 공통적인 패턴을 보여준다. 이익을 포함하는 선택은 종종 위험 회피이고 손실을 포함하는 선택은 종종 위험 감수다. 두 문제의 유일한 차이는 [문제-1]에서는 결과가 구조된 사람 수에 의해 표현된 반면 [문제-2]에서는 결과가 죽은 사람 수에 의해 표현된 것이다.[20]

두 문제는 형식적으로 동일한 반면 그 문제가 야기하는 선호는 전혀 다를 수 있다. 대학생을 대상으로 한 연구에서, 72퍼센트는 프로그램 B보다 프로그램 A를 선택하였으며, 78퍼센트는 프로그램 C보다 프로그램 D를 선택하였다. 카네만과 트베르스키는 이익과 손실에 대한 심리학적 지각을 표현하는 가치 함수를 언급함으로써 선호의 반전(reversals of preference)을 설명한다. 즉, 손실에서 입는 상처의 정도가 이익에서 얻는 기쁨의 정도보다 더 크고 심하다는 것이다. 이에 대해서는 설명이 필요하다.

트베르스키와 카네만은 기대 효용 이론에 대한 대안으로써 전망 이론(prospect theory)을 제시한다.[21] 전망 이론에서 가치는

---

20) A. Tversky, and D. Kahneman(1981), p.27.
21) D. Kahneman, and A. Tversky(1979), "Prospect Theory: An Analysis of Decision Under Risk", Econometrica, Vol. 47. pp.263-97.

자산의 최종 가치를 의미하는 것이 아니라 그 최종 가치를 형성하는 과정에서 득-실(gains-losses)에 할당되는 가치, 즉 재산 규모의 변화나 차이에 대한 상대적 규모의 평가에 의해 할당되는 가치를 의미한다. 이러한 가치를 나타내는 함수는 그 곡선의 모양이 기존 자산을 준거점으로 할 때 이득에 대해서는 오목하고 손실에 대해서는 볼록한데, 이득의 경우보다는 손실의 경우에 더 큰 기울기를 갖는다. 그 이유는 인간이 부의 변화를 경험함에 있어서 일정액의 금전을 얻을 때 느끼는 즐거움보다는 같은 액수를 잃을 때 느끼는 불쾌감의 증대율이 상대적으로 크다는 점 때문이다.22)

기대 효용 이론은 모든 선택지가 가치나 효용을 가진다는 이유에서 선택지에 대한 판단과 판단에 기초한 선택이 동일하다고 전제한다. 즉, 기대 효용 이론은 판단과 선택의 동일성을 가정한다. 그러나 많은 연구들에 의하면 선택 과정에서 사용된 정보 처리 메커니즘과 선택지를 판단하는데 사용된 메커니즘은 매우 다르다.23) 동일한 선택지에 대한 선택과 평가적인 판단은 상당히 다르다. 선택은 개별 선택지에 대해 판단할 때 사용된 메커니즘과 매우 다른 형식의 추리를 수행한다.

슬로빅(P. Slovic)과 리히텐슈타인(S. Lichtenstein)24)에 의하면 도박의 매력에 대한 평가와 도박들 사이의 선택은 돈을 잃고 따는 확률에 의해 영향받지만 도박에 거는 돈은 따거나 잃을 수 있는 돈의 양에 의해 결정된다. 즉, 도박에 대한 판단과 실제로 도박에 돈을 거는 것은 다르다는 것이다. 그들은 다음과 같은 가정을 세운다. 도박을 선택하고 돈을 걸 때 다른 정보를 받는다면,

22) I. S. Currim, and R. K. Sarin(1989), "Prospect Versus Utility", Management Science, Vol. 35, p.24.
23) P. Slovic(1990), p.105.
24) P. Slovic, and S. Lichtenstein(1968), "The relative importance of probabilities and payoffs in risk-taking", Journal of Experimental Psychology Monograph Supplement 78(3, pt. 2), pp.1-18.

동일한 사람이 특정한 도박을 선택하지만 다른 도박에 돈을 더 많이 거는 도박판을 구성할 수 있다. 예를 들어보자.25) 한 개의 칩(chip)은 25센트의 가치를 가지고 있다.

도박 A
- 12개의 칩 얻을 수 있는 12분의 11의 확률
- 24개의 칩을 잃을 수 있는 12분의 1의 확률

도박 B
- 79개의 칩을 얻을 수 있는 12분의 2의 확률
- 5개의 칩을 잃을 수 있는 12분의 10의 확률

두 도박에서 따거나 잃을 수 있는 돈의 양은 동일하다. 도박 A : $(12 \times 11/12 = 11) - (24 \times 1/12 = 2) = 9$, 도박 B : $(2/12 \times 79 = 13.1) - (10/12 \times 5 = 4.1) = 9$. 그러나 조사 대상 중 88퍼센트는 도박 B에 더 많은 돈을 걸었으며, 도박 A를 선택한 사람들 중 87퍼센트는 도박 B에 더 많은 돈을 걸었다. 이것은 사소한 모순이 아니라고 슬로빅은 말한다. 이러한 선호의 반전은 위험하의 선택에 대한 연구에서 많이 나타난다.26) 경제학자인 그레더(D. M. Grether)와 플롯(C. R. Plott)은 기대 효용 이론에서처럼 인간의 선호가 안정되거나 일관적이지 않다는 것을 지적한다.27) 그들에 의하면 선호의 반전을 제거하려는 많은 시도에도 불구하고 선호의 반전은 여전히 남아 있다. 더욱이 트베르스키와 사타스(S. Sattath)와 슬로빅28)에 의하면 선호의 반전 현상은 도박에 한정

25) P. Slovic(1990), p.105.
26) P. Slovic, and S. Lichtenstein(1983), "Preference reversals: A broader perspective" American Economic Review 73, pp.596-605.
27) D. M. Grether, and C. R. Plott(1979), "Economic theory of choice and the preference reversal plenomenon", American Economic Review 69, pp.623-38.
28) A. Tversky, S. Sattath, and P. Slovic(1988), "Contingent weighting in judgement and choice", Psychological Review 95, pp.371-384.

되지 않고 여러 가지 선택 문제에서 폭넓게 조직적으로 나타나고 있다.

기대 효용 이론이 의사 결정 문제에 적절한 대안이 되지 못함을 지적하는 많은 비판들이 있다. 많은 연구들이 밝혀놓은 바에 따르면, 사람들은 확률을 판단하고 예측을 하고 불확실성에 대처하는 데 어려움을 느낀다.29) 단순하고 친숙한 의사 결정의 문제를 고려할 때 우리의 선호는 분명할 수 있다. 그러나 우리 생활에서 의사 결정의 많은 부분은 새롭고 친숙하지 않으며 복잡한 결과를 가지기 쉽다. 그런 상황에서 우리의 가치는 모순되고 충분히 숙고되지 않는다.30) 우리는 인생에서 많은 역할(부모, 노동자, 자녀)을 수행한다. 그런데 그 역할 각각은 분명하지만 모순된 가치를 생산한다. 또한 우리는 어떤 문제에 대해 생각하는 방법을 알지 못할 수 있다. 가령 암에 대한 외과적 치료의 결과와 방사능 치료의 결과 사이의 선택이 그런 문제다. 우리는 복권에 당첨되거나 수족을 잃어버리는 극단적인 상황에 대처하는 우리의 능력을 과소 평가할 수 있다.31) 기대 효용 이론은 많은 어려움 때문에 현실적인 의사 결정의 상황에서 사용되기 어렵다.

사이먼에 의하면 현실의 인간은 다음과 같은 인식적 제약 때문에 완전한 합리적인 선택을 할 수 없다.32) 첫째, 현실의 인간

29) P. Slovic(1990), p.101,

30) B. Fischhoff, P. Slovic and S. Lichtenstein(1980), "Knowing what you want:Measuring labile values", In T. Wallsten,(ed.)(1980), Cognitive processes in choice and drcision behaviour. Hillsdale, NJ:Erlbaum Associates.

31) P. Brickman, D. Coates, and R. Janoff-Bulman(1978), "Lottery winners and accident victims: Is happiness relative?" Journal of Personality and Social Psychology 36, pp.917-927. P. Cameron, G. D. Titus, J. Kostin, and M. Kostin(1973), "The life satisfaction of nonnormal person" Journal of Counseling and Clinical Psychology 41, pp.207-214.

32) 사이먼은 제한적 합리성(bounded rationality) 개념을 주장한다. 제한적 합리성은 기대 효용 이론을 비판하고 만족 원칙(satisfaction principle)을 따른다. 1997년 5월 6일부터 10일까지 독일 본(Bonn)에서는 제한적 합리성 이론 워크숍이 개최되었다.

은 가능한 대안들 중에서 극히 제한된 소수의 대안만을 제시하고 기술할 수밖에 없다.[33] 둘째, 현실의 인간은 극히 소수의 대안에 관해서 조차 매우 불완전하게 그 결과의 일부를 예상할 수 있다. 셋째, 현실의 인간은 대안의 결과에 대한 예상을 일관된 평가 기준으로 정확하게 평가할 수 없으며 대안의 일괄적인 비교 평가 기준도 갖고 있지 않다.[34] 현실의 인간은 지식, 학습 능력, 정보, 기억, 시간 등의 점에서 항상 제약을 받고 있다.

이제 대안 모색의 차원에서 비단조 논리에 대해 살펴보기로 하자.

4. 비단조 논리와 합리성

4.1 비단조 논리

고전 논리에서는 지식이 부가되고 추리가 진행됨에 따라 진리의 정도가 증가한다. 그러나 필요에 따라 정보를 버리거나 신념을 변경하는 메커니즘이 고전 논리에는 없다. 고전 논리의 이러한 측면을 단조적(monotonic)이라 부른다. 비단조 논리(非單調論理. nonmonotonic logic)에서는 사용 가능한 정보에 기초하여 추리가 진행될 수 있으나 새로운 정보가 첨가될 때 그 추리는 제거되고 새로운 추리가 진행될 수 있다. 비단조 추리는 근거가 불완전하거나 완전한 정보 획득이 불가능한 상황에서 이용될 수 있는 추리 양식이다.

민스키(M. Minsky)는 특정한 새가 날 수 있는가 없는가를 결정하는데 관련된 규칙과 예외를 형식화하는 자동 추리의 기초로서 고전 논리를 제안하는 사람들에 대해 처음으로 비판하였다.

---

33) H. I. Ansoff(1965), Corporate Strategy, McGraw-Hill, pp.46-47.
34) H. I. Ansoff(1965), p.173. pp.178-80.

민스키는 일상적인 추리를 자동화하려는 체계는 필연적으로 비단조적이여야 한다고 주장하였다. 그는 고전 논리가 상식적 추리를 표현하기에는 부적절하다고 지적하면서 "비단조 논리(Nonmonotonic Logic)"라는 용어를 1975년에 처음 사용하였다.[35] 맥더못(D. McDermott), 도일(J. Doyle), 라이터(R. Reiter)는 1980년에 두 가지 다른 형식 체계를 만들었다.[36] 맥더못, 도일은 비단조 논리라는 용어를 그대로 사용하였으나 라이터는 default 논리를 개발하였다.

많은 경우 우리의 추리는 불완전한 정보에 기초하여 결론을 내린다. 그 정보가 참이더라도 그 결론은 참이 아닐 수 있다. 가령 성냥갑을 그었다면 우리는 전형적으로 그 성냥이 불이 붙어 탄다고 결론 내릴 것이다.[37] 그러나 문제의 성냥갑이 젖었다고 들으면 우리는 그 결론을 수정하고 그 성냥은 불이 붙지 않을 것이라고 결론 내릴 것이다. 그러나 그 성냥갑이 젖었지만 파라핀을 입혔다고 들으면 대부분의 사람들은 그 성냥이 불이 붙어 탄다고 결론 내릴 것이다. 물론 성냥갑이 그어졌지만 산소가 있지 않다면 또 다른 수정이 요구된다. 이처럼 사람들은 불완전한 정보에 기초하여 결론을 내리지만 더 좋은 정보가 부가되면 그 결론을 수정하는 것이 비단조 추리의 특성이다.

비단조 추리의 특징을 트위티(Tweety) 예를 통해 살펴보자.

---

35) D. Perlis(1992), "Nonmonotonic reasoning", in Shapiro, S. C.(editor-in chief)(1992), p.1302. 다음 논문 참조. M. Minsky(1975), "A Frameword for Representing Knowledge", in P. Winston, ed., The Psychology of Computer Vision, McGraw-Hill Book Co., Inc., New York.
36) D. McDermott and J. Doyle(1980), "Non-Monotonic Logic I", Artificial Intelligence 13(1-2), pp.41-72, R. Reiter(1980), "A Logic for Default Reasoning", Artificial Intelligence 13(1-2), pp.81-132.
37) T. L. Rankin(1988), "When is reasoning nonmonotonic?", In Fetzer, J. H.(ed.)(1988), Aspects of Artificial Intelligence, Kluwer Academic Publishers. p.289.

①새들은 난다.
트위트는 새다.
_____

그러므로 트위티는 난다.

①은 삼단 논법의 표준적인 예다. 실제로 대부분의 새들은 날기 때문에 트위티가 새라면 트위티는 난다고 결론 내릴 수 있다. 그러나 이 결론은 거짓일 수 있다. 왜냐 하면 트위티는 타조나 펭귄 또는 날개가 부러진 새일 수 있기 때문이다. 그러나 전형적으로 새들은 난다. 트위티가 비전형적인 새라는 증거가 없는 한, ①의 두 전제로부터 결론을 이끌어내는 것은 타당하다. 그런데 ①에서 트위티가 난다는 결론은 트위티가 비전형적이라는 정보가 없다는 점에 기초할 때 가능하다. 다시 말하면 반대되는 정보가 없을 때 트위티가 난다는 결론이 타당하게 된다. 그리고 트위티에 대한 새로운 정보를 알게 될 때 트위티가 난다는 결론은 융통성 있게 변경될 필요가 있다. 이러한 추리를 비단조적이라 부른다. 일단 불충분한 정보에 기초하여 결론을 내리지만 새로운 사실이 알려질 경우 이전에 내렸던 결론을 이후에 철회해야 한다.38)

비단조 논리의 특성은 무엇인가? 첫째, 비단조 논리는 불완전한 정보에 기초하여 결론을 내리며 새로운 정보가 개입하면 그 결론은 수정된다. 그러나 단조 논리에는 새로운 정보가 결론을 수정하는 메커니즘이 없다. 형식 논리학자들은 사고의 법칙을 연구하며 이상적인 정신 현상만을 다룬다. 그들은 가능한 모든 정보를 얻을 수 있다고 가정한다. 그러나 인공 지능 연구자들은 새로운 정보가 계속하여 유입하는 상황에 직면한다. 따라서 그

_____

38) R. Reiter(1990), "Nonmonotonic Reasoning", In Brown, F. M.(ed.)(1987), The Frame Problem In Artificial Intelligence, Proceedings of the 1987 Workshop, Morgan Kaufmann Publishers, Inc. p.440.

들은 새로운 정보가 기존 정보와 모순을 야기하는 문제를 다룬
다. 또한 그들은 새로운 정보가 기존 신념의 수정을 야기하는 상
황에도 직면한다. 결국 비단조 논리는 불완전한 정보에 기초하
여 결론을 내린다는 특성을 갖는다.

　비단조 논리는 전형성(typicality)에 기초한 추리다. 새를 판단
하는 경우 전형적으로 새는 난다는 사실에 기초하여 어떤 것이
새라면 그것은 난다고 결론 내린다.[39] 그런 결론은 그 새가 전형
적인 새라는 사실, 즉 그 새가 비전형적이지 않다는 사실에 기초
하여 내려진 판단이다. 그 결론은 잠정적인 결론이다. 따라서 그
새가 전형적인 새가 아니라고 판명나면 그 결론은 수정된다. 그
결론은 반대되는 정보가 없는 한에서 타당하고 반대되는 정보가
나오면 결론은 수정된다. 그 추리는 비단조적이다. 그러나 고전
논리에서는 여러 가지 예외적인 경우를 제거하기 위해 '다른 조
건이 동일하다면(ceteris paribus)'이라는 조건에 기초하여 추리
를 진행한다. 그러나 이러한 조건은 우리의 실제 추리와는 거리
가 있다.

　셋째, 비단조 논리는 진리 보존적인 논리가 아니다. 비단조 논
리에서는 한 시점에 참인 것이 계속해서 필연적으로 참이라고
가정하지 않는다. 그런 의미에서 비단조 논리는 시간-의존적인
논리(time-dependent logic)로 간주될 수 있다.[40] 위에서 지적한
바대로 비단조 논리는 새로운 정보가 도입되어 기존의 결론이
수정될 수 있는 논리 체계다. 이때 새로운 정보의 도입이나 유입
은 시간이 흘러감에 따라 진행되는 절차다. 즉, 한 시점에 주어
진 일정한 정보는 다음 시점에 증가할 수 있고 시간이 흐르면 다
시 부가될 수 있다. 그뿐만 아니라 한 시점에 일정하게 알고 있

---

39) M. Ginsberg(1987), Readings in Nonmonotonic Reasoning, Los Altos, Cali-
fornia, p.2.
40) G. L. Trigg,(ed.)(1991), Encyclopedia of Applied Physics, vol 2, VCH Publi-
shers, Inc, p.5.

던 정보는 다른 시점에 잘못된 정보로 판명날 수 있다.

4-2. default 개념

라이터는 일관성에 기초하여 default 논리를 개발하였다. default 논리의 default는 다르게 증명되지 않는 한 (또는 다르게 증명될 때까지) 어떤 언명이 믿어질 수 있다는 언명이거나 규칙이다.[41] default S는 S가 아니라고 증명되지 않는 한 S는 증명될 수 있다고 해석된다. default는 큰 변화 없이 예외가 인정될 수 있는 일반성을 진술할 때 사용된다. 예를 들어 default가 '모든 새는 날 수 있다.'라면, 이 경우 예외는 펭귄이나 타조다.

예를 들어보자. 창수는 전산학과 교수다. 그러므로 창수는 박사 학위를 갖고 있다. 물론 그가 박사 학위를 갖고 있지 않을 수 있다. 만일 그가 박사 학위를 갖고 있지 않다는 믿을 만한 정보를 듣는다면 우리는 그 결론을 철회한다. 창수의 예는 default 논리의 일반적인 패턴을 예시해준다. 그 예는 다음과 같이 분석된다.[42]

X가 전산학과 교수이고 X가 박사 학위를 갖고 있지 않다고 증명되지 않는 한, 우리는 X가 박사 학위를 갖고 있다고 추리할 수 있다.

그런 추리의 결론 부분을 default라고 부른다. 새로운 부분은 "라고 증명되지 않는 한" 부분이다. 이 부분이 의미하는 것을 형

---

41) default는 사전적으로 결석, 결핍을 의미하며 judgement by default는 결석 재판이다. default의 사전적인 의미인 결석, 결핍은 반대되는 정보가 없음을 의미한다. 따라서 default conclusion의 default는 반대되는 정보가 없다는 의미이므로 default conclusion는 잠정적인 결론이다.

42) E. Charniak, and D. McDermott(1985), Introduction to Artificial Intelligence, Addison-Wesley Publishing Company, p.370.

식화하는 데에는 생각보다 세밀한 것이 요구된다. 그러나 실제 프로그램에 그것을 작용시키는 것은 어렵지 않다. 우리는 "consistent"라는 기호를 도입하여 그렇게 할 수 있다. 즉 (~P)라고 추리될 수 없으면 (consistent P)는 참이다.

라이터는 일상적인 논리와 추리 규칙에 default라 불리는 새로운 종류의 추리 규칙을 접합하여 default를 형식화한다. default 추리 규칙은 다음과 같은 형식이다.

P이고 그것이 Q라고 가정하는 것과 일관된다면 R이라고 추리하라.

이것은 다음과 같이 쓴다. P : Q/R.(여기에서 P, Q, R은 일상적인 정식이다.) 조건 P가 주어지면, default는 Q가 아니라고 증명되지 않는다면 R의 추리를 허용한다. 구체적으로 라이터는 다음과 같은 추리 규칙을 도입한다.

$$\frac{Bird(x) : Fly(x)}{Fly(x)}$$

이것의 의미는 다음과 같다. x가 새이고 x가 난다고 일관성 있게 가정할 수 있다면 x는 날 수 있다고 우리는 추리할 수 있다. 이것을 일반화하면 다음과 같은 추리 규칙을 얻을 수 있다.

$$\frac{\alpha(x) : \beta(x)}{\gamma(x)}$$

$\alpha(x)$가 타당하고 $\beta(x)$가 일관되게 가정될 수 있다면 우리는 $\gamma(x)$라고 추리할 수 있다.

우리는 전지하지 않으므로 지식은 보통 불완전하며 세계에 대한 지식에는 일정한 갭이 있다. default 규칙은 불완전한 이론이 더 완전하게 확장하도록 만드는 기능을 한다. 그 규칙은 가망성 있는 결론을 가지고 그 갭을 채운다. 따라서 불완전한 제1차 이론이 Bird(Tweety)를 포함하고 Fly(Tweety)가 그 이론과 일관성을 가지면 나는 새에 대한 위의 default 도식에 의해 Fly(Tweety)를 부가함으로써 그 이론을 확장시킬 수 있다.

확장(extension)[43]은 default 논리에서 매우 중요한 기능을 수행한다. 확장은 일련의 신념들인데, 그 신념들은 세계에 대해 알려진 것에 비추어 어떤 의미에서 정당화되거나 합리적인 신념들이다. 비단조 논리가 여러 가지 한계를 갖고 있지만 우리가 관심을 가져야 할 부분은 확장(extension)이다. 세계에 대한 우리의 지식은 일련의 문장들로 표현되는데 그 문장들은 보통 불완전하다. 우리는 default 규칙에 의해 불완전한 지식을 확장시킬 수 있다. 사이먼은 비단조 추리의 특징을 다음과 같이 말한다.[44] "비단조 추리의 핵심은 남아 있는 명제와의 일관성에 기초하여 직접적인 증명 없이 어떤 명제를 주장하는 것이다."

4-3. 비단조 논리적 합리성

고전적 합리성은 기대 효용을 최대화하는 행위가 합리적 행위라고 주장한다. 그러나 구체적인 상황 속에서 행위하는 우리는 능력의 한계와 제약 때문에 가능한 모든 경우를 고려하는 것보다는 전형적인 경우를 고려하는 것이 효율적이다. 인공 지능 연구자들은 상황에 대해 완전하고 정확한 지식이 없는 가운데에서

---

43) S. Hanks, and McDermott, D.(1987), "Nonmonotonic Logic and Temporal Projection", Artificial Intelligence 33, p.382.
44) H. A. Simon(1983), "Search and Reasoning in Problem Solving", Artificial Intelligence 21, p.18.

합리적으로 행위하는 능력을 매우 중요시한다.[45] 필자는 가능한 모든 경우를 고려하는 행위보다 전형적인 경우를 고려하는 비단조 논리적인 행위가 합리적 행위임을 주장한다. 고전적 합리성은 확률적인 계산에 근거한 행위다. 그러나 많은 경우 우리는 예상 결과에 대해 정확하게 평가할 수 없으며 대안의 비교 평가 기준도 갖고 있지 않다. 비단조 논리는 수적인 확률이 얻어지지 않을 경우 확률 정보를 표현하는 데 사용된다. 우리가 직면한 상황에서 합리적인 행위는 확률적인 계산보다는 규범에 의지하는 것이 바람직하다.

그런 규범은 명확하게 제시되는 경우와 암묵적으로 제시되는 경우가 있다. 명확하게 제시되는 경우는 닫힌 세계 가정(closed world assumption)이다. 닫힌 세계 가정은 라이터가 도입하였다. 닫힌 세계 안의 데이터 베이스는 부정적인 정보를 포함하지 않는다. 그 데이터 베이스로부터 부정적인 사실을 도출할 수 있는가를 결정하기 위해서는 긍정적인 사실의 참을 증명해보아야 한다. 긍정적인 사실의 참을 증명하지 못했을 경우 부정적인 사실이 참이라고 가정된다. 다시 말하면 닫힌 세계 가정하에서 어떤 대답은 증명을 발견하지 못하는 결과로써 인정된다.

많은 경우 닫힌 세계 가정은 적절하다. 왜냐 하면 오직 긍정적인 지식만을 명확하게 표현하고 부정적인 사실의 참을 default로 가정하는 것이 자연스럽기 때문이다. 명확하게 표현해야 할 부정적인 정보의 양은 너무나 많다. 이것은 실제 데이터 베이스에서 참일 것이다. 데이터 베이스는 그런 부정적인 정보를 명확하게 표현하는 대신, 닫힌 세계 가정에 의해 부정적인 정보를 암묵적으로 표현한다. 닫힌 세계 가정은 모든 관련된 긍정적인 정보가 명확하게 표현되었다는 것을 말한다.

예를 들어보자. 가령 비행 횟수와 비행하는 도시들을 표현하

---

45) D. W. Etherington,(1987), "Formalizing Nonmonotonic Reasoning Systems", Artificial Intelligence 31, p.42.

는 비행기 운행 스케줄을 위한 데이터 베이스가 있다고 해보자. 비형식적으로는 이 데이터 베이스에 상업적으로 운행 가능한 모든 비행 항로를 적어둘 수 있을 것이다. 그러나 우리는 모든 비행기 운행과 그 운행에 의해 연결되지 않는 도시들을 데이터 베이스에 포함하길 원하지 않을 것이다. 이유는 그 정보의 양이 너무 많기 때문이다. 예를 들어, 대한 항공 707은 런던과 파리를 연결하지 않으며, 토론토와 몬트리올을 연결하지 않으며, 동경과 아테네를 연결하지 않는다. 명확하게 표현해야 할 부정적인 정보의 양은 너무나 많다. 긍정적인 사실이 데이터 베이스에 명확하게 표현되지 않는다면 그 부정이 참이라고 전제된다. 따라서 A 도시에서 B 도시로의 비행기 운행에 관한 정보가 없다면 그런 운행은 존재하지 않는다. 즉 반대되는 정보가 없다면 A 도시로부터 B 도시로의 비행기 운행은 없다고 가정할 수 있다. 우리가 여행사 직원에게 오쉬코쉬(Oshkosh)에서 민스크(Minsk)로 가는 항공편에 대해 물었을 때, 그는 자신의 비행기 운행 데이터 베이스에는 그런 항공편이 언급되지 않았으며 자신이 가진 정보로는 그런 항공편이 있다는 것을 증명할 수 없다고 말한다. 그러므로 부정은 증명할 수 없음으로 간주된다.(Negation is treated as a failure to prove).46)

승계 추리(inheritance reasoning)는 default에 의해서 집합의 표준적인(prototypical) 성질을 표현한다. 변화에 대한 추리에서 default는 관련된 변화가 없는 경우 불변하는 성질의 경향을 표현한다. 전형적으로 새는 난다. 따라서 임의의 어떤 새가 날지 못한다는 것을 알지 못하는 한, 그 새가 날 수 있다고 default하게 추리할 수 있다. 이 경우 우리는 대상의 전형적인 성질을 진술하는 기술을 필요로 한다. 승계 추리는, 문제의 성질이 구체적으로 무시되지 않는 한, 하위 집합이 상위 집합의 성질을 승계받는 분류적 계층에 적용된다.

---

46) M. L. Ginsberg,(ed.)(1987), p.3.

프레드가 날개를 갖고 있는지 알고자 한다고 해보자. 우리의 데이터 베이스는 당연히 다음과 같이 말할 것이다. 동물들은 일반적으로 날개가 없지만 새들은 날개를 가진 특별한 종류의 동물이다. 타조가 날개를 가졌다는 것에 대해 어느 것도 명확하게 말하지 않는다. 그러나 타조는 새이므로 타조는 그런 성질을 조류로부터 승계받을 수 있다. 프레드가 날개를 가졌는가를 결정하기 위해서는 앞의 첫번째 대답으로 돌아가 계층을 따져보기만 하면 된다. 또 프레드가 짖을 수 있는가를 알고자 한다면 모든 동물들의 집합을 따져보아야 할 것이다. (개를 제외한) 동물들은 일반적으로 짖지 않으므로 프레드도 짖지 않는다고 우리는 결론내린다. 승계 추리는 비단조적이다. 왜냐 하면 새인 펭귄이 날지 않더라도 새들은 난다고 가정하기 때문이다. 따라서 그 이상의 정보는 결론의 철회를 초래할 수 있다.

의사들이 진단을 내리는 경우 전형성에 기초하여 진단을 내린다. 의사들은 건강한 사람이라면 전형적으로 신체가 어떤 상태를 유지한다는 것을 알고 있다. 환자가 전형적인 신체 상태를 갖지 않는 경우 징후에 따라 병의 진단을 내린다. 가령 의사들은 환자에게 잘 먹느냐 또는 대소변을 잘 보느냐고 묻는다. 건강한 사람이라면 전형적으로 잘 먹고 대소변을 잘 볼 것이기 때문이다. 한의사들도 전형성에 기초하여 진단을 내린다. 가령 환자의 얼굴이 보통 이상으로 검을 경우 간의 이상을 진단하며, 환자의 얼굴이 보통 이상으로 흰 경우 폐의 이상을 진단하며 환자의 얼굴이 보통 이상으로 붉을 경우 심장의 이상을 진단한다. 그러나 그런 진단이 반드시 적중하지는 않는다. 다른 이유 때문에 환자의 얼굴이 검거나 붉거나 희게 될 수 있기 때문이다.

실제로 우리의 상식은 전형성에 기초한 추리를 하고 있으며 비단조 논리는 그것을 잘 반영하고 있다. 이 경우 전형성은 이제까지 타당하다고 인정되어온 것이며 검증된 것이어서 신뢰할 수 있는 것이다. 따라서 전형성에 기초한 추리는 많은 경우 성공을 가져다준다. 마치 바둑에서 정석(定石)을 믿고 바둑을 두면 대부분의 경우 좋은 결과를 가져다주는 것과 같다고 할 수 있다.

앞에서 살펴본 바대로 모든 경우를 고려하는 행위보다 전형적인 경우를 고려하는 행위가 합리적이다. 그러나 전형적인 경우를 고려하고 모든 경우를 고려하지 않기 때문에 그리고 전형적인 경우가 전형적이지 않은 경우로 판명날 수 있기 때문에 기존의 신념을 수정해야 할 경우가 생긴다. 신념을 형성하는 것도 중요하지만 새로운 정보에 따라 적절하게 신념을 수정하는 것이 합리적이다. 신념 형성과 신념 수정은 비단조 논리의 중요한 두 가지 측면이다.

의사가 환자의 질병을 치료하면서 우선은 전형적인 진단을 한다. 가령 환자가 이런 증상을 가진 경우 어떤 병이라고 진단할 수 있으며 저런 증상을 보일 경우 다른 병이라고 진단할 수 있다. 그러나 전형적인 진단이 반드시 적중하는 것은 아니기 때문에 계속되는 진단에 의해 새로운 증상이 발견되면 의사는 이전의 결론을 수정해야 한다.

불완전한 정보에 기초하여 의사 결정을 하는 체계에서 행위의 기초가 되는 한 신념은 다른 신념이 부재하다는 점에 의존하게 된다. 그러나 다른 신념이 믿어지면 기존의 신념은 믿을 수 없게 된다. 이런 종류의 행위는 비단조적이라 불린다. 이 경우 기존 신념과 다른 신념 사이에 모순이 발생하게 되며 신념은 수정되야 한다.

우리가 비단조적으로 추리하다보면 모순에 직면하게 된다. 신념 수정은 모순된 정보를 포함할 수 있는 지식 토대 안에서 추리가 진행될 때 중요하다. 새로운 정보의 출현에 따라 신념 수정의 문제를 다루는 것이 신념 수정 체계(belief revision system)다.47) 신념 수정 체계는 모순을 다루는 인공 지능 프로그램이다.

---

47) 신념 수정 체계는 Doyle에 의해 제기되었으며 Martins와 Shapiro 등에 의해 발전되었다. J. Martins(1992), "Belief Revision", In S. C. Shapiro(editor-in-chief)

신념 수정 체계는 지식 토대의 일부분만을 고려할 수 있으며 그 집합으로부터 추리를 진행하다가 모순이 발견되면 그 집합을 다른 집합으로 바꾸며 (신념을 수정하며) 새로운 집합에 포함되지 않는 모든 명제를 무시한다.

모순을 다루는 전통적인 방식은 최근에 이루어진 의사 결정을 변경시키는 것이다(chronological backtracking). 다른 방식은 가장 최근에 이루어진 선택을 변경하는 것이 아니라 예기치 않은 조건을 야기한 가정들을 변경하는 것이다(dependence-directed backtracking). 두 번째 방식은 인공 지능 분야에 많은 연구를 내놓았으며 그것은 신념 수정(belief revision)이라고 불린다. 신념 수정은 새로운 정보가 기존의 정보와 모순을 일으키는 사실이 발견되었을 때 일련의 신념을 수정하는 문제를 다루는 인공 지능 연구 분야다. 신념 수정의 연구 주제는 신념 표현에 대한 연구, 특히 신념 의존 개념을 표현하는 방법, 모순을 야기한 신념의 집합을 선택하는 방법의 개발, 원래의 신념 집합으로부터 일련의 신념을 제거하는 기술의 개발 등을 포함한다.

5. 맺음말

이제까지의 논의를 정리해보자. 고전적 합리성은 기대 효용을 최대화하는 행위다. 앞에서 지적한 것처럼, 사람들은 확률을 판단하고 예측을 하고 불확실성에 대처하는데 어려움을 느낀다. 우리 생활에서 의사 결정의 많은 부분은 새롭고 친숙하지 않으며 복잡한 결과를 가지기 쉽다. 그런 상황에서 우리의 가치는 모순되고 충분히 숙고되지 않는다. 기대 효용 이론은 많은 어려움 때문에 현실적인 의사 결정의 상황에서 사용되기 어렵다. 비단

(1992), Encyclopedia of Artificial Intelligence, vol. 1, 2, Second Edition, John Wiley & Sons, Inc. p.113.

조 추리는 근거가 불완전하거나 완전한 정보 획득이 불가능한 상황에서 이용될 수 있는 추리 양식이다. 이에 대해 필자는 가능한 모든 경우를 고려하는 행위보다 전형적인 경우를 고려하는 비단조 논리적인 행위가 합리적 행위임을 주장하였다.

현대 사회는 정보화 사회다. 정보화 사회는 정보가 끊임없이 대량 생산되고 증가되어 확대 재생산되는 사회며, 정보가 우리의 삶을 지배하는 사회다. (물론 어떤 사회에서도 그러했지만) 정보화 사회에서는 특히 관련 정보를 부분적으로 획득하기도 쉽지가 않다. 우리는 불완전한 정보에 기초하여 의사 결정할 수밖에 없다. 그러나 새로운 정보의 유입에 관심을 가지고 귀를 기울여야 한다. 즉, 우리는 시간 의존적인 과정 속에서 의사 결정을 해야 한다는 것이다. 이런 환경 변화에 맞는 새로운 논리학의 개발이 요구되며 필자는 비단조 논리가 그런 요구를 들어주는 새로운 논리학의 하나라고 생각한다. 다시 말하면 비단조 논리는 정보화 사회에 맞는 새로운 합리성의 모델을 제시해준다는 것이다.

비단조 논리적 합리성이란 전형성에 기초한 의사 결정이다. 전형성에 기초한 추리가 합리적인 이유는 불완전한 정보만 가지고 있는 상황에서 전형성은 바둑의 정석이 보여주는 것처럼 과거에 경험적으로 타당하다고 검증되었던 결과이기 때문이다. 전형성에 기초한 추리는 많은 경우 성공을 가져다준다. 앞에서도 나온 것처럼 어떤 것이 새이고 그 새가 전형적인 새라면 그것은 난다고 추리하는 것이 합리적이다.

비단조 논리적 합리성이란 시간 의존적인 의사 결정이다. 전형성에 기초한 결론은 그것이 전형적인 한에서, 즉 반대되는 정보가 없는 한에서 타당한 결론이며 잠정적인 결론이다. 새로운 정보가 추가되면 철회되어야 하는 결론이다. 새의 예에서 그 새가 펭귄 같은 새로 판명되면 그 새가 난다는 결론은 철회되어야 한다. 따라서 비단조 논리는 시간 의존적인 논리며 비단조 논리적 합리성은 시간 의존적인 의사 결정이다. 비단조 논리는 신념 형성과 신념 수정의 논리다. 비단조 논리는 시간 변화에 따라 기존 정보와 새로운 정보 사이에 생겨난 모순을 다루는 논리다.

비단조 논리적 합리성이란 비확률적인 의사 결정이다. 비단조 논리는 수적인 확률이 얻어지지 않을 경우 확률 정보를 표현하는 데 사용된다. 비단조 논리의 default는 "전형적으로 또는 대부분 A는 B다."라는 형식을 표현하기 위한 것이다. 그러나 "전형적으로"와 "대부분"은 통계적인 사실을 표현하기 위한 것이 아니다. 여기서 default는 "표준적인(prototypical)" 또는 "정상적인(normal)"의 의미를 나타낸다. 그러면 확률적인 의사 결정이 비합리적이냐 하는 반론이 가능하다. 이상적인 경우에는 확률을 정확하게 따지고 엄밀하게 계산하는 것이 합리적이다. 그러나 앞에서도 지적한 것처럼 현실적이고 구체적인 상황에서는 확률적인 계산이 가능하지 않고 의미가 없다는 것이다. ■

참고 문헌

이초식(1985), "의사 결정의 논리"『논리 연구-현안 김준섭 박사 고희 기념』, 문학과 지성사.

이초식(1996), "정보 혁명의 선택", 『계간 과학 사상』 제18호, (주)범양사.

정영기(1995), "합리성과 의사 결정", 『95인지과학회 춘계발표회』, 한국인지과학회.

정영기(1995), "Hempel의 행위 설명 이론에 대한 비단조 논리적 비판", 고려대학교 대학원 박사 학위 논문.

Audi, A.(1985), "Rationality and valuation", in Rationality in action, Moser, P. K.(ed.)(1990), Cambridge University Press.

Charniak, E. and D. McDermott(1985), Introduction to Artificial Intelligence, Addison-Wesley Publishing Company.

Etherington, D. W.(1987), "Formalizing Nonmonotonic Reason-ing Systems", Artificial Intelligence 31.

Ginsberg, M. L.(ed.)(1987), Readings in Nonmonotonic Reason-ing, Los Altos, California.

Hanks, S. and McDermott, D.(1987), "Nonmonotonic Logic and Temporal Projection", Artificial Intelligence 33.

Hempel, C. G.(1961), "Rational Action" Reprinted in N. Care & C. Landsman(ed.), Readings in the Theory of Action (Indian University Press, 1968).

_____ (1965), Aspects of Scientific Explanation and Other Essays in the Philosophy of Science, New York, The Free Press.

Kitcher, P. and W. C. Salmon,(eds.)(1989), Minnesota Studies in the Philosophy of Science, XIII;, Scientific Explanation, University of Minnesota Press.

March, J. G. and H. A. Simon(1958), Organizations, Wiley and Sons, New York.

Martins, J.(1992), "Belief Revision", In S. C. Shapiro (editor-in-chief)(1992), Encyclopedia of Artificial Intelligence, vol. 1, 2, Second Edition, John Wiley & Sons, Inc.

Rankin, T. L.(1988), "When is reasoning nonmonotonic?", In Fetzer, J. H.(ed.)(1988), Aspects of Artificial Intelligence, Kluwer Academic Publishers.

Reiter, R.(1990), "Nonmonotonic Reasoning", In Brown, F. M.(ed.)(1987), The Frame Problem In Artificial Intelligence, Proceedings of the 1987 Workshop,

Morgan Kaufmann Publishers.

Rosenberg, A.(1988), Philosophy of Social Science, Westview Press, Boulder.

Salmon, M. H.(1989), "Explanation in the Social Sciences" in Kitcher, P. and W. C. Salmon,(eds.)(1989).

Simon, H. A.(1958), "The Role of Expectation in an Adaptive or Behavioristic Model" in M. J. Bowman(ed.)(1958), Expectations, Uncertainty, and Business Behavior.

_____ (1959), "Theories of decision making in economics and behavioral science", American Economic Review 49.

_____ (1983a), "Alternative vision of rationality", In P. K. Moser(ed.)(1990), Rationality in action, Cambridge University Press.

_____ (1983b), "Search and Reasoning in Problem Solving", Artificial Intelligence 21.

Trigg, G. L.(ed.)(1991), Encyclopedia of Applied Physics, vol 2, VCH Publishers, Inc.

▣ 필자 소개

■ 김기현
서울시립대학교 철학과 교수
서울대학교 철학과 졸업
미국 아리조나대학교 철학박사
학위논문: "The Defense Activation Theory of Epistemic
　　　　　Justification"
주요논문: "Deontological Conception of Epistemic Justification
　　　　　and Doxastion Voluntarism"
　　　　　"Internalism and Externalism in Epistemology"
　　　　　「인식 정당화의 한 이론」,「자연화된 인식론과 연결」

■ 김영정
서울대학교 철학과 교수
서울대학교 철학과 졸업
미국 브라운대학교 철학박사
학위논문:「무사건 범주론 옹호」
주요논문:「존재론과 양화 논리」,「크립키와 진리론」
주요역서:『표상과 실재』
주요저서:『언어 존재 논리』,『심리철학과 인지과학』

■ 김혜련
연세대학교 철학과 강사
연세대학교 철학과 졸업
뉴욕주립대학교 연극학과 졸업
뉴욕주립대학교 철학박사
주요논문:「상호 작용론적 실재론과 은유」

「미적수반론의 가능성」
「페미니즘 시각에서 본 미적 쾌락」
「로티와 실용주의 미학」

■ 서정신
이화여자대학교 철학과 강사
이화여자대학교 철학과 졸업
미국 일리노이주립대학교 철학박사
학위논문: "Toward a New Theory of Fregean Sense"
주요논문:「프레게의 뜻 개념과 혼합론적 이론의 필요성」
       「추론적 의미론", "직접지시론과 프레게」
       「자기 인식의 중층적 구조」

■ 이영철
부산대학교 철학과 교수
서울대학교 철학과 졸업
서울대학교 철학박사
학위논문:「데이비드슨의 원초적 해석론 연구」
주요저서:『진리와 해석』
주요역서:『확실성에 관하여』,『문화와 가치』,『논리 · 철학논고』

■ 이좌용
성균관대학교 철학과 교수
서울대학교 철학과 졸업
서울대학교 철학박사
학위논문:「경험적 실재론에서 본 보편자의 문제」
주요논문:「자연적 필연」,「인식적 정당화」
       「가능 세계의 존재론」
       「자연성, 인과성, 심성, 그리고 가능성」

■정대현
이화여자대학교 철학과 교수
고려대학교 철학과 졸업
고려대학교 철학박사
미국 웨스트민스트 신학대학원, 템플대학교 대학원 철학과 수학
주요역서: 『인식론』, 『비트겐슈타인』, 『이름과 필연』
주요저서: 『한국어와 철학적 분석』, 『지식이란 무엇인가』
          『맞음의 철학』, 『필연성의 문맥적 이해』

■정상모
부산여자대학교 철학과 교수
부산대학교 철학과 졸업
미국 조지아대학교 철학박사
주요저서: The Logic of Discovery: An Interrogative Approach
주요논문: 「발견의 논리」, 「인식 의무」
          「화학 혁명과 불가통약성」

■정영기
고려대학교 철학과 강사
고려대학교 철학과 졸업
고려대학교 철학박사
학위논문: 「Hempel의 행위설명이론에 대한 비단조논리적 비판」
주요논문: 「과학적 설명이론의 논쟁사」
          「행위의 합리성에 관한 연구」
          「비단조 논리(Non-monotonic Logic) 연구」
주요역서: 『현대 경험주의와 분석철학』

합리성의 철학적 이해

초판 1쇄 인쇄 / 1998년 2월 15일
초판 1쇄 발행 / 1998년 2월 20일

●

엮은이 / 한국분석철학회
펴낸이 / 전 춘 호
펴낸곳 / 철학과 현실사
서울특별시 서초구 양재동 338의 10호
전화 579-5908~9

●

등록일자 / 1987년 12월 15일(등록번호 / 제1-583호)

●

값 10,000원
ISBN 89-7775-215-9 03130
*잘못된 책은 바꾸어 드립니다.
*엮은이와의 협의에 의하여 인지는 생략합니다.